Naturalismo e biologização das cidades na constituição da ideia de meio ambiente urbano

Naturalismo e biologização das cidades na constituição da ideia de meio ambiente urbano

Marcos Virgílio da Silva

alameda

Copyright © 2013 Marcos Virgílio da Silva

Grafia atualizada segundo o Acordo Ortográfico da Língua Portuguesa de 1990, que entrou em vigor no Brasil em 2009.

Edição: Joana Monteleone/Haroldo Ceravolo Sereza
Editor assistente: João Paulo Putini
Projeto gráfico e diagramação: Gabriel Patez Silva
Capa: Ana Lígia Martins
Revisão: João Paulo Putini
Imagens de capa e contracapa: disponíveis em: <sxc.hu>

Este livro foi publicado com o apoio da Fapesp

CIP-BRASIL. CATALOGAÇÃO NA PUBLICAÇÃO
SINDICATO NACIONAL DOS EDITORES DE LIVROS, RJ

S581n

Silva, Marcos Virgílio da
NATURALISMO E BIOLOGIZAÇÃO DAS CIDADES NA
CONSTITUIÇÃO DA IDEIA DE MEIO AMBIENTE URBANO
Marcos Virgílio da Silva. - [1. ed.]
São Paulo : Alameda, 2013
302 p. ; 21 cm

Inclui bibliografia
ISBN 978-85-7939-229-0

1. Urbanismo. 2. Planejamento urbano.
3. Meio ambiente. I. Título.

13-05415   CDD: 711.4
                             CDU: 711.4

ALAMEDA CASA EDITORIAL
Rua Conselheiro Ramalho, 694 – Bela Vista
CEP: 01325-000 – São Paulo, SP
Tel.: (11) 3012-2400
www.alamedaeditorial.com.br

Sumário

Prefácio 9

Questões de partida 17

A ação humana na ideia de Natureza 27

Dos miasmas às moscas – a naturalização 83
da cidade pela Medicina e Biologia

Ambientalismo(s) contemporâneo(s) 171
e a analogia reformulada

Questões de chegada 257

Referências bibliográficas 273

Agradecimentos 299

À memória do orientador deste trabalho, Philip Gunn, pelo exemplo de dedicação, compromisso e seriedade, pela formação e o aprendizado proporcionado, mas também por longas e agradáveis conversas. Phil permeia cada parte deste trabalho, e espero sinceramente que a leitura deste livro reaviva sua lembrança a todos os que puderam contar com o privilégio de seu convívio.

Prefácio

Euler Sandeville Jr.

A ideia de ambiente urbano é um tema ainda pouquíssimo explorado em sua densidade, embora bastante corrente em diversas áreas do conhecimento. Para além de uma problematização do tema, Marcos Virgílio procura as bases para um desenvolvimento teórico-conceitual necessário. Marcos Virgílio é um jovem autor e professor que tem trazido por diferentes olhares uma reflexão sobre a cidade e a sua história. Para mim é uma grande satisfação apresentar este livro, que há muito acho que deveria ter sido publicado e que trará grande contribuição ao aprofundamento dos temas na área ambiental. É também uma satisfação porque me cabe o papel que seria de seu orientador prefaciando a publicação desta pesquisa, cuja contribuição podemos ver presente no texto, o professor Philip O. M. Gunn, precocemente falecido.

Muitas vezes vi a discussão da questão ambiental em um retrospecto histórico mais ou menos assim: teve antecedentes com o livro *Primavera silenciosa* (não raro com o *Morte e vida das grandes cidades*), e tem como momento fundador a conferência de Estocolmo, marco já distante e um pouco apagado pelos desdobramentos institucionais que daí vieram. Certo? Sem dúvida importante, mas essa narrativa, sempre um pouco mais extensa, pode levar a uma visão muito objetivada, tanto quanto irreal, da emergência da questão ambiental. Marcos Virgílio procura iluminar em uma duração mais ampla vários aspectos dessa intrincada história, a partir de correlacionar a aproximação do urbanismo com a biologia (e com o ambientalismo), em um campo de crítica cultural e ideológica bastante complexo no qual reconhece um dualismo, cuja riqueza se poderá perceber pela leitura deste livro. É um trabalho de fôlego, não só atravessa criticamente esses principais momentos, como traz outros já esquecidos, relacionando-os na perspectiva de uma crítica social contundente.

Essa aproximação não é apenas uma tentativa de dar conta de um mundo sem precedentes, ultraconectado, que começa a surgir com a chamada Revolução Industrial e a sociedade urbana. Indubitavelmente, a "crise ambiental" surge a passo com essas transformações. Mas não foi apenas uma forma de conhecer e se localizar em um mundo que se agudiza com intenso dinamismo, foi também apropriação ideológica. Aqui parece residir o interesse central de Marcos Virgílio, iluminar essas representações por esse prisma. Nas suas palavras: "O enquadramento histórico adotado, portanto, volta-se à análise de 'representações' sociais e à história das ideias e das mentalidades, nos moldes da 'Escola dos Annales', bem como a abordagem marxista em torno da questão da ideologia" (p. 22). O que significa para o autor "embasar a análise dos discursos em torno das cidades e da natureza como construções sociais relacionada à divisão de classes, às estratégias de dominação e hegemonia ideológica, aos conflitos e lutas sociais, é fundamental situar o debate dentro das diversas expressões do marxismo" (p. 22). Com isso, a dimensão política do tema não fica mais na única voz de sua institucionalização e adquire uma potencialidade crítica muitas vezes subestimada.

É a partir de uma vasta literatura que lida com esse olhar sobre as representações que o autor politiza o tema, que tem sido tão frequentemente tratado de modo raso e naturalizado, sem espessura. Esse conjunto de documentos e tendências de pensamento levantados pelo autor se entrelaça na construção dessas representações e do imaginário associado à cidade. O livro coloca assim o leitor em contato com uma bibliografia importante, organizada por assuntos reunidos nos temas que constroem sua abordagem, inclusive sobre história ambiental, na qual podemos incluir este livro com destaque.

O esforço de diálogo entre esses campos nos chama atenção para os nexos, perdidos em olhares de especialização, mostra uma complexidade social nessas construções, diante de um mundo em rápidas mudanças que se expressam em uma crise ambiental, que, ainda que sentida, é lentamente assimilada até hoje. E quando o é, o é através de campos sociais instituídos em relações de poderes econômicos, onde nem sempre o social se evidencia apesar de alegado; ou seja, são estruturas de poder. O trabalho chama atenção para os campos mentais nos quais se apoiam essas disputas.

Há outros lados que mereceriam ser vistos além desse recorte ideológico, afinal, tratava-se, e trata-se ainda, de um campo a ser enfrentado nas práticas e nas políticas. A dimensão antiurbana do ambientalismo eu veria como uma necessidade e não só como preconceito ou ideologia. E também como poética. Claro que esses juízos de valor têm implicações, e claro que a biologização da imagem da cidade deixa muito a desejar. No entanto, há uma inequívoca crise ambiental, que não pode simplesmente opor a cidade como grande concentração tornando-se modelo de um ambiente humanizado. Relações são perdidas. Não esquecer que há na gênese ampliada do ambientalismo não só a submissão às relações de produção e a uma ideologia que oculta o urbano em suas contradições, mas vetores de resistência, outras vias políticas que buscam uma autonomia e que neste início de século (como nos anos 1960) mostraram sua potência frente ao enrijecimento na luta pelo poder de formas mais tradicionais e centralizadoras. Trata-se de saberes que evidenciam, com legitimidade, as consequências e perdas em curso. E há de fato, em muitos casos nessa esteira do ambientalismo pós-60, não a crise ambiental, não a crise entre uma sociedade que não vê limites ao crescimento e uma ciência que mostra relações entre organismos e destes com o ambiente que já não é determinista, mesmo que ainda revestida do artifício sistêmico. O livro confronta-se com essas dimensões e assume uma posição ao colocá-las em discussão. Nas palavras do autor, "ver o ambientalismo como resultado de um longo processo de transformação das sensibilidades e das mentalidades que ocorreu ao longo do longo e impreciso período denominado 'moderno'" (p. 174).

Esse potencial criativo e de reação não é a matéria que ocupa a crítica ideológica assumida por Marcos, mas seu trabalho instigante estabelece relações que mostram a complexidade cultural de gênese e que têm sido olhadas de modo acrítico, justificando já aí sua contribuição. Ajuda, nesse sentido, a suplantar um ambientalismo sem crítica, que esquece ou oculta sua contradição básica – o ambientalismo por decreto, pós-modernidade e regulamentação, de editais –, mostra suas contradições e sua dimensão fundamentalmente de artifício político e econômico no processo de sua institucionalização e normatização. Mas tem outra esteira que igualmente o suporta, que é a emergência de um novo segmento profissional, destinado a integrar-se aos processos em curso. De um lado, contribui para renovar comportamentos e formas de produção de outro, enfrenta problemas que exigem novos encaminhamentos de outro ainda, banaliza sua proposição, tornando-a imediata ao estilo "vamos salvar o planeta", "daqui nada se tira etc.", que são uma decomposição de motivações que foram em outro momento solidárias, inventivas e de resistência; por outro lado, mais uma vez, atende a novas formas de organização dos negócios.

Superar a polarização progresso-nostalgia a que se remete o ambientalismo está por se fazer. Desarmar o ambientalismo não é a solução, nem a contribuição. Não é apenas questão ideológica, embora o seja também. Estamos diante de problemas novos, que a sociedade procura organizar de modo não homogêneo, e na medida em que novas condições vão se gerando, disputam seus recursos e possibilidades não apenas esses grupos, mas grupos hegemônicos ou emergentes aos quais essas condições deixam de ser limitantes para se tornar necessidade e, em muitos casos, oportunidade. Mesmo nesse caso, uma pulverização de oportunidades se revela e se organiza, os impactos vão além do campo temático do ambientalismo. Se desarmar o ambientalismo não é solução, uma vez que teve o grande mérito em suas vertentes de colocar em questão nossas condições de existência no espaço terrestre, até então olvidadas, sua eleição a um paradigma inclusivo também oculta inúmeras condições de subordinação das razões humanistas alegando-se centrado na natureza. Há que se entender como o ambientalismo contemporâneo é ativo nas relações de dominação no espaço e na produção desse espaço e sua cultura contemporânea, e de subordinação a interesses econômicos e normativos contrários ao ideal libertário que atravessa parte de seu imaginário.

Por muito tempo, planejadores desconsideraram o que lhes parecia contrário ao progresso dos meios de produção na sua perspectiva de apropriação social, apostando nessa via de controle da produção e do espaço (da produção do espaço) sua razão social.

Apenas muito recentemente os temas ambientais integram o planejamento de modo mais contundente, enunciado. Mas nesse ponto já estamos nas considerações que concluem este livro; o trabalho exatamente aponta para uma nova perspectiva, ao perceber com acerto, no meu entendimento, um campo para além do que hoje está estabelecido e que demanda de nós sua superação:

> a defesa de um urbanismo como práxis (não apenas teorização), vivência (não ciência) ou experiência (não normatismo) envolveria a adesão a um exercício simultaneamente criativo e experimentalista, que poderia resultar num redimensionamento das práticas usuais da disciplina, ou no desenvolvimento de um novo instrumental de atuação, ou mesmo numa radical redefinição de seus termos.
> Não se pode deixar de reconhecer o papel que alguns movimentos de feição ambientalista exerceram (e vêm exercendo presentemente) de resistência e, por vezes, mesmo de confrontação, à ordem econômica e social hegemônica – e, portanto, é possível que muitas das críticas ao ambientalismo carreguem em si um traço reacionário que deve ser refutado com tanta ou mais veemência do que o conservadorismo encontrado em certas tendências ambientalistas. Se as questões ambientais por si mesmas têm-se tornado uma nova e importante arena de conflitos sociais (como aqueles envolvendo populações tradicionais em áreas de preservação, analisadas por Diegues), também se observa que antigos embates vêm sendo trazidos à arena dos conflitos socioambientais como nova expressão de questões sociais anteriores (p. 224).

Essas são já as questões de chegada, como denominou Marcos Virgílio suas conclusões. Essas questões apontam para um novo olhar a ser ainda tecido, compreendendo o campo ideológico em uma complexidade social e cultural mais ampla, de uma história ambiental que ainda está por ser escrita e que necessita ser escrita. Creio que este trabalho, cuja conclusão deve ser lida com a mesma atenção que seu instigante e polêmico desenvolvimento sugere, é um passo nessa direção. Não há como ignorar o que o autor, usando Boaventura Santos, chama de *conhecimento-regulação* na trágica saída da *solidariedade para o colonialismo*, na qual a ciência, e não só a biologia ou o urbanismo, não foi nada neutra, mas *instrumental*, e por vezes interessada na medida em que a tragédia dessas decisões e desses confrontos humanos era um portal para um conhecimento que já não sente necessidade de se justificar socialmente – os avanços em tempo de guerra, em especial a bomba, e os avanços na produção e no lazer estão entre as mais expressivas evidências dessa ausência de neutralidade. Nada simples por sinal. O livro abre portanto um debate que ainda está por ser percorrido, e ainda é um trabalho desbravador à espera de novos interlocutores.

Questões de partida

Eu quero uma casa no campo
Do tamanho ideal, pau-a-pique e sapé
Onde eu possa plantar meus amigos,
Meus discos e livros
E nada mais
(Zé Rodrix, "Casa no Campo")

A chamada "questão ambiental" tem despertado bastante interesse nas últimas décadas, servindo de tema a uma vastíssima literatura que busca discutir a degradação do ambiente terrestre e a "crise ecológica" sob os mais diversos enfoques: político, sociológico, histórico, econômico, apenas para citar alguns exemplos nas chamadas ciências humanas. De tal forma esse tema vem se tornando presente (e premente) que é quase inescapável a qualquer discussão que tenha como foco a realidade atual. As diversas disciplinas acadêmicas, cada uma segundo sua perspectiva peculiar e seu objeto específico de interesse, têm-se dedicado a fazer avançar os debates sobre a "relação homem-natureza" em direções as mais diversas e, por isso mesmo, nem sempre convergentes.

No âmbito da Arquitetura e do Urbanismo, algumas questões de cunho "ambiental" surgem imediatamente como indagações e chamados à reflexão: o ambiente como território, ou como paisagem (em sentido estrito), no qual se evidencia a *apropriação do espaço* em função de – e em resposta a – desígnios humanos e sociais, e a própria cidade e o processo de urbanização, em sua relação com os chamados "recursos naturais". A essas duas questões imediatas soma-se também a reflexão sobre o papel e o escopo do Urbanismo e do Planejamento Urbano, em sua busca pela incorporação da temática ambiental como objeto de reflexão ou como aporte às discussões acerca do processo de planejamento e gestão territorial. Nesse ponto, tem importância particular a consagração da ideia de "desenvolvimento sustentável", a partir da Cúpula da ONU realizada em 1992 no Rio de Janeiro.

Certamente os arquitetos e urbanistas que se dedicam profissionalmente à questão ambiental já se depararam em algum momento com uma espécie de antagonismo criado entre *cidade* e *natureza*, entre urbanização e preservação ambiental etc. O arquiteto, com alguma frequência, é obrigado a justificar-se perante a "comunidade ambientalista" como um dos responsáveis pela destruição das florestas, pela poluição, enfim, pela degradação ambiental imposta pelas cidades – que ajudam a construir – à natureza – que, desta forma, ajudariam a destruir. Por exemplo, algumas das análises de "impacto ambiental"[1] parecem adotar como

---

[1] A vivência profissional na elaboração de diversas "Avaliações de Impacto Ambiental" (EIA-RIMA, RAP, PBA etc.) permitiu confrontar diversas das limitações de uma abordagem estritamente sistêmica para a compreensão das questões urbanas e mesmo para dar conta da amplitude dos problemas a que se propunha responder. Um exemplo vívido era o caso dos Estudos de Impacto de Vizinhança (EIV) no município de São Paulo. Levantamento feito em 2001 junto à Secretaria do Verde e do Meio Ambiente (SVMA), da Prefeitura Municipal de São Paulo, mostrava que poucos empreendimentos imobiliários se enquadravam nos critérios de exigibilidade dos estudos para aprovação. Consequentemente, um instrumento de gestão idealizado para aprimorar o planejamento ambiental na cidade de São Paulo revelava-se permissivo e incapaz de detectar as complexas condições de produção do espaço urbano paulistano e suas implicações ambientais.

pressupostos tácitos que (i) a intervenção humana sobre a "natureza" é necessariamente degradante e maléfica; (ii) questões sociais se inserem na temática ambiental exclusivamente por meio da aceitação inconteste do discurso do *desenvolvimento sustentável*.

Retratadas como "vilãs da natureza", as cidades veem suas questões fundamentais reduzidas a um problema de engenharia – gestão dos recursos naturais (ar, água, solo) e dos resíduos (emissões atmosféricas, efluentes líquidos e lixo) – ou de saúde pública – proliferação de epidemias, exposição a riscos ambientais ou poluentes. Um século depois de o sanitarismo ter contribuído para a constituição do urbanismo como disciplina técnica e área de conhecimento específico, a abordagem do "meio ambiente urbano" permanece ainda – talvez excessivamente – vinculada às mesmas concepções.

A condenação pura e simples da urbanização por conta de seus "impactos ambientais" mal disfarça um preconceito para com a vida urbana que precisa ser avaliado em profundidade. Considerando apenas o que já parece ser um lugar-comum, de que a maior parte da humanidade tende a se concentrar em cidades neste século, percebe-se a necessidade de observar com mais cuidado essa realidade urbana, antes de condená-la categoricamente. Nesse sentido, algumas tentativas recentes têm buscado estabelecer esse diálogo em bases mais sólidas, e de parte a parte se encontram pesquisas e autores dispostos a tratar da relação entre meio ambiente e urbanização (e vice-versa).

O problema que se coloca, portanto, é se esse diálogo corresponde a um intercâmbio de fato ou se a incorporação da temática ambiental não traz consigo o risco de reiterar preconceitos arraigados com respeito ao urbano. Numa área em que, supostamente, a interação entre diferentes formações acadêmicas deveria favorecer a interdisciplinaridade, o que se encontra com frequência é, de fato, a mera justaposição de diferentes análises setoriais "costuradas" por um arcabouço teórico e metodológico – a Teoria dos Sistemas em diversas de suas ramificações. A consideração desse problema requer, necessariamente, uma reconstituição histórica das diversas contribuições ao urbanismo que permitiram o surgimento de uma ideia de "meio ambiente urbano".

De um lado, essa ideia parece constitutiva do próprio urbanismo; de outro, o discurso ambientalista comumente recorre a analogias biológicas reformuladas em novos termos: embora a cidade não seja mais retratada como um "organismo", o uso da noção de "ecossistema" parece reiterar concepções semelhantes. Verifica-se, portanto, uma surpreendente permanência da abordagem organicista do urbano, reformulada em novos termos e com a incorporação de uma linguagem supostamente inovadora. O organicismo possui uma história longa e controversa, e sua recuperação histórica faz-se urgente, objetivo ao qual este trabalho se dedica. Para tanto, pretende-se avaliar diversas das matrizes discursivas e teóricas da cidade que tinham, declarada ou implicitamente, as abordagens biológicas como pano de fundo ou embasamento conceitual.

Numerosas fontes bibliográficas oriundas das ciências biológicas, em diversas ramificações, abordam questões relativas às cidades, perspectiva pouco explorada na historiografia do Urbanismo. O alcance histórico dessa abordagem e a possibilidade de aprofundar a discussão acerca das mútuas influências entre as doutrinas biológicas e urbanísticas mostraram-se um objeto de pesquisa instigante e merecedor de tratamento mais atento e detalhado. Aqui, é particularmente necessário rever e analisar criticamente a concepção "sistêmica" do planejamento, que se consolidou sobretudo na década de 1970 e que, no Brasil, serviu a uma prática acentuadamente tecnicista/tecnocrática. Essa abordagem acabou ainda por constituir um paradigma teórico dentro do qual sucessivas gerações de planejadores foram formadas, mesmo aqueles imbuídos de uma disposição mais democrática e voltada ao diálogo e à participação. A aceitação de alguns pressupostos dessa concepção, sem que suficientes investigações teórico-conceituais tivessem sido levadas a efeito, parece estar relacionada a um direcionamento de uma numerosa pesquisa acadêmica em planejamento urbano-regional em que o debate centrado nos "instrumentos de gestão", "métodos" e "processos do planejamento" relega a discussão dos fundamentos teóricos dessas abordagens, suas implicações e suas limitações.

Neste trabalho, enfocam-se a importância e o papel da contribuição das diversas disciplinas biológicas para a constituição de um ideal (ou de uma ideologia) ambientalista e, ao mesmo tempo, das doutrinas urbanísticas, desenvolvidas concomitantemente. Partindo da ideia de *meio ambiente urbano*, o tema se desmembra de imediato em duas questões, que nortearam a pesquisa. De um lado, a consideração de questões ambientais por parte do pensamento urbanístico e do planejamento urbano; de outro, a representação de cidade por parte das disciplinas biológicas e do pensamento ambientalista. A pesquisa se fundou, portanto, na investigação dos modos de relacionamento entre duas matrizes teóricas e discursivas: o urbanismo e o ambientalismo.

Extrapolando a mera dualidade entre as matrizes, tem-se uma questão mais ampla, que é o relacionamento entre as ciências humanas/sociais e as biológicas, investigada a partir do modo como as ciências humanas e sociais (no caso específico do Urbanismo e do Planejamento Urbano) se apropriaram e absorveram conceitos e teorias oriundos das chamadas "ciências da vida" para aplicá-los à investigação e interpretação de suas próprias e específicas questões.

Mais do que mapear as "influências" da Biologia sobre o Urbanismo, a orientação adotada teve como meta lançar os olhos sobre a literatura que trata da apropriação ideológica dessas teorias e conceitos em um discurso de legitimação de práticas sociais. Desta forma, a pesquisa se volta a temas como a "biologização" ou "naturalização" do social, o organicismo e as "analogias biológicas" das cidades. Com relação especificamente ao ambientalismo, apoiou-se no instrumental analítico das "representações sociais" da cidade e na abordagem marxista em torno da questão da *ideologia*,[2] uma forma de investigar os fundamentos teórico-metodológicos das análises centradas nos "efeitos da urbanização" sobre o meio ambiente.[3]

Na literatura investigada, dois aspectos são particularmente relevantes: de um lado, o que se poderia denominar as "identidades" disciplinares, e de outro a questão da interdisciplinaridade. Com relação ao primeiro aspecto, o interesse foi reconhecer como o urbano foi-se definindo como "ambiente" (um termo vasto, de significações espaciais, econômicas, psicológicas ou sociais) e, enfim, como "meio ambiente" (um termo já bastante associado à dimensão biológica-ecológica). Buscou-se desvendar a pluralidade de contribuições teóricas que embasaram a formulação de

---

[2] Nessa linha, que permitiu embasar a análise dos discursos em torno das cidades e da natureza como construções sociais relacionada à divisão de classes, às estratégias de dominação e hegemonia ideológica, aos conflitos e lutas sociais, é fundamental situar o debate dentro das diversas expressões do marxismo, desde o materialismo histórico de Marx e Engels, o conceito gramsciano de hegemonia, até o debate fundamental entre o estruturalismo francês althusseriano e a crítica de Thompson, e o "materialismo cultural" de Raymond Williams.

[3] Aqui também se pode incluir importantes contribuições anglo-saxônicas para o tema desta pesquisa, como o trabalho de Keith Thomas (1988) e de Carl Schorske (1989). Merece destaque ainda, especialmente para o tratamento das questões ligadas à relação entre medicina e urbanismo, uma extensa literatura baseada na obra de Michel Foucault.

uma expressão tal como "meio ambiente urbano", identificando cada vertente em seu contexto sócio-histórico e a prevalência de determinadas concepções sobre outras como parte de uma dinâmica fundamentalmente histórica, e historicamente analisável. Da multiplicidade de caminhos possíveis à análise histórica, tratou-se da questão sob o ponto de vista de uma produção literária essencialmente teórica (científica ou filosófica) e de debates predominantemente inscrito em um círculo intelectual/científico/acadêmico. Por uma questão de recorte metodológico, a pesquisa não aborda em profundidade uma problemática que, na realidade, é fundamental: a dimensão ambiental do urbano a partir de outras matrizes discursivas (representações populares, produção artística, entre outras) e de um ponto de vista "de baixo" (como formulou E. P. Thompson).

De forma elementar, pode-se apontar dois caminhos da literatura no trato histórico da problemática proposta: uma história das doutrinas filosóficas e uma história das ideias científicas. No primeiro caso, abordou-se a história da *ideia de natureza* (objeto do primeiro capítulo) e, mais brevemente, do *ambientalismo* (tratado principalmente no terceiro capítulo). Ao tratar do tema da ideia de natureza, não se pretendeu adentrar o debate filosófico em torno do tema, mas apenas reconhecê-lo de forma panorâmica. O ambientalismo corresponde, neste sentido, a uma dessas formas, e da que mais se mostra relevante ao trabalho desenvolvido. No caso das ideias científicas, atentou-se para os desenvolvimentos das ciências biológicas (destacando delas a ecologia) e do Urbanismo, à medida que este se constitui como disciplina e busca se ajustar aos métodos científicos que culminarão na ideia de Planejamento Urbano.

Para lidar adequadamente com as linhas teóricas acima expostas, requereu-se uma familiarização mínima com as especificidades da literatura de cada área consultada (Urbanismo,

Biologia/Ecologia, Filosofia, História, além de outros campos que adquiriram o papel de suporte conceitual, como a Sociologia, Antropologia e Economia). Mas a necessidade de integrar essas áreas distintas exigiu um enfoque inter/transdisciplinar que se converteu no grande desafio da pesquisa. Trata-se de buscar o estabelecimento efetivo de um diálogo entre as várias vertentes da literatura consultada, não somente a justaposição de suas contribuições. É comum referir-se ao tema do urbano ou do meio ambiente como temas multidisciplinares ou transversais, mas acredita-se que a integração efetiva das disciplinas não é obtida por meio de simples agregação. Mantidas em seus contornos originais, as disciplinas apenas são capazes de restringir seus enfoques para se acomodar aos limites das demais. Buscou-se, neste livro, uma interpenetração desses limites: não foi outro o propósito de buscar, nas obras originárias das ciências biológicas, o que nelas se tratava sobre as cidades, ou o que o urbanismo identificava, na biologia, como modelo adequado ao tratamento de suas próprias questões.

Ao promover essa interpenetração, evidentemente, verificou-se que há simplificações e insuficiências de parte a parte: se o urbanismo, ao tratar de questões ambientais e ecológicas, ainda busca referências em uma biologia já bastante discutida e, em parte, relativizada, também a biologia se refere ao urbano segundo modelos que, se não ultrapassados inteiramente, já são largamente questionados no âmbito das ciências humanas. A verificação dessas questões não deveria desencorajar os intercâmbios, pelo contrário. Entretanto, é necessário ressaltar a necessidade de uma revisão do modo como as tentativas de integrar as reflexões biológicas ao domínio do social se processaram. Assim, boa parte da literatura consultada evidencia a recorrente tentativa de "biologização do social" e discute suas motivações e implicações – seja no plano político, ideológico ou cultural.

O tema não será abordado à exaustão, já que ultrapassa largamente o objeto de trabalho proposto, mas não se deve furtar a discuti-lo onde é pertinente ao trabalho, ou seja, à concepção tácita (algumas vezes explícita) de urbano e de cidade que norteia o debate ambiental em torno da urbanização. Ao mesmo tempo, será preciso reconhecer e confrontar o conteúdo "biologizante" de numerosas das doutrinas urbanísticas.

O presente trabalho não pretende responder a todas as questões levantadas acima ou resolver os impasses apontados, mas acredita que, ao colocar essas questões e impasses em evidência, incentive outras contribuições e preste-se a subsidiar um debate considerado pertinente e de grande importância. Espera-se, a partir da pesquisa aqui apresentada, participar desse debate e, eventualmente, das formulações alternativas às que aqui são abordadas e criticadas.

A ação humana na ideia de natureza

> *Eles protegeram o mundo com o círculo das estrelas, com medo de que, desvanecendo-se como a chama, os baluartes do mundo desaparecessem de repente e se dissipassem no grande vazio, pois então tudo o mais se lhe seguiria, pela mesma razão. E os céus, templo do trovão, ruiriam sobre nossas cabeças; a terra fraquejaria de uma só vez sob nossos pés: as ruínas confundidas da terra e do céu, todos os seres, dissolvendo-se, se perderiam no vazio profundo. Num instante, não restaria mais que o espaço deserto e os átomos cegos.*
> (Lucrécio. Da Natureza, Livro I, 1094-1103)

Este capítulo visa uma investigação da ideia de natureza como constitutiva fundamental da estruturação humana do mundo, bem como fundamento, mais ou menos explícito, das concepções filosóficas que expressaram a relação do homem com seu próprio mundo e sua realidade imediata. Contudo, não é a própria relação que interessará aqui, e sim os termos em que esta se dá. A "relação homem-natureza" se baseia, afinal, em uma distinção (homem x natureza) que define e delimita o âmbito da própria ação humana. Essa delimitação é o que interessa discutir neste capítulo.

A partir da ideia de *natureza* como uma instância fora (ou além) da ação humana, espera-se discutir as representações da ação humana feitas por seu próprio agente, o homem. Contrastado com essa ideia primordial, um aspecto particular dessa ação humana – a cidade – evidencia o juízo que uma sociedade faz de si mesma. Nessa perspectiva, é possível entender o apelo que o homem se faz ora à *conquista* e *dominação* dessa natureza, ora ao *respeito* e *veneração*, ora ainda à sua simples *negação*, como facetas desse juízo. O que está em questão aqui, portanto, é a constituição dessa dicotomia "homem-natureza" e a ação humana enquanto "artifício", a partir da qual a *cidade* emerge como objeto ora de afirmação, ora de negação. Nos capítulos seguintes será possível avançar alguns aspectos desta última, sendo o que mais interessa a este trabalho aquele aspecto que denominaremos a "naturalização das cidades".

Recorrendo a autores que tratam da natureza como ideia social e historicamente construída, não se pretende um estudo aprofundado acerca da "filosofia da natureza" (as próprias referências bibliográficas são mais indicadas para esse aprofundamento), nem propor uma contribuição original a um debate para o qual o arcabouço de um arquiteto urbanista é forçosamente deficitário. O objetivo fundamental deste capítulo é investigar na história da ideia de natureza alguns temas fundamentais à concepção das cidades como "meio ambiente" – e, portanto, como *natureza* – e o enquadramento que as cidades, como obras humanas (portanto, como *artifício*), recebem da parte de diferentes concepções filosóficas da natureza.

Recorre-se a um recorte de longa duração, que por isso mesmo é sujeito a inúmeras limitações e reparos, apenas para situar e contextualizar algumas concepções que, contemporaneamente, são apontadas como "fundamentos", "antecedentes" ou "origens" de uma crise tida como distintivamente atual. Ou seja: a "crise ambiental" de nossos dias é lida frequentemente como resultado de uma "ruptura" com modos anteriores de relacionamento com a natureza que teriam sido marcados, supostamente, por um maior "equilíbrio", "respeito" ou mesmo "obediência" às *leis naturais*. Conforme a perspectiva adotada, a "ruptura" pode ser situada no contexto da Revolução Industrial, no cartesianismo e na Revolução Científica do século XVII, ou até mesmo na separação homem-natureza empreendida pelos filósofos da Grécia Clássica. Não se trata de discutir, portanto, qual a perspectiva mais correta ou adequada, e sim compreender o conteúdo identificado nesses diferentes contextos que justificariam a noção de uma ruptura, e em que consistiria a religação a empreender que essas visões implicam. Que fique claro, portanto, que a abordagem desses períodos é necessariamente esquemática, incompleta e até questionável. Seu objetivo não é fornecer um quadro referencial de cada período, mas orientar uma leitura crítica das interpretações posteriores que as tomam como referenciais para defender a ideia de um suposto rompimento contemporâneo.

Um ponto de partida fundamental para essa discussão é a distinção que Clément Rosset faz entre *artificialismo* e *naturalismo*. Este capítulo procurará mostrar que o urbanismo nasce sob o signo do naturalismo e a ele deve algumas de suas mais arraigadas premissas. Isso levaria, segundo Rosset, a uma "prática naturalista do artifício", com importantes consequências para a compreensão das cidades e do urbanismo.

O capítulo se estrutura em três seções: mito e natureza, – o tema da natureza na modernidade, – e o artifício em questão. Na primeira, buscou-se observar o papel cultural dos mitos que servem como formas de estruturação primordial do mundo, o papel basilar eles na constituição da própria ideia de natureza e, por fim, a tentativa de afastar os mitos a partir justamente de concepções de natureza. Na segunda parte se observam alguns dos aspectos fundamentais dessas concepções na Modernidade, traduzidos em modos distintos de relacionamento do homem com o mundo: de uma lógica de dominação à mistificação da natureza fundada na sensação de conflito e culpabilidade. Por fim, na última seção, espera-se colocar algumas questões importantes para a reflexão sobre o papel da ideia de natureza e do naturalismo no pensamento urbanístico e sobre as dificuldades postas ao urbanismo pelo artifício (e o artificialismo).

MITO E NATUREZA

O tema da natureza sagrada merece ser visitado não apenas por curiosidade intelectual em relação a um "exotismo". É necessário ir além tanto de interpretações que veem nessas formas místicas e simbólicas um "primitivismo ultrapassado" quanto, ao contrário, das que as consideram "exemplos para o homem moderno". Sua investigação abre instigantes caminhos de reflexão sobre a relação entre o homem e o seu lugar – mesmo o que nos interessa diretamente, as cidades.

A concepção sagrada ou mística parece corresponder ao primeiro e mais elementar esforço humano de interpretação de seu mundo.[1] Por isso é considerada um momento inicial "introspectivo" na história da ideia de natureza por Lenoble (1990), que aponta duas causas específicas para a necessidade psicológica do animismo: uma tendência a imaginar as coisas segundo o modelo

---

[1] A palavra "mundo" pode aqui induzir a uma interpretação equivocada: no sentido usual, "mundo" poderia corresponder ao planeta Terra. Em diversas culturas, porém, considera-se todo o universo, segundo cada concepção particular, como o "mundo", aí incluindo-se céu e terra, todo o espaço abarcado pelo pensamento. A "estruturação do mundo" se refere, portanto, não apenas à interpretação dos espaços concretos e sensíveis, mas também ao mundo mítico e "sobrenatural" característico a cada cultura.

da própria existência (causa de ordem intelectual), e um desejo de substituir o "outro", tido como um risco, por uma existência próxima do "eu" ameaçado (ordem afetiva). As representações simbólicas e míticas de estruturação do mundo percebido são um objeto clássico de estudo da Antropologia/Etnologia e da psicologia junguiana, tema sobre o qual existe uma extensa bibliografia disponível.[2] Com base nesta literatura, é possível apontar um caminho de investigação que vem se consolidando e ganhando respeitabilidade, que é o da *etnociência*[3] e, a partir dessas investigações, pode-se discutir a relevância dos mitos para a constituição das ideias primordiais de natureza em distintas culturas. Concebido de forma integrada pelas sociedades tradicionais, o mundo natural adquire uma representação que, segundo Diegues (2001: 55), "não pode ser apreendida totalmente, se não se recorrer às representações, às imagens e ao pensamento mítico". Essa representação do natural é regida por alguns princípios fundamentais:

> O primeiro princípio é a inteligibilidade pelo vivo e não pelo físico, pelo singular e não pelo plural, pelo concreto e não pelo abstrato. O segundo princípio é o semântico generalizado que elimina tudo o que não tem sentido e dá significado a tudo o que acontece. Dentro desse

---

2   Podendo ser citadas, por exemplo, Eliade (1992 e 1995) Durand (1993), Schultes e Reis (1995), Ribeiro (1997), Campbell (1999).

3   Dedicada ao estudo do conhecimento produzido pelas chamadas *populações tradicionais*, a etnociência se beneficia de fundamentos teóricos da Linguística para buscar compreender "o conhecimento das populações humanas sobre os processos naturais, tentando descobrir a lógica subjacente ao conhecimento humano do mundo natural, as taxonomias e classificações totais" (DIEGUES, 2001: 78). Os temas fundamentais de estudo da etnociência, em suas diversas vertentes (etnoecologia, etnobotânica, etnofarmacologia etc.) são: os sistemas de classificação (distinção dos organismos em classes), os princípios linguísticos de nomenclatura dessas classes e as formas de identificação (relação entre caracteres e sua classificação).

princípio há uma inclusão recíproca e analógica entre a esfera humana e a natural. O mundo natural dispõe de caracteres antropomórficos e o homem dispõe de caracteres cosmomórficos (DIEGUES, 2001: 56).

Representações míticas do mundo desempenham a função extremamente importante de estruturar o espaço, estabelecer-lhe limites e inteligibilidade à sensibilidade humana. Um dos aspectos mais notáveis dessas representações é a grande reverência ao *lugar*,[4] que se expressa ao menos de duas maneiras: através das cosmologias (concepções da origem, evolução e estrutura do universo) e de mitos ligados à noção de *genius loci* ("espírito do lugar"). Ao buscar categorias para os aspectos, substâncias e qualidades da natureza e relacioná-los a elementos descritivos do espaço (tais como direções, formas do relevo), estabelecem-se relações de significado entre os diversos fenômenos vivenciados. Partindo do primeiro aspecto, Yi-Fu Tuan (1971) distingue duas formas fundamentais de estruturação mítica do espaço, recorrentes em diversas civilizações antigas: uma definição vertical, segundo a qual o mundo se divide em diversos planos, e uma horizontal, em função do conceito fundamental de *centro*.

Na estruturação vertical, a terra corresponde ao mundo humano, sobreposto pela esfera celeste e tendo abaixo de si um submundo (eventualmente, as esferas superior e inferior podem ser formadas por uma sucessão de esferas ou planos astrais, como

---

4   A noção de *lugar* remete aos estudos da geografia humanista ou cultural, e diz respeito às relações subjetivas do homem com seu espaço e ambiente. "Lugar" seria o conceito apropriado para pesquisas interessadas nos espaços vivenciados pelas pessoas em suas atividades cotidianas de trabalho, lazer, estudo, convivência familiar, etc. Essa abordagem dialoga, às vezes de forma bastante próxima, com a fenomenologia e seu interesse pelo conjunto de vivências individuais e subjetivas dos sujeitos. Vide, a respeito, Bettanini (1982).

na concepção cristã descrita por Dante na *Divina Comédia*).[5] Já a estrutura horizontal se funda na noção de que determinado lugar corresponde ao *centro do mundo*. Em torno desse centro, o cosmos se estrutura via de regra segundo círculos concêntricos, até um limite que define a fronteira do que passa então a ser entendido como o espaço profano, o caos ou o mundo selvagem. O centro é, de forma bastante genérica, definido em termos etnocêntricos: cada povo define o seu próprio *centro do mundo*.

Os mitos formulados pelos homens com o objetivo de estruturar e dar significado ao espaço muitas vezes passam pela atribuição de qualidades particulares a certos lugares e elementos da paisagem. Assim, os lugares sagrados costumam estar associados a certas ocorrências "especiais" da paisagem, ou onde se tenham construído certas estruturas distintivas, e não distribuídos uniformemente por ela. A esses lugares são atribuídas qualidades concebidas frequentemente em termos de um "espírito do lugar".[6] A crença nessas qualidades diferenciadas dos lugares está na base de diversos ritos que envolvem a escolha de um sítio para construção e implantação das construções. Esses ritos, bem como o conjunto de práticas divinatórias para escolha dos lugares e denominadas genericamente de *geomancia*, guardam evidentemente profundas relações com os mitos da criação do mundo peculiares a cada cultura. Entretanto, o apelo "esotérico" de tais práticas tem estimulado grande exploração comercial, como no caso da prática chinesa do *feng shui*.[7]

---

[5] Tuan observa que não se trata de um padrão universal, mas a estruturação vertical é amplamente difundida entre povos de diversas localidades do planeta.

[6] Sheldrake (1997: 176) nota que "a palavra espírito tem dois significados relacionados: um sentimento, uma atmosfera ou um caráter; e uma entidade ou ser invisível, com sua própria alma ou personalidade".

[7] Seria leviano desqualificar a priori a técnica chinesa de interpretação e remediação de lugares, mas não resta dúvida de que o recente modismo do *feng*

O fundamento da ideia de *genius loci* é uma ligação profunda com a terra, que pode ser resumida pelo mito animista[8] da "mãe natureza". Segundo Rupert Sheldrake (1997), a grande maioria das palavras que designam a *natureza* nas línguas europeias guarda alguma relação com a ideia de nascimento, de geração e de maternidade: *physis* do grego, *natura* do latim são apenas alguns exemplos mais notáveis.[9] A representação maternal da natureza, muito comum às sociedades agrícolas, residia em sua imagem de fonte da vida. Era a Mãe Terra (ou a natureza) quem nutria os organismos vivos e exalava o sopro da vida.

A natureza, nesta representação animista, jamais seria "objeto" de observação em si mesmo, mas apenas em função do próprio

---

shui no Ocidente parece guardar muito pouco da relação original entre mitos, símbolos e interpretações do espaço culturalmente muito particulares, cuja transferência para outros contextos culturais nunca é tarefa simples. Da forma como é praticada na atualidade, sem o devido cuidado de compreender e reelaborar tais mitos e significados em termos mais adequados à nossa própria cultura, o *feng shui* transforma-se apenas numa ferramenta supersticiosa e superficial. Sobre os riscos da "importação" de costumes orientais de forma descuidada e inconsequente, vide a introdução de Carl G. Jung para o livro chinês *O segredo da flor de ouro* (Jung e Wilhelm, 1992).

8   Pode-se definir o animismo como uma doutrina segundo a qual o princípio da vida deriva de uma só e mesma alma, ou a atribuição de um princípio vital pessoal, isto é, uma alma, a seres vivos, objetos inanimados e fenômenos naturais em geral.

9   Lenoble reconhece também esse caráter animista da noção de natureza: uma raiz comum (*nasci*, nascer) forma tanto a palavra latina *natura* quanto *natio*, enfatizando com isso a ideia de que a noção de nascimento, desde a Antiguidade Clássica, reconhecia simultaneamente duas origens essenciais do homem: o nascimento dentro do mundo (natura), mas também o nascimento perante a sociedade humana e a estrutura que vincula o homem a seus antepassados e conterrâneos (natio): "não é por acaso (...) que na mesma época, na Grécia do século V antes de Cristo, se formularam as noções de *physis* e de cidade, de lei natural e de lei civil. Este sincronismo não tem nada de um acidente particular à Grécia; encontramo-lo até na China e em quase todos os povos" (LENOBLE, 1990: 194).

homem. A necessidade de ligar o destino do homem ao das coisas revelaria um temor fundamental do *acaso* – da indeterminação, da fantasia, da liberdade. Daí que uma das principais características das concepções anímicas seja o que Lenoble (1990: 50) considera uma "ideia moral" como a primeira que os homens formaram da natureza – e que, para Rosset, é um dos traços comuns a quaisquer formas de naturalismo. A causalidade da natureza mágica, viva e consciente significaria então, na realidade, uma inextricável vinculação entre as vontades dos homens e das coisas: se há uma vinculação entre os destinos do homem e do mundo, conclui-se que um evento terrível (uma doença, uma catástrofe) seja interpretado como "castigo" divino, e o contrário como "benesse". Só com as primeiras cosmogonias filosóficas se adotará um pressuposto de uma legalidade impessoal, lógica e universal.

A concepção anímica da natureza teve uma longa sobrevida no pensamento europeu e permeou inclusive empreendimentos de caráter enciclopédico, como no caso da *Historia Naturalis*, do latino Plínio, o Velho: nessa obra, são reiterados tradições e mitos de época, que acabam por se preservar por séculos a fio e constituindo uma referência "científica" durante toda a Idade Média europeia, e mesmo depois.[10] Suas descrições geográficas não afastam totalmente as lendas que envolviam as terras mais distantes, por exemplo; sua meteorologia frequentemente se confunde com a astronomia (e, por vezes, esbarra na astrologia); sua física ajuda a preservar quase intactas algumas concepções míticas populares, tais como: a ideia de ação por simples contato (da qual deriva a crença no poder de amuletos, por exemplo), a ação por semelhança de formas (expressa por gestos simbólicos, entre outros), a ação pelos números e pontos cardeais (explícita herança pitagórica,

---

10 Keith Thomas (1988), por exemplo, vê referências à obra pliniana em fontes dos séculos XVI e XVII na Inglaterra.

que atribui qualidades às relações de proporção, medida, harmonia etc.), sem falar nas propriedades dos quatro elementos, que a *Historia Naturalis* ajuda a fixar definitivamente. Além disso,

> (...) Plínio inaugura uma certa sensibilidade naturalista, caracterizada pelo sentimento de fragilidade vinculada ao estado (provisório) das coisas, e por um medo do presente, perpetuamente suspeito de consumar a ruína definitiva de tudo o que o passado oferecia de atrativo e promissor. (...) o medo é o traço específico do pensamento naturalista, pois é o único que está temeroso de perder alguma coisa, postulando a existência de alguma coisa a perder (...). Daí, em Plínio, a recusa do presente e da história real, reencontrando, na história natural, um refúgio anti-histórico (ROSSET, 1989: 264-5).[11]

A história da filosofia costumente aponta para a Antiguidade clássica (sobretudo grega) como o momento em que se inauguram concepções filosóficas que "exteriorizam" e dissociam a natureza do homem. A sociedade grega da Antiguidade representaria um exemplo vivaz da relação entre a organização social e a representação ordenada e coerente do mundo que se traduz na ideia de *natureza*: um dos traços fundamentais da religião grega é o seu conteúdo político – dirigida à *polis* aristocrática, estrutura-se de forma semelhante, reiterativa, em relação às instituições e tradições da cidade-Estado. Lenoble observa que a filosofia que se desenvolve por volta do século V a. C se situa em um período em que a cidade de Atenas já não se encontra em seu apogeu: o contexto de provação é o que a obriga a "refletir sobre as condições

---

11 A visão de Plínio de uma natureza essencialmente fatalista e a angústia fundamental diante de sua degradação é vista por Rosset como um espelho da degradação do próprio Império Romano (ROSSET, 1989:261).

conscientes dessa ordem que lhe escapa e da qual aproveitara sem o sonhar" (LENOBLE, 1990: 57) – ainda que o desenvolvimento de um agudo senso estético já fosse testemunho de uma atitude desinteressada perante a natureza.[12]

O conteúdo mítico permaneceria forte na concepção platônica. Para Rosset, o olhar de Platão "volta-se para o passado (não se esperam do futuro produções, somente restaurações). Também, por isso, a ideia de acaso está ausente do universo platônico: não serviria para nada num mundo onde não há mais nada a produzir" (ROSSET, 1989: 223). Assim, uma das razões da eminente posição de Platão na história do pensamento ocidental seria a de ter assinalado de forma pioneira uma crise,

> ao anunciar simultaneamente que a natureza já não era quase nada, mas tinha sido. (...) as sombras platônicas vêm culpabilizar o artifício ao mostrar que seu reino só pode começar graças a um assassinato: para se estabelecer, o artifício teve que suprimir a natureza (ROSSET, 1989: 226-7).

Platão e seu mestre Sócrates criaram as condições para que surgisse, com Aristóteles, uma concepção sistemática da natureza como um objeto externo e distinto do homem. A formulação aristotélica da natureza estabelece a distinção homem/natureza de uma forma que se tornará, a partir de então, quase inescapável na cultura ocidental. É notável como a natureza é definida por Aristóteles a partir da noção de movimento:[13]

---

12 Convém que se guarde esta relação entre uma atitude desinteressada e uma apreciação estética: ela será fundamental para a compreensão da atitude contemplativa que caracterizará a relação do homem com a natureza nos séculos XVIII e XIX.

13 Segundo Collingwood (1986:10), para os gregos "o mundo da natureza é um mundo não só de movimento perpétuo e portanto vivo, mas também um

> A natureza é definida dentro por um modo particular de movimento, delineando duas grandes características. A primeira é a espontaneidade. (...) A outra é a finalidade. (...) Assim, ficam demarcadas com precisão as fronteiras do domínio da natureza; (...) domínio da finalidade espontânea. (...) Deste modo, simultaneamente ficam demarcados os dois domínios da não-natureza, entre os quais estende-se o território da natureza: são eles o artifício (humano) e o acaso (...): a natureza (espontaneidade com finalidade) é a aliança de duas características, cujas definições, tomadas isoladamente, determinam as duas não-naturezas que são o artifício (finalidade sem espontaneidade) e o acaso (espontaneidade sem finalidade) (ROSSET, 1989: 232-3).

Em contraste com o platonismo, a tendência "materialista" teria em Epicuro seu expoente máximo no Mundo Antigo. O "materialismo" tende a afirmar o conhecimento da natureza (seja ele filosófico, "científico" ou utilitário) em contraposição à "crença", atribuindo às concepções míticas e anímicas da natureza a pecha de "superstição", superável por meio do conhecimento objetivo.

> (...) a extraversão total exigida pelo epicurismo (...) implica uma escolha. (...) iremos seguir, na história, esta oscilação perpétua entre a "desumanização" da Natureza pelos tipos de pensamento extrovertido e o papel de exemplo, de modelo e de protetora que um pensamento mais preocupado com o humano não deixará de lhe voltar a dar. (...) A ideia de Natureza vai transformar-se incessantemente ao sabor da luta entre o "idealismo" platônico e o "materialismo" de Epicuro (LENOBLE, 1990: 103).

---

mundo de movimento regular e ordenado", daí que esse mundo era "não só vivo como inteligente; não só um vasto animal dotado de 'alma', ou vida própria, mas também animal racional, com 'mente' própria".

Com o atomismo de Epicuro, a "extroversão" do homem em relação à natureza alcançaria seu ponto máximo na Antiguidade. É também com ele que a negação da superstição mística a partir do conhecimento da natureza ganha sua formulação mais explícita. Epicuro busca a concepção de átomo do pré-socrático Demócrito, desenvolvendo uma teoria que, originalmente, buscava uma explicação racional para os fenômenos físicos e "refrear a vaga de relativismo e individualismo que envolvia a sociedade grega, ameaçando valores e instituições".[14] Entretanto, a teoria dos meteoros e da declinação do átomo (*clinamen*) de Epicuro opõem-se talvez a toda a filosofia grega, incluindo Demócrito, ao negar a atribuição de quaisquer caracteres veneráveis à natureza. A física, para Epicuro, tem como finalidade permitir ao homem penetrar na natureza e dela expulsar todo tipo de sortilégios e devaneios da mitologia. Por isso afirma a sensação como a única origem de nosso conhecimento. Pela primeira vez, a ciência da natureza torna-se declaradamente um antídoto ao temor religioso. Toda sua física é considerada uma construção sobre a qual Epicuro assenta sua ética: o conhecimento dos fenômenos celestes tem por objetivo a paz da alma e a confiança. A solução do problema da vida não se encontraria mais na natureza, mas na própria alma do homem.[15]

---

14 Introdução ao volume *Pré-socráticos* da Coleção Os Pensadores. São Paulo: Nova Cultural, 1996, p. 32. Demócrito opõe-se, da mesma forma que Sócrates, a Protágoras, em nome da preservação da ética tradicional e dogmática e contra "o relativismo que corroía os alicerces da moral tradicional e punha em risco a estabilidade da pólis" (Pessanha, in MARX, 1979: 11).

15 Na realidade, a própria alma era formada de átomos e, quando da morte, retornava desta maneira ao Cosmos universal. Daí que o homem não tem por que se preocupar com ela: "ou pensas na morte, e por que razão temê-la visto que não estás morto, ou estás morto, mas então já não pensas". Ao materializar a alma, ao mesmo tempo Epicuro a liberta do destino cósmico a que se submeteria se não se dissolvesse.

Assim, a natureza pôde ser considerada como um contraponto à superstição e à crença religiosa. Porém, é importante notar que a ideia de natureza em si não nega necessariamente o mito. No sentido expresso por Lenoble, a formulação de uma *ideia* de natureza representa já um primeiro indício de distanciamento entre o mundo e a afetividade e desejo humanos. Isso significa que o significado "mágico" ou "sobrenatural" do mundo se esvaziaria no momento em que o conhecimento humano lograsse demonstrar que tudo o que existe pode ser interpretado a partir de causas puramente naturais. Mas para Clément Rosset, a questão deve ser analisada pela ótica inversa: "a ideia de causas sobrenaturais só é possível a partir da ideia de 'causas naturais', as quais permitem interpretar todo fenômeno como 'resultado' de um princípio ou uma série de princípios" (ROSSET, 1989: 34).

A ideia de natureza estaria, portanto, intimamente ligada à de religião, pois se esta implica a crença numa sobrenatureza, aquela garante que a religião de fato tem um mundo para explicar. Em outros termos, qualquer visão que considere o mundo como obra de algo externo a si mesmo poderia ser considerada religiosa.

Isso não quer dizer que se possa considerar a natureza uma "ilusão". Rosset a considera, mais precisamente, uma *miragem: a* "miragem naturalista" requer como condições e circunstâncias favoráveis para sua fabricação a repetição e o mito. A repetição proporciona para a concepção de natureza a ideia de regularidade e ordenação. Cabe ao mito determinar quando as repetições fortuitas passam a ser vistas como um "hábito" da natureza: "poder-se-á descrever o mito como a passagem da ideia de repetição à ideia de que a repetição repete alguma coisa" (ROSSET, 1989: 32). Por isso a importância dada neste capítulo à consideração mítica da natureza: não porque as representações posteriores tenham deixado o aspecto mítico de lado, mas porque *toda representação de natureza é baseada em um mito*, mesmo que seja o mito da objetividade científica. Em muitos casos, esse mito fundamental é a projeção das características de cada sociedade em sua ideia de natureza.

A negação do mito (ou da "superstição") em favor de um conhecimento direto da natureza será retomada pela ciência moderna, embora o conteúdo dessa negação seja, evidentemente, distinto. Enquanto Epicuro busca libertar os indivíduos do jugo dos determinismos – esse é, para Marx (1972), o sentido da formulação do *clinamen* –, a ciência moderna buscará compreender e dominar as "leis" da natureza. Com isso, as representações da natureza que não atendam a esse objetivo são desqualificadas como formas de *ignorância* ou *primitivismo*.

O que importa observar aqui é que não deve ser satisfatória a leitura do triunfo do mecanicismo da Revolução Científica (séculos XVI e XVII) como um índice do "progresso do conhecimento humano". De fato, para se tornar hegemônica, a concepção científica da natureza precisou impor-se sobre o conjunto de outras concepções tradicionais existentes – com frequência, apelando para sua desqualificação com a pecha de "crendices", "superstições" ou algo que o valha. A questão será retomada com frequência, não somente neste capítulo, mas nos demais: o conflito subjacente é, antes de tudo, um processo de imposição e dominação pelo conhecimento.

Por isso é que recaem sobre as concepções anímicas da natureza as acusações de serem demasiado simplórias e de corresponderem a uma compreensão precária ou mesmo a uma verdadeira ignorância da realidade. Tais acusações são rebatidas por Lenoble (1990). Ao partir da premissa de que se pode escrever uma história da *ideia de natureza*, Lenoble assume que (i) a natureza é, antes de tudo, uma formulação do pensamento humano e (ii) como ideia, está condicionada pelas estruturas mentais de cada sociedade em um dado tempo e lugar. É a partir desta premissa fundamental que contesta a desqualificação precipitada das concepções de natureza sagrada, ao afirmar:

> Não basta invocar a ignorância, porque a ignorância não explica nada. Neste estádio, precisamente, o pensamento não "ignora" nada, "sabe" tudo. A dúvida, a confissão de ignorância, só entrará em cena muito mais tarde. É um engano total falarmos de "fantasia" deste mundo de magia, que consideramos com excessiva rapidez, absurdo. (...) a Natureza só será concebida como uma realidade por si mesma na medida em que a consciência tiver conquistado uma certa liberdade em relação aos seus próprios problemas (LENOBLE, 1990: 40-1).

Na verdade, o pensamento mitológico é desvalorizado com frequência na sociedade ocidental moderna, cujo conhecimento se baseia amplamente na ciência e tecnologia, e ainda assim persiste largamente, mesmo no interior dos grandes centros urbanos.[16] Como afirma Mircea Eliade (1992), o processo de dessacralização do mundo natural deve ser compreendido como um fenômeno restrito a uma minoria da sociedade moderna – sobretudo aos próprios cientistas –, e os mitos relativos à natureza permanecem por muito tempo, ainda que relativamente ocultos, a despeito das doutrinas científicas. Nos capítulos seguintes essa questão será retomada. De forma recorrente, a forma como o conhecimento científico busca se impor aos outros revela uma dificuldade de lidar com o diverso, o plural – o "outro". Uma consequência comum é a deslegitimação de outras formas de conhecimento até o

---

16 Vide, a respeito, Silva (1995).

ponto de que estas se tornam mesmo "obstáculos" à realização do ideal científico, normalmente autodeclarado "progressista".

Interessa, pois, adotar uma postura menos exclusivista em relação às doutrinas da natureza e dar atenção a outras formulações que não apenas as que, comumente, consideramos mais eruditas e científicas – abarcando também, desta forma, o conhecimento formulado sob outras formas pelas demais camadas socioculturais. O exame de outras formas de concepção do mundo apresenta o evidente benefício do contato com a alteridade: o que não é *universal* (portanto a-histórico) é passível de transformação. Outro benefício, mais direto, do reconhecimento de concepções míticas do mundo e da natureza como válidas é a possibilidade de se observarem situações de conflito entre essas diferentes concepções. Conflitos sociais operantes no domínio do imaginário oferecem não apenas uma linha de pesquisa instigante e reveladora do processo de construção social do espaço urbano, por exemplo, mas também possibilitam escapar a certos reducionismos, como o de dar importância apenas às concepções dominantes, marginalizando as demais. Exemplos instigantes dessa linha de pesquisa estão nos trabalhos de Diegues na relação entre as comunidades tradicionais e as áreas naturais protegidas, ou nos do Núcleo de Antropologia Urbana (NAU) da USP.[17]

Nos próximos capítulos, alguns aspectos desses conflitos serão retomados. Por ora, é necessário retomar o eixo principal do capítulo e observar alguns aspectos fundamentais das ideias modernas da *natureza*, muitas das quais ainda compõem o repertório atual de significados e valores a ela associados.

---

17   Um meio bastante acessível de tomar contato com a produção do NAU é através do site mantido pelo núcleo na internet: http://www.n-a-u.org

O NATURALISMO MODERNO

A herança clássica poderia se restingir a um interesse histórico e erudito se não fosse constantemente retomada pelos pensadores modernos, que não apenas recuperaram suas obras e questionamentos, mas se entenderam como continuadores ou revisores dessas tradições de pensamento. Essas retomadas, como de costume, são seletivas e condicionadas por novos contextos históricos, de tal forma que interessa observar os conteúdos mantidos, reiterados ou reinterpretados, e aqueles que foram abandonados ou simplesmente deixaram de fazer sentido.

As primeiras ideias modernas de natureza incorporam à herança greco-latina o conjunto de crenças desenvolvidas e incorporadas pelo cristianismo. Se a palavra da Bíblia condiciona, em uma série de aspectos, a relação do homem com o mundo, por outro lado, essa mesma concepção cristã trata de reelaborar a tradição helênica (particularmente o sistema cosmológico aristotélico) de forma a consolidar uma explicação cristã do mundo. Essa tarefa coube aos filósofos medievais ligados à Igreja. Vale observar ainda que o catolicismo, ao longo de sua expansão pela Europa, estabeleceu e incorporou heranças de outras culturas, inclusive a judaica, a muçulmana e as tradições ditas pagãs.

Em relação a esse conjunto de elementos fundadores, o pensamento moderno não se colocou de forma uniforme: no contexto das crises religiosas do final da Idade Média (cismas e, posteriormente, os protestantismos), ao menos duas manifestações são verificadas: primeiramente, uma retomada de um animismo e misticismo implicitamente tomados ao paganismo, característico do Renascimento; em seguida, a construção do mecanicismo da Revolução Científica no século XVII reorganizou a herança aristotélico-cristã em novas bases. O chamado "paradigma cartesiano" teve tamanho triunfo entre o século XVII e o XVIII que se estendeu muito além dos limites propostos por seus idealizadores, constituindo-se num modelo aplicado a todo o restante da sociedade. O século XVIII é marcado pelo apogeu e crise dessa "euforia naturalista" e engendra, em suas décadas finais, a sensibilidade profundamente conflituosa e culpabilizada, deixando importantes marcas para os séculos seguintes.

Ao resgatar a cultura da Antiguidade Clássica, o Renascimento reabilita o ecletismo filosófico latino e as descrições da natureza contidas na *Historia Naturalis* de Plínio, o Velho, a figura da Mãe natureza marcante na obra do epicurista Lucrécio e um conjunto de mitos e práticas religiosas de origem pagã, absorvidas e reelaboradas pelo cristianismo ao longo da Idade Média. Como já se viu, o prestígio com que a obra de Plínio contou durante séculos é, em grande parte, responsável pela longevidade da noção animista da natureza na Europa. Sua obra traz de volta o tema tradicional da *Terra mater*, a mãe protetora dos homens.[18] Além da *Historia Naturalis*, o Renascimento assume o retorno a diversas concepções da Antiguidade que enfatizam os aspectos místicos, mágicos e anímicos da natureza: daí o interesse na Cabala, no platonismo, no pitagorismo – a "arte" do período visa então apreender a lógica, as razões (ainda que ocultas) da natureza. De Platão são resgatados aspectos *hilozoístas*[19] de sua cosmogonia, como a *alma do mundo*, de modo que o universo será visto como um imenso animal, perfeito, que encerra todos os outros, e dotado por Deus de uma

---

18 A qual, curiosamente, contrasta com a natureza, tida por ele como demasiado inquietante e fatal – e responsabilizada, portanto, pelos males do homem. "Entre a fatalidade da Natureza e a providência da Terra vai por vezes desencadear-se um verdadeiro duelo" (LENOBLE, 1990: 151).

19 Hilozoísmo pode ser entendido como a doutrina que atribui à matéria qualidades espirituais, ou que considera a vida como propriedade inseparável da matéria.

alma racional. Do aristotelismo, mantém-se mais a ideia de equilíbrio, ordem ou harmonia da natureza[20] do que sua "extroversão".

Por outro lado, esse impulso de reconhecer a ordem do mundo (segundo Lenoble, mais amá-la do que conhecê-la de fato) motiva também o desenvolvimento de novos recursos para descrever esse mundo – a perspectiva cônica, os estudos de proporção e a geometria ganham novo e grande impulso. A própria cidade é concebida como um corpo, um organismo – embora o conteúdo dessa concepção seja fundamentalmente distinto da mesma analogia que terá muita repercussão no pensamento sobre as cidades no século XIX. Na base dessa ideia, ainda a ideia animista da natureza, equilibrada, estável e perfeita, e a cidade como uma projeção dessa ordem.[21]

Com a quebra da unidade da Igreja provocada pela Reforma Protestante, também a concepção da Igreja como imagem de uma natureza ordenada e hierarquizada sob o domínio do Rei dos Reis cai por terra. A ideia de unidade é também quebrada pelas navegações e as descobertas marítimas do Novo Mundo: "mesmo que o mundo fosse feito para o homem, já não é possível acreditar que tenha sido feito apenas para o cristão" (LENOBLE, 1990: 235). Por todos os lados, a unicidade e a ordem se viam quebradas e substituídas por uma visão da pluralidade e a curiosidade pelo extraordinário.

---

20 Segundo Lenoble (1990: 74), "a substituição da ideia de uma Natureza tranquila por uma Natureza primeiro dinâmica, depois inquieta, foi a consequência de uma mudança semelhante na concepção que o homem tinha da missão no mundo". Isso teria acontecido por duas vezes no período moderno: no início do século XV e no final do século XVIII.

21 Vale observar que o crescimento da população urbana não é ainda uma questão, como será a partir da Revolução Industrial. De fato, o período testemunha a elaboração de diversos esquemas e projetos de cidades "ideais", nos quais a harmonia geométrica (que hoje pareceria imobilista) é marcante, e a ideia do "tamanho ideal" não parece levar em conta a possibilidade de expansão.

Esta curiosidade pode ser associada a uma filosofia que se desenvolve durante o século XVI e é voltada à discussão do *costume*, que, segundo Lenoble, é a grande questão que o Renascimento levantou. A descoberta de outros povos, possivelmente em contato mais íntimo do que os europeus com a natureza, faz questionar a ideia de uma *lei* ou uma *razão* universal. A valorização da diversidade pôde levar à busca de uma natureza não hierarquizada, mas também a possibilidade de renegar qualquer ideia de natureza.[22] O movimento mais importante, porém, é aquele que enfatiza a noção de *exterioridade* da natureza e faz desta o objeto de sua interrogação sistemática e racional. Trata-se do empreendimento que se convencionou denominar "Revolução Científica".

Desde o século XII, a Escolástica sistematizara uma concepção de natureza em que a doutrina cristã é compatibilizada com o pensamento aristotélico. Assim, a ordem racional que Aristóteles vê na cidade e na natureza os teólogos associam ao sistema de mundo cristão, em função da hierarquia da criação divina. Além disso, a Bíblia reafirma que a Terra, morada do homem (no centro da qual se encontra Jerusalém), é o centro do mundo; que o coração da Terra, o submundo, é a morada das almas perdidas (o Inferno); e que acima do homem, o *cosmos* tem nas esferas celestes o modelo perfeito para o homem: "a ideia antiga, segundo a qual a lei física é a 'figura' da lei moral, foi cristianizada, sem ser abandonada" (LENOBLE, 1990: 212).

O cristianismo apoia-se na distinção entre alma e corpo para defender sua própria concepção de que o homem pertence não mais à *natureza*, mas à *graça de Deus* e, portanto, um domínio sobrenatural – portanto, seus destinos já não permanecem

---

22 É esse o objeto de interesse de Rosset – o artificialismo do século XVI e primeira metade do século XVII, que o filósofo francês vê nas obras de Maquiavel, Hobbes, Montaigne e Baltazar Gracián.

inseparáveis.[23] A figura cristã do Deus criador (retomando o *demiurgo* platônico)[24] impõe à natureza algumas consequências fundamentais: em primeiro lugar, a ideia de que a natureza não existe por si mesma, mas é obra do Deus todo-poderoso (existira, então, um tempo anterior à natureza, e existirá um tempo em que ela não mais exista). Em segundo lugar, estabelecidas as distinções corpo e alma, Deus e natureza, a moral cristã associa ao par corpo-natureza a negação de, ou a oposição a Deus, portanto a essência do mal. A tradição judaico-cristã introduz ainda uma ideia de *infinito* associado a Deus, a partir do qual parte toda a criação e para o qual se dirige toda ideia de finalidade.

Merleau-Ponty (2000) observa como a concepção cartesiana de natureza relaciona-se fundamentalmente a essas premissas cristãs. Primeiramente, observa que o mecanicismo de Descartes e Newton não busca refutar a ideia de finalidade da natureza, mas apenas sublimá-la em Deus. Retomando a distinção entre *naturante* e *naturado*, considera-se que o sentido reside no naturante (Deus), sendo o naturado um produto exterior daquele. Descartes é então aquele que extrai da ideia de Deus uma nova ideia de natureza.

Para Descartes, comenta Merleau-Ponty, a natureza é uma realização exterior da racionalidade que se encontra em Deus, e não se

---

23 Importante frisar: essa distinção entre os destinos humano e natural, que não se encontrava em Plínio por exemplo, corresponde a uma visão "erudita" na Idade Média – é uma interpretação da Bíblia dada pelos sacerdotes cristãos. Todo o trabalho de doutrinação exercido nas missas e solenidades religiosas parece, aqui, como uma tentativa de sobrepujar e renegar essa outra doutrina profana, de herança pagã, que se preservara na crença popular.

24 Platão distinguia as causas necessárias e causas suficientes dos fenômenos, associando-as, respectivamente, à causa *material* e a causa *teleológica*. Os materiais que compõem um corpo seriam condições necessárias para seu movimento e ação de uma determinada maneira, mas não são condições suficientes para seu movimento e ação: estas seriam determinados pelas finalidades impostas pelo demiurgo (Deus-artesão).

distingue finalidade e causalidade (indistinção expressa na imagem da "máquina") – exigindo-se a figura do "artesão" que lhe confere ambos. Como consequência imediata desta ideia, a física mecanicista prescinde da noção de uma causa final (teleologia) que, desde Platão e Aristóteles, deveria justificar os movimentos e ações. A natureza aparece agora como resultado de um *sistema de leis* (causas eficientes): "a natureza é o funcionamento automático das leis que derivam da ideia de infinito" (MERLEAU-PONTY, 2000: 13), ou seja, de Deus. Nele é que reside toda a interioridade que o Renascimento atribuía à natureza, e que agora é tornada supérflua.

Em certa medida, a "Revolução Científica" consiste em adaptar a esses pressupostos a herança do materialismo antigo. O resgate do atomismo de Demócrito e, principalmente, de Epicuro, significa também recuperar a "vontade de atomizar a natureza inteira para a tornar permeável ao espírito humano" (LENOBLE, 1990: 84). Vale observar que Epicuro crê na fidelidade às sensações como forma de manter o contato do homem com o mundo real e livre das ilusões – o que vai perfeitamente ao encontro do empirismo da ciência nascente.

Por outro lado, num sentido a ciência moderna acaba se alinhando mais à física aristotélica, e a muito da herança por ela deixada, na confiança de que o conhecimento das leis da natureza permite *prever* alguma coisa. Se a natureza é *determinada* para Epicuro, ela não é de forma alguma *ordenada*: "os outros filósofos, dentre os quais o seu contemporâneo Aristóteles era o mais genial, perscrutavam a natureza para descobrir as regras que ela dita ao homem; Epicuro estuda-a para se assegurar de que ela não fornece nenhuma regra" (LENOBLE, 1990: 92).

Lenoble resume desta forma a ruptura essencial da Revolução Mecanicista do século XVII com relação ao século anterior: a natureza passa a ser concebida como uma máquina, perdendo todo e qualquer significado anímico ou sacro que tivera até o Renascimento.[25] O técnico, ou o engenheiro, e o matemático conquistam a dignidade de sábios, tornando a arte e a técnica o novo protótipo da ciência.[26] Concebendo Deus como o "Engenheiro divino", o homem coloca-se a missão de trabalhar à imagem do Criador, buscando tomar o Seu lugar através da compreensão das leis que regem a criação do mundo. Essas leis, diz Galileu, estão escritas em linguagem matemática. Engenharia e Matemática se unem para moldar o protótipo do novo sábio, que desvenda a natureza – tornada uma máquina – através da Ciência – tornada a técnica de exploração dessa máquina. Mas para ser explorada, a natureza precisava se distinguir totalmente do homem: tornada "outra", autônoma e independente de qualquer relação com os desejos afetivos do homem, ela poderia ser possuída, e mesmo subjugada.[27] Mas as conquistas da técnica, observa Merleau-Ponty (2000: 10), só foram possíveis a partir de uma mudança da

---

25 Sendo o mundo apenas uma máquina, os seres vivos são representados como meros autômatos. As críticas posteriores, incluindo as mais contundentes críticas contemporâneas ao mecanicismo, frisam justamente esse ponto. Mas é preciso observar que a "máquina", ao menos no Renascimento, é concebida com significados "anímicos" e "causas finais". Agradeço esta observação ao prof. Mário Henrique D'Agostino.

26 Desde a Antiguidade, uma distinção fundamental separava ciência de arte/técnica: enquanto a primeira se ocupava das *coisas eternas* (substâncias, essências etc.), sem nenhuma pretensão de *atuar sobre* a natureza, as técnicas manipulavam o *contingente* e não tinham objetivo de produzir conhecimento certo, mas apenas o de aperfeiçoar os utensílios. Afirma Lenoble (1990: 259): "A estrutura social corresponde a esses juízos de valor sobre as técnicas: o sábio é um homem livre, o artesão é, na Antiguidade, um escravo, na Idade Média, um labrego".

27 Capra (1988) e Sheldrake (1997) apontam o filósofo Francis Bacon como um dos defensores dessa atitude – descrita como impositiva, dominadora e patriarcal – perante a natureza.

natureza, não o inverso. Alguns dos conteúdos dessa mudança devem ser observados a partir deste ponto.

Uma nova leitura da Bíblia, principalmente do Gênesis, indicava que essa submissão da natureza correspondia ao estado da Criação original, quebrado com o pecado original e a Queda do homem. Em consequência, a Terra teria degenerado, e o homem obrigado a trabalhar a terra, domar os animais, enfrentar as pestes. Somente após o Dilúvio o homem retomaria seu domínio sobre a natureza. Francis Bacon, por exemplo, acreditava que o propósito da ciência era devolver ao homem o domínio da natureza perdido com o pecado original. Como ele, muitos acreditavam que "'civilização humana' era quase um sinônimo de dominação da natureza" (THOMAS, 1988: 31). O caráter prático e utilitário da ciência foi a essência e motivação, por exemplo, do estudo de história natural.[28]

A partir do final do século XVII e início do XVIII, novos sistemas de classificação buscavam a superação da interpretação antropomórfica da natureza e "contemplar o conjunto do mundo natural com curiosidade desapaixonada" (THOMAS, 1988:82).[29]

---

28 Thomas (1988) questiona, entretanto, a ideia de que essa visão antropocêntrica se deva apenas aos ditames da cultura judaico-cristã. Não só porque essa herança era dúbia, representando o homem, ao mesmo tempo, como detentor do direito de explorar e o dever de zelar pela criação de Deus, mas principalmente porque os problemas ecológicos também "tiveram lugar em partes do mundo onde a tradição judaico-cristã não teve qualquer influência. (...) O antropocentrismo não foi apenas da Europa Ocidental" (THOMAS, 1988: 29).

29 Se o animismo (ou o antropocentrismo a que se refere Thomas) da representação da natureza começa a sofrer certa erosão, isto em grande parte se deve à expansão do tamanho do mundo conhecido – promovida pelos avanços nos campos da astronomia tanto quanto da microscopia (em zoologia e em botânica) e, posteriormente, da geologia. "A aceitação explícita da ideia de que o mundo não existe somente para o homem pode ser considerada como uma das grandes revoluções no moderno pensamento ocidental, embora raros

O estudo da natureza em si mesma, independente de seu significado ou utilidade para o homem, retomava a separação sociedade/natureza definida pelos atomistas clássicos. Mas o fazia sob preceitos cristãos: a ciência é uma maneira de compreender a obra criadora e de adentrar o segredo divino, tornando-se uma maneira de louvar ao Criador. A ciência do século XVII, diferentemente do que ocorreria no século XVIII e daí em diante, era aliada da religião: também segundo Lenoble, os filósofos do mecanicismo "executaram uma revolução, mas creem poder limitar seu âmbito, o que lhes permite manter intacta a maioria dos valores essenciais" (LENOBLE, 1990: 264).[30]

A chamada "teologia natural" (como foi conhecida na França) ou "físico-teologia" (na Inglaterra) deu uma importante contribuição nesse sentido, ao desenvolver a observação sistemática e empírica da "natureza", entendida como um "espetáculo da obra de Deus". Ao homem cabia, segundo essa tendência, colocar-se como um leitor dessa obra divina.

> A teologia natural assinala, com efeito, uma transição. Atesta a dissolução da visão de um mundo vivo e harmonioso, proposto no Timeu, sistematizado por Aristóteles e os alexandrinos, exposto no final do século XV por Raymond de Sebonde e vulgarizado pelos

---

historiadores lhe tenham feito justiça" (THOMAS, 1988: 198). É claro que essa concepção animista ainda resistiu – e talvez ainda resista – por muito tempo, mas desde então as doutrinas que se sustentam em uma concepção fundadora de natureza deverão formular novas imagens e buscar novas palavras; o antropocentrismo (ou mesmo o antropomorfismo) já mostra certo desgaste enquanto representação intelectual da natureza.

30 Para o autor, é uma leitura do século XIX, segundo seus próprios ditames, que esses pensadores desejassem veladamente a derrubada de todo o antigo modo de pensar. Descartes "foi poupado a ver as inúmeras 'morais científicas' que o século XIX – e a nossa época – afirmarão decorrer de uma ciência que o invoca" (LENOBLE, 1990: 266).

neoplatônicos do Renascimento. Esse sistema implicava a crença em misteriosas correspondências entre o mundo físico e o mundo espiritual, entre o humano e o divino, entre o homem – o microcosmo – e o universo – o macrocosmo. Constituído por uma rede de analogias, o mundo exterior ainda não era visto, antes de tudo, como um enigma a resolver pela observação, nem como um conjunto de forças a ser dominado pelo saber científico (CORBIN, 1989: 34).

O desenvolvimento do olhar científico, observam Corbin e Thomas, inicia-se sob a forma de mero inventário, para somente depois desenvolver-se em um programa de pesquisas sistemático. Somam-se posteriormente outros valores, como o "orgulho da terra natal" e, já sob o código estético do *sublime*, a figura do herói desbravador em nome da ciência (CORBIN, 1989: 127).

Uma consequência menos observada desse processo é o conhecimento não erudito da natureza sendo tornado "obsoleto". Desde fins do século XVII, a progressiva separação entre as visões populares e eruditas da natureza deu grande estímulo aos estudos cultos, mas ao mesmo tempo fez crescer o desprezo pela chamada *sabedoria popular*.[31] É bem verdade que grande parte desse conhecimento vernacular derivava de crenças muito arraigadas – algumas mesmo oriundas da obra de Plínio, mas o ponto a destacar é a contundente desqualificação dessa forma de conhecimento, que passa a ser considerada inadequada, inacurada ou simplesmente equivocada.

Os primeiros progressos da história natural deviam muito ao conhecimento popular. A riqueza do vocabulário usado para descrever a natureza revela um profundo conhecimento – embora de

---

31 Pode-se, talvez, relacionar este fenômeno a um processo mais amplo, descrito por Peter Burke (2010), como de separação progressiva, na Idade Moderna, entre as culturas populares e a de elite (ou, como denomina o autor, de "retirada" das classes superiores).

finalidade essencialmente prática e utilitária – por parte de agricultores, pastores, caçadores, entre outros. Mas esse conhecimento popular "logo foi ofuscado pela investigação mais sistemática dos cientistas, (...) que não demoraram a perder qualquer ilusão que tivessem quanto ao alcance da curiosidade rural" (THOMAS, 1988: 88). Torna-se comum, a partir do final do século XVII, a denúncia de "erros vulgares" e de "superstições".

A distância entre as formas de conhecimento popular e erudito se alarga ainda mais com a introdução da terminologia latina para denominar os seres vivos, segundo o sistema lineano, adotada na Inglaterra a partir da década de 1760. Essa nova forma de denominação visava combater a volatilidade das designações populares, de conotação visual, emotiva ou humana. No entanto, ao erodir o antigo vocabulário, com suas ricas tonalidades simbólicas, os naturalistas consumaram a ofensiva contra a convicção, já tão antiga, de que a natureza era sensível aos assuntos humanos (THOMAS, 1988: 106).

O que se deve reter desse triunfo do Mecanicismo é o fato de que ele é responsável por uma redefinição do naturalismo – e não de um abandono deste. O que faz Descartes é concretizar uma separação do homem com relação à natureza, nos moldes que a doutrina cristã já sugerira antes. O novo naturalismo formulado por Descartes preserva a ideia de natureza, mas redefine seus termos: um mecanismo, cujo idealizador e construtor (daí a analogia com engenheiros ou arquitetos) é Deus. Mais ainda, mantém-se um princípio de ordem e uma instância anterior (e superior) à existência sensível.

Entretanto, a conversão da natureza em um mecanismo não será inconsequente – posteriormente, quando a representação se completa, transfere-se à esfera moral e política o que Descartes procurara restringir à física. Lenoble argumenta que no século

XVIII, quando transforma o mecanicismo em metafísica, o homem deixa de ser um ser transcendente à natureza, que desvenda e constrói a mecânica do mundo, e se torna, novamente, apenas um caso particular desta, num processo que culminará no materialismo do século XIX:

> Assistimos a um imenso movimento de pêndulo: no Renascimento, o homem tem consciência da sua alma e projeta-a na Natureza, a quem concede também uma alma. No século XVII, em pleno dualismo, reivindica a alma para si mesmo e mecaniza a Natureza. Agora deixa-se de novo penetrar pelas coisas, mas pelas coisas mecanizadas, e é a Natureza que vai projetar no homem o seu mecanismo e esvaziá-lo da sua alma (LENOBLE, 1990: 286).

Ao expulsar Deus da ideia de natureza sem abandoná-la, imprimindo-lhe a feição de mecanismo, o homem moderno "revive" a culpabilidade pela "degradação da natureza" que fora tema de numerosas representações da natureza na Antiguidade (Platão, Plínio). O preço a pagar, com o qual o final do século XVIII (e possivelmente todo o século XIX) se debaterá, é assim descrito por Lenoble: "a Natureza volta a ser sua senhora e a sua lei, mas então Natureza sem alma, Natureza-coisa, mecanismo para triturar os homens e as almas, a que chamamos Determinismo" (LENOBLE, 1990: 192).

A questão do Determinismo é fundamental a esta pesquisa, e será novamente abordada nos próximos capítulos. Por ora, importa observar a configuração deste conflito fundamental de nosso tempo: de um lado, uma interpretação inteiramente "extrovertida" da natureza, segundo a ciência moderna, que tenderá a convertê-la em "recurso natural", matéria-prima à apropriação pela tecnologia em desenvolvimento; de outro lado, o julgamento estético e moral que tenta preservar ou resgatar o "valor intrínseco" da natureza e, até mesmo, sua representação animista. Os termos desse conflito são dados, no final do século XVIII e início do XIX, pelos resultados visíveis e facilmente apreciáveis da ação humana: a urbanização crescente, a industrialização, os "distúrbios sociais" que marcam essa "Era das Revoluções", como é denominada por Hobsbawm.

Verifica-se ainda, na passagem do século XVIII para o XIX, uma outra mudança importante, que é descrita por Radl (1988: 79-99) como a passagem da "filosofia naturalista" para a "ciência moderna": a chamada filosofia naturalista expressava uma convicção do poder da razão sobre a natureza, ou a "fé de que podemos descobrir tudo na natureza partindo de princípios exatos para chegar a conclusões consequentes, a fé de que os princípios da natureza coincidem com os princípios da razão" (RADL, 1988: 80). Tal filosofia, entretanto, seria caracterizada de forma incompleta como racionalista, já que também a poesia e certa dose de misticismo se somavam a esse idealismo – Radl nota a importância de uma concepção poética da natureza e de uma linguagem metafórica na descrição dos fenômenos físicos. A "metafísica" da filosofia naturalista começou a ser questionada na década de 1830: "o mundo tinha-se tornado sério. Os poetas haviam morrido. A ciência ia nascer" (RADL, 1988: 83).

A mudança pode ser verificada no desenvolvimento de novas teorias de caráter marcadamente empiristas e materialistas. Uma das mais influentes é a da lógica indutiva, de John Stuart Mill, para quem era fundamental a demonstração e a segurança do raciocínio, apoiado em observação prática e numa noção de certeza baseada somente naquilo que se possa demonstrar e que esteja convencida de todos os passos dados. Outras correntes importantes foram o materialismo alemão, o positivismo francês, dentre outros. Consequentemente, o próprio papel desempenhado pela ciência se altera, e esta passa a ser vista cada vez mais como a única forma de conhecimento certeiro, surgindo também aqui a figura da ciência impessoal.[32]

Em contraponto a tais tendências mecanicistas ou materialistas da natureza discutidas até aqui, introduz-se agora a segunda vertente apontada, a qual tende a afirmar não apenas a positividade da natureza, mas a "culpabilidade" do homem que a denega. Ao final do capítulo, por fim, discute-se o papel do *artifício* e da ação humana perante essas diversas ideias de natureza investigadas.

A sensibilidade romântica

Com frequência, o Romantismo é retratado como um movimento em contraposição ao mecanicismo ou antropocentrismo que vigorou entre meados do século XVII e metade do século XVIII. Essa contraposição se expressa, em diferentes áreas, segundo formas diversas: a poesia que se opõe às formas rígidas da poesia clássica (ou, no Brasil, ao que é chamado Arcadismo); uma filosofia que tenta, como em Schelling, restituir uma indivisão entre homem e natureza ou entre sujeito e objeto (MERLEAU-PONTY, 2000: 76), ou a uma nova sensibilidade que, questionando o lugar do homem no centro do Universo ou da Criação, passa a criticar o domínio do homem sobre a natureza, e o mecanicismo que o justifica. Tal oposição é expressa vivamente nos versos de

---

32 Até então, diz Radl, dominava ainda uma concepção individualista da ciência, segundo a qual a relação do cientista com sua ciência era apenas o mesmo que a de um artista com sua arte (RADL, 1988: 97).

William Blake: "(...) May God us keep / From Single Vision & Newton's sleep!"[33]

Uma avaliação retrospectiva do romantismo, observando-se os cuidados contra anacronismos, deve ainda reconhecer ao menos a dubiedade de seu legado. De um lado, é necessário reconhecer que graças à "reação" romântica, e muito em função de suas idealizações do passado, iniciou-se um processo de observação, registro e proteção de aspectos antes pouco reconhecidos, como as "tradições" (interesse dos novos folcloristas), os monumentos (com o nascimento de práticas de conservação, restauro e da noção de "patrimônio histórico") e outros elementos de memória e registros do passado, assim como uma crítica a certos aspectos da sociedade industrial capitalista – por exemplo, da relação desta com a "natureza". De outro lado, a ligação entre a estética romântica e uma burguesa (capitalista) ainda merece reflexão.

Nesse sentido, a oposição Romantismo x Mecanicismo é útil num primeiro momento, com a condição de que não induza a uma falsa impressão de ruptura generalizada. Houve, de fato, tentativas de ruptura e contraposições em alguns aspectos importantes, mas há um significativo movimento de reelaboração e mesmo continuidades de traços fundamentais da sensibilidade moderna. A coexistência dessas duas vertentes na realidade atesta, ao mesmo tempo que alimenta, um conflito fundamental da modernidade, entre essa sensibilidade e as necessidades (ou apenas desejos) materiais imediatos. Uma vez que, aparentemente, a rápida urbanização (associada à industrialização) esteve no centro dessas mudanças, esse aspecto fundamental será retomado nos capítulos subsequentes.

Ao longo do século XVIII, o aparente domínio humano sobre a "natureza" vai se transformar em verdadeiro drama, entre

---

33 "Possa Deus nos proteger da visão única e do sono de Newton" (William Blake, "Letter to Thomas Butts", 22/Nov/1802).

o desenvolvimento material e a busca do "retorno à natureza" como uma reação a esse domínio. Convém atentar para a observação de Lenoble:

> (...) há que distinguir nitidamente duas épocas no século XVIII: uma que estende os princípios do Mecanicismo a todos os pormenores da Natureza, mas inventa sobretudo uma metafísica mecanicista do homem, em que a razão pura, de resto reduzida a uma mecânica de sensações, basta para assegurar a felicidade; depois, a partir de 1750, uma reação violenta da afetividade, que eclode em Rousseau numa apologia total do sentimento (LENOBLE, 1990: 284).[34]

Essa "reação violenta da afetividade" é aquilo a que se chama "sensibilidade romântica". A totalidade dos significados do romantismo ultrapassa muito os objetivos deste trabalho, mas interessa aqui ressaltar as contribuições dessa nova perspectiva na formulação de um ideal de "retorno à natureza" e das ideias de preservação, conservação e restauração da paisagem natural. Das características mais importantes aos propósitos deste trabalho, duas serão aqui observadas: o questionamento da posição do homem como "senhor da criação" em favor das outras formas de vida, e uma nova estética, que passará a valorizar não mais a ordem e o equilíbrio, mas o movimento, a agitação, que caracterizam principalmente o gosto pelo *sublime*.

O desenvolvimento da "história natural", isto é, o estudo científico das plantas e animais, contribui significativamente nesse

---

34 De fato, outros autores, além de Lenoble, veem na segunda metade do século XVIII uma espécie de "ponto de inflexão" no relacionamento do homem com o mundo natural e, consequentemente, na ideia de natureza subjacente – Keith Thomas, Clément Rosset, Alain Corbin, entre outros, notam mudanças nesse mesmo momento.

processo – ao mesmo tempo que, como já mostrado, permitiu o desenvolvimento de uma abordagem "desinteressada" da natureza, tomada então como um espetáculo a ser contemplado, por parte do cientista. A História Natural se desenvolveu da combinação de impulso religioso (conhecer a obra de Deus), curiosidade intelectual e prazer estético, além da finalidade utilitária, e acabam pavimentando o caminho que levará de uma concepção do mundo como em declínio (vigente na passagem do século XVII para o XVIII) para a de um mundo em "evolução" (que marcará especialmente o pensamento do século XIX).

Dentre as mudanças de relacionamento entre seres humanos e o "mundo natural" advindas com o Romantismo, observa-se a ideia de uma irmandade ou fraternidade universal entre homens e animais, refletindo um novo modo de pensar, totalmente leigo, segundo o qual importavam os *sentimentos* dos animais. A consolidação da mudança de relacionamento entre homens e animais – e o declínio da distinção fundamental entre ambos – ganhou impulso decisivo com o crescimento das cidades e a observação dos animais de estimação. A partir de então, os homens começaram a ser vistos como moralmente iguais (ou mesmo inferiores) aos animais.[35] O resultado de tal transformação, contudo, foi a justificação teórica de que há também seres humanos inferiores, mais próximos dos animais.[36]

---

35 "Foi nesses anos (...) que se engendraram as sensibilidades que depois culminariam na legislação de fins do século XIX e de todo o século XX para a preservação da natureza e proteção de espécies selvagens" (THOMAS, 1988: 337).

36 No próximo capítulo, será mostrado como, em fins do século XVIII, as duas concepções raciais fundamentais baseavam-se nessa mesma ideia: o monogenismo defendia a existência de uma única raça humana, em diferentes estágios de evolução, ao passo que o poligenismo definia diferentes raças humanas com origens distintas.

Com o desenvolvimento da anatomia comparada, desde fins do século XVII, e a verificação de notáveis semelhanças físicas entre seres humanos e animais, concluiu-se que se o homem havia evoluído, o mesmo poderia ocorrer com as demais formas de vida – e, inversamente, a "involução" do homem era também uma possibilidade. Thomas vê nessa ideia a origem da percepção que desembocará, no século XIX, na eugenia:

> Implícita nas muitas sugestões posteriores para o aprimoramento da espécie humana através de meios eugênicos estava a noção de que também o gênero humano constituía uma matéria-prima maleável, e de que era necessário cuidado para evitar a reversão a formas "inferiores" (THOMAS, 1988: 160).

O século XVIII vê também a grande expansão do cultivo de árvores e da prática do paisagismo entre os membros mais abastados da sociedade inglesa, bem como uma difusão generalizada do cultivo de plantas.[37] Em relação às florestas, o que se verificou foi uma notável mudança de percepção. Tidas primeiramente como regiões selvagens e hostis, passaram a adquirir, nos séculos XVI e XVII, uma função mais e mais *ornamental*, e os *bosques*,

---

[37] O cultivo de flores passa a ser justificado cada vez mais por sua estética agradável. A difusão do cultivo de flores tinha, porém, implicações mais profundas, duas das quais merecem destaque. Em primeiro lugar, as flores passaram a ser, também, objetos de consumo sujeitos às "modas", e como tais eram exibidas em concursos, exposições etc. Passam a ser indistintamente associadas a refinamento e sensibilidade, e por isso seu cultivo passou a ser incentivado pela crença de seu efeito civilizador sobre os trabalhadores (THOMAS, 1988: 279). Em segundo lugar, adquirem uma "dimensão espiritual": como reminiscência do Jardim do Éden ou Getsêmani, os jardins particulares passam a ser vistos como lugar apropriado para a reflexão espiritual, ou como fonte de satisfação pessoal e refúgio, renovador da vitalidade e domínio de privacidade.

regularmente cortados e limpos, ganharam utilidade como reserva de madeira e passaram a fazer parte essencial da economia rural, fornecendo ao homem proteção contra os ventos, ornamento e local para encontros sociais (aristocráticos).[38]

> A ideia da cidade-jardim não foi inventada por Ebenezer Howard na década de 1890; foi formulada em 1661 por John Evelyn, que ficara bastante impressionado com as agradáveis aleias a alamedas que vira, viajando pelas cidades da França, Itália e Holanda (THOMAS, 1988: 247).

A "domesticação" também da natureza "selvagem", a partir do século XVII, inicialmente se traduzia em dispor uma densa plantação de árvores de forma ordenada e geométrica, como nos jardins das grandes propriedades. A representação do domínio humano sobre a paisagem também podia se expressar nas amplas perspectivas abertas na mata, ou em alamedas arborizadas desenhadas na direção da casa. Evidentemente, o hábito de plantar árvores requereu, para sua consolidação e difusão, não apenas boas condições financeiras de seus promotores, mas também tempo livre disponível, segurança política e, principalmente, um sistema de herança que garantisse a transmissão da propriedade privada. Dentro de tal contexto, as árvores passam a simbolizar a existência contínua de uma comunidade e o vínculo com a eternidade – daí a frequente analogia entre grandes árvores e grandes famílias. Além disso, a observação da paisagem e do mundo natural pelos "cientistas" ou poetas revela uma divisão entre observações "práticas" e "estéticas" que pressupõe

---

38 Essa atitude está estreitamente ligada ao que Williams (1989: 88-96) denomina a "ética do melhoramento", ligada ao processo de cercamentos das propriedades rurais inglesas e consolidação de um capitalismo agrário naquele país.

um observador externo e autoconsciente: "Esse observador consciente era também, especificamente, o proprietário consciente de sê-lo" (WILLIAMS, 1989: 173).[39]

A nova apreciação dos jardins e bosques (e, logo, o ideal de *wilderness*, a idealização da vida selvagem) se insere, ainda, no enfrentamento à melancolia e o *spleen*: dentre as recomendações, bastante influenciadas pela medicina neo-hipocrática,[40] figuravam a prática de esportes (principalmente para as classes ociosas, não "beneficiadas" com o vigor físico proporcionado pelo trabalho (CORBIN, 1989: 73), a higiene pessoal e a busca de ambientes salubres. A busca dos "bons ares" motiva tanto o desenvolvimento do paisagismo quanto a "fuga para o campo" na Inglaterra – evidentemente que causas políticas também contribuíram – e a incitação às viagens pitorescas. Em relação às últimas, tratava-se de inserir o lugar apreciado em um quadro, de uma certa distância (permitindo a *prospect view* pitoresca).

A formulação da observação estética, como fruto de uma "sensibilidade elevada", reflete de fato uma separação espacial entre a produção e o consumo (WILLIAMS, 1989: 168): assim, encontram-se na paisagem rural inglesa, simultaneamente, a geometria regular dos cercamentos (terra organizada para a produção, destinada ao trabalhador) e a irregularidade dos parques curvilíneos (terra organizada para o consumo, principalmente o usufruto estético dos proprietários). O paisagismo se desenvolve também como um "melhoramento" a partir da investigação científica tanto da natureza quanto das modalidades de percepção. Para

---

39 Williams (1989: 167) nota também que "raramente uma terra em que se trabalha é uma paisagem. O próprio conceito de paisagem implica separação e observação".

40 Vide próximo capítulo, para uma breve exposição das características da medicina de inspiração hipocrático-galênica que perdurou na Europa até o século XVIII, pelo menos.

o homem da época, trata-se de uma "redisposição da 'Natureza', de modo a adaptá-la a seu ponto de vista" (WILLIAMS, 1989: 171). Quando se trata da herança pitoresca, é preciso também diferenciar as diferentes "gerações" do romantismo: na poesia inglesa, por exemplo, o contraste se coloca entre os poemas de Wordsworth e Coleridge, que escrevem (e descrevem) a natureza em termos de comunhão com o homem de sentimento, ao passo que a geração seguinte tem na natureza um cenário de isolamento e "superioridade pessimista, a fuga byroniana do contato humano" (CLAYRE, 1982: xxiii).[41] Entre essas duas gerações, verifica-se uma modificação de sensibilidade importante, que Raymond Williams nota como um progressivo deslocamento da esfera da ética, da ação social para o indivíduo (WILLIAMS, 1989: 185), sobre o qual se trata adiante.

A estética pitoresca, ainda permeada pelo ideal de ordenação e controle da natureza, permitindo ao homem imergir e ser absorvido pelos elementos, dará lugar por fim a uma concepção da paisagem (e da natureza) na qual é possível a imersão controlada em algo que o "supere" ou "aniquile" (incluindo a experiência do "terror", o "prazer negativo" ou a "dor aprazível"): o mais propriamente romântico conceito de *sublime*. O século XVIII é marcado por essa polêmica entre o *belo* e o *sublime* em torno da apreciação ou repulsa da natureza primitiva. Enquanto o belo valoriza a ordem, o retiro e o isolamento, o sublime exclui o repouso de seu código estético, dando preferência ao movimento e à agitação – e tal mudança de concepção da natureza é crucial. Reforça a representação da natureza como forma religiosa positiva e a mata como local de privacidade e meditação. O romantismo reforça tal ideia

---

41 Diferenças desse tipo não são exclusivas da poesia inglesa. No Brasil, por exemplo, tem-se a diferença entre a geração nacionalista/indianista (também repleta de exaltações à natureza) e a geração "mal do século", de inspiração byroniana.

ao comparar as florestas a templos e ler a arquitetura gótica como uma espécie de reprodução em pedra das florestas; tais concepções marcarão as doutrinas de autores como os transcendentalistas norte-americanos do século XIX (como Ralph W. Emerson).

A nova concepção "dinâmica" da natureza – que desembocará nas teorias evolucionistas do século XIX e, por fim, no triunfo do darwinismo – expressa uma mudança fundamental que ultrapassa a mera apreciação estética, mas que também passa por ela. As diversas transformações ocorridas ao longo do século XVIII dão força a uma percepção de instabilidade, de transitoriedade e de transformação constante. A nova forma de ver a natureza projeta-se a partir da constatação das transformações ocorridas no território com a consolidação do capitalismo, tanto no campo (com novas estruturas de produção agropecuária e consequentes rearranjos sociais) quanto na cidade.

Pode-se pensar novamente no movimento do pêndulo. Agora, a ordem que se projetou do indivíduo à sociedade e à natureza precisa recuar de volta ao indivíduo que, novamente introspectivo, tenta reencontrar em si o equilíbrio que vê perder no mundo fora de si. A mudança é expressa, em poesia, na transição da reflexão para a retrospecção: dos poemas que elogiam personagens campestres, humildes e honrados, em contraste com a "ambição" e a riqueza da cidade e da corte, passa-se a poemas que retratam as virtudes do campo como pertencentes ao passado, perdidas.

O afastamento da virtude de qualquer mundo possível na prática caracteriza, segundo Williams, a sensibilidade romântica, e representa também uma reação "às crises persistentes de uma ordem fundamentalmente impiedosa, à qual não havia ainda nenhuma reação social adequada" (WILLIAM, 1989: 94). Assim, o Humanismo setecentista[42] se orienta para a introspecção e levanta

---

42 Retratado por Williams (1989: 134) como uma "insistência passional em ressaltar a importância de se cuidar das pessoas e apiedar-se delas, com base num

a questão da *separação*. Duas formas de separação são importantes aqui: a separação da posse, mas também a separação do espírito, isto é, "o reconhecimento de forças das quais fazemos parte, mas que podemos sempre esquecer, e com as quais é preciso aprender, em vez de tentar controlá-las" (WILLIAMS, 1989: 177-8).

A natureza é até então concebida como um princípio de ordem, mas também como um princípio de criação. A ideia de "harmonia com a natureza" expressava, inicialmente, uma confiança na natureza e nos processos naturais que traduz ainda uma confiança no homem, que vai se perder ao longo da segunda metade do século XVIII e marcará o século seguinte de forma decisiva. As transformações no meio rural são igualadas à "perda do velho campo" à "perda da poesia"; a riqueza, igualada à insensibilidade (pobreza estética), é responsabilizada pela destruição da natureza. Realiza-se, então, uma fusão da natureza ao passado e à infância em contraposição à expropriação e cansaço do trabalho no presente (WILLIAMS, 1989: 194-5). Há uma razão, portanto, para essas projeções e idealizações do Romantismo: "trata-se da sobrevivência do sentimento humano num contexto de expropriação real" (WILLIAMS, 1989: 196). Compreende-se, assim, grande parte das motivações da introspecção e da nostalgia romântica:

> A Natureza, pensada até então como uma ordem social, um triunfo da lei e da abundância, está sendo vista, de forma alternativa, como uma outra ordem, solitária e profética, contendo o amor à humanidade justamente nos lugares onde homens não há (WILLIAMS, 1989: 102).

---

padrão implícito de uma vida simples, virtuosa e responsável", e uma visão social "que, por um momento, foi dinâmica (...) mas que termina revelando-se estática: um contraste ético, e não social, entre riqueza e pobreza".

Nesta estrutura de sentimentos é que se desenvolve o que Williams denomina "linguagem verde": "Agora não é mais a vontade que vai transformar a terra, e sim a imaginação criadora; o homem que, sentindo-se repelido pelo mundo frio, com sua própria linguagem e percepção natural, tenta encontrar e recriar o homem" (WILLIAMS, 1989: 185). A natureza passa a ser "subjetivamente particularizada e objetivamente generalizada" (WILLIAMS, 1989: 187). Ou seja: a apreciação da natureza aqui é inserida num código interpretativo que a associa também à infância (experiência particular), generalizada no passado (experiência histórica, social). Assim é que a natureza (e sua observação) podem "ensinar" a virtude ao homem: trata-se, ainda segundo Williams, de reação às "crises persistentes de uma ordem fundamentalmente impiedosa, à qual não havia ainda nenhuma reação social adequada" (WILLIAMS, 1989: 94). Desenvolve-se o mito que retrata a passagem da sociedade rural para a industrial como decadência, causa e origem das convulsões sociais – mito fundamental para o pensamento social moderno (WILLIAMS, 1989: 137) – expresso de forma eloquente por Rousseau.[43]

Alguns elementos da obra de Rousseau não apenas o destacam entre os formuladores de um ideal de "retorno à natureza", mas ainda o credenciam como um "pioneiro" do pensamento

---

43 Em diversas passagens de sua obra, mas de forma bastante nítida na sua figura do "bom selvagem", observa-se a defesa da ideia de que a civilização representaria uma "degradação" em relação ao "estado de natureza". Rousseau, expressando ainda seu amor pela Mãe natureza, acaba por se tornar o grande restaurador do sentimento religioso no final do século XVIII: "sua não-definição assegura à ideia de natureza (...) uma função metafísica e mística (...), passando a designar (...) o que resta do ser quando se elimina o artifício" (ROSSET, 1989: 268). Desta forma, a retomada da verdadeira "natureza" da religião está assegurada: a insatisfação diante do real conduz à afirmação de uma outra realidade, que deverá ser conhecida por êxtase místico ou alcançada por reformas históricas.

ambientalista moderno, sobre o qual se tratará no Capítulo III: sua crítica da ideia moderna de progresso, sua contribuição para o estabelecimento de uma "religião" romântica que ensinava a "sentir Deus na natureza", a apropriação do conceito de "estado de natureza" e o mito do "bom selvagem". Particularmente, merece nota sua defesa da descentralização da vida em uma economia rural, em oposição à vida urbana de consumo e cidadania passiva (LA FRENIÈRE, 1990: 45).

Sua crítica à ideia de progresso encontra-se dispersa ao longo de sua obra filosófica, mas uma das características fundamentais do pensamento rousseauniano nesse aspecto é essa concepção de que, ao se afastar do "estado de natureza" original, o homem e a civilização se "degradaram". Assim, em seu *Discurso sobre a origem e os fundamentos da desigualdade entre os homens* (1754), Rousseau compara a vida do homem em seu tempo com esse pressuposto teórico do "estado de natureza", para apontar a desproporção entre os avanços técnicos e pelas conquistas da civilização humana e a efetiva realização da felicidade humana. Para Rousseau, a sociedade havia deixado de lado a busca da simples satisfação dos desejos *naturais* e a busca pelas necessidades para o desejo pelo supérfluo, o "luxo", as riquezas.[44]

Rousseau teria ainda estabelecido, como critérios para tal julgamento, dois ideais normativos: o do "estado de natureza" como ponto ideal no passado e a "vontade geral" no futuro. Rousseau defendia a intervenção política na sociedade para criar formas

---

44 Esse sentimento, segundo Rosset, remonta a uma tradição muito mais antiga, que tem nos filósofos Cínicos precursores importantes:
"O mito de um retorno à vida simples e natural, de uma recuperação da essência e da autenticidade, é o velho sonho que, desde os Cínicos, não parou de encontrar adeptos entre as consciências infelizes e angustiadas. (...) não é a alegria dionisíaca que hoje explode nas manifestações 'hippies' ou acessos de revolta juvenil, mas o longínquo eco de uma tristeza cínica diante da incapacidade em assumir sua própria cultura" (ROSSET, 1989: 149).

capazes de recuperar as qualidades existentes quando o homem se encontrava mais próximo do "estado de natureza", o que significava recuperar um modo de vida rural, agrário, em que o comportamento humano pudesse se beneficiar da proximidade da natureza. À "vontade geral", por sua vez, corresponderia um corpo político (definido por analogia com um ser vivo) em oposição à vontade individual, baseada no interesse pessoal. Rousseau propunha em seu livro *Emile* um modelo da educação cívica requerida para alcançar esse ideal, que em linhas gerais consiste em seguir as leis da natureza, desfazendo-se de todo artifício. Convém, a respeito, observar o comentário de Rosset (1989: 267) sobre

> o caráter excepcionalmente naturalista de Rousseau: não por ter acreditado na natureza, mas por ter absolutamente recusado o artifício. Pois o naturalismo não consiste em adorar a natureza, mas em contestar o artifício. (...) Rousseau é, portanto, um pensador vigorosamente naturalista: sua preocupação, do início ao fim de sua obra, estava inteiramente direcionada para a recusa do artifício. Por seu vigor afetivo e por sua firmeza doutrinal, a obra de Rousseau surge como um momento essencial de uma recusa que ratifica, na segunda metade do século XVIII, a condenação do artifício já iniciada, dentre outros, por Descartes e Locke.

Por fim, o livro *Julie, ou La Nouvelle Héloïse* (1761) teria tido profundo impacto na constituição de um ideal romântico de apreciação estética da natureza como meio de atingir uma purificação moral e espiritual. Na realidade, esse ideal não é tributário apenas da obra rousseauniana, mas sem dúvida esse livro teve enorme repercussão entre o final do século XVIII e início do XIX, tendo provavelmente influenciado, de forma decisiva, os chamados autores *transcendentalistas*,[45] para citar um exemplo.

Rousseau antecipa e, de certa forma, inspira uma série de argumentos que serão levados adiante pelo romantismo, dos quais vale destacar dois importantes: a constituição do tema da natureza como provida de "valor intrínseco", e a herança de uma apreciação contemplativa da natureza, a partir da tradição pitoresca e que ganha novos significados com a influência de John Ruskin no século XIX.

A busca de "modelos" na natureza e/ou no passado (real ou mítico) não se insere apenas, portanto, na lógica da nostalgia ou do passadismo. Busca-se ainda conferir ordem ou sentido àquilo que parece caótico e descontrolado (ou mesmo incontrolável). Ao mesmo tempo, reage-se às tendências mecanicistas e reducionistas que orientaram a ciência a partir de Descartes e Newton. A acusação de Ruskin e dos pré-rafaelitas à arte que, segundo eles, havia se tornado meramente formalista e, portanto, desprovida de alma ou sentimento, inscreve-se no mesmo contexto da diatribe de poetas como William Blake e Wordsworth contra os economistas que associavam as motivações individuais apenas às categorias de necessidade e satisfação, e a biologia vitalista que interpretava as formas e simetrias orgânicas como expressões de um plano essencial do ser vivo não redutível aos "mecanismos" fisiológicos.

---

45 LaFrenière procura demonstrar como essa influência é explícita em Ralf Waldo Emerson, e que possivelmente (embora não tenha encontrado comprovação para tanto) Henry David Thoreau também tenha lido alguns escritos de Rousseau. Por outro lado, é evidente ainda a influência de Rousseau sobre o poeta inglês William Wordsworth, "o paradigma da adoração à natureza na tradição romântica inglesa" (LA FRENIÈRE, 1990: 62), apontado como um grande mestre de Emerson, Thoreau e John Muir, apontados frequentemente (por exemplo, em DIEGUES, 2000 e FRANCO, 1997) como alguns dos principais teóricos que teriam inspirado o movimento conservacionista/preservacionista norte-americano.

Essas diversas manifestações da sensibilidade romântica vão buscar seu modelo de natureza longe do mecanicismo, da ideia de um processo desprovido de finalidade e determinado por sua própria lógica interna. Como já observado, o romantismo contrapõe a essa natureza determinada e mecânica uma outra fundamentalmente dinâmica, agitada e passional. Paradoxalmente, ao reintroduzir a ideia de finalidade em contraposição ao "mecanismo cego" anterior, desencadeia uma acirrada polêmica, que marca os desenvolvimentos das diversas ciências ao longo de todo o século XIX, a respeito da "tendência" da natureza: ou à ordem ou à desordem.

Para uma série de vertentes científicas que podem ser consideradas subsidiárias do romantismo, a natureza encontra-se em um estado de movimento e "desordem" que tende ao "equilíbrio" (mais do que à estabilidade), ou dele se originou. O aparente paradoxo se explica, então, como uma tentativa de circunscrever o instável ao presente, conquistando a segurança de sabê-lo fugaz – não se tratando, portanto, de uma exaltação do acaso, mas apenas devolvendo à natureza sua transcendência ao domínio humano imediato. De forma semelhante, o gosto romântico pelo "sublime", pela sensação do perigo e do incômodo, pressupõe a garantia de retorno a uma condição de segurança ou conforto.

A perspectiva de um "equilíbrio" final motiva a idealização da utopia, a fuga para o futuro, bem como a busca de reconciliação com a natureza já no tempo presente, como uma forma de antecipar e realizar a destinação final. Assim, é possível interpretar a estética de origem romântica, inclusive a de Ruskin, como aquela que expressa esse movimento e esse finalismo em termos de uma forma não rígida, sinuosa e insinuante, mas que se realiza numa totalidade inteligível, tal como as formas qualificadas "orgânicas".

Os dois componentes aqui destacados da sensibilidade romântica – a concepção de natureza e a apreciação estética da paisagem como expressão dessa natureza – comporão o imaginário no qual se funda o clamor pela proteção e pela conservação (ou restauração) de tudo aquilo que, submetido à civilização humana, tenda a se afastar dessa tendência ao equilíbrio: a natureza, sem dúvida, mas também a "memória", a "tradição", a "comunidade" etc. Sob este imperativo, a ação humana é interpretada como uma intromissão e um abalo nessa tendência "natural" à equilibração, e deve por isso limitar-se e conter-se de modo a não interferir negativamente. É isso que, posteriormente, o ambientalismo exigirá da sociedade como um todo.

Por fim, é preciso aqui observar dois sentidos implícitos, mas fundamentais, dessa ideia de "retorno à natureza" que se desenvolve a partir dessa complexa estrutura de sentimentos do romantismo e que revelam, cada um a seu modo, o aspecto de continuidade e de "ruptura" com ideias anteriores. A continuidade reside na própria noção, admitida ainda que criticada, de que *há* uma separação de fato entre natureza e homem. Em termos modernos, viu-se que a concepção cartesiana e a ascensão da "história natural" a partir de fins do século XVII contribuíram para afirmar essa distinção.

Uma complexa rede de impressões e observações contribui para erodir a distinção categórica entre o homem e o mundo natural (especialmente os animais), e esse é precisamente o empreendimento romântico, que parece interpretar essa separação como resultado de um processo – cabível, portanto, de reversão. Daí a ideia de "retorno".

Esse retorno se apoia em duas projeções, por vezes somadas: uma em direção a um passado (inclusive o mítico) de uma natureza original incorrupta; outra em direção a um futuro, de um estado recuperado ou restaurado em que a distinção presente tenha sido superada. Importante notar, portanto, a posição tomada em relação àquele tempo presente: a distinção é tida como um *fato*. A partir dele, a sensibilidade romântica e aquela mais utilitarista derivam consequências distintas: ao primeiro, as ideias já apresentadas que constituem o objetivo das presentes considerações; ao segundo, a conversão da *natureza* em *recurso natural*⁴⁶ aproveitável técnica e economicamente, contra a qual os românticos se voltam. Criou-se o dilema: como "reconciliar as exigências físicas da civilização com os novos sentimentos e valores que essa mesma civilização tinha engendrado" (THOMAS, 1988: 356)?

A admissão de uma separação presente em relação à natureza distingue o romantismo, em sua busca pelo *retorno*, de uma concepção da natureza como a encontrada na arte renascentista – para a qual homem e natureza se encontram efetivamente unidos em um universo corporificado. Essa diferença atesta a permanência de uma ruptura que é empreendida pelo mecanicismo/cartesianismo. É possível afirmar que, uma vez reconhecida, a separação passa a ser considerada nociva pela sensibilidade romântica, e o retorno ao "estágio anterior" de união homem-natureza figura então como algo desejável. A mudança capital, portanto, está nessa nova apreciação – a qual, embora em grande parte consequência dos movimentos anteriores e de uma estrutura social não inteiramente modificada, representa uma postura inteiramente diferente daquela ante a qual se coloca.

Se o reconhecimento de uma separação presente em relação ao homem é o traço comum das diversas concepções de natureza a partir da metade século XVIII, a grande diferença reside, portanto, na nova ideia de que a natureza original representa um estado *superior* de existência. Em outras palavras, a civilização passa a ser interpretada não mais como um *melhoramento* do estado de

---

46 A expressão não é original deste período, mas a noção da natureza como um fundamento da produção, do trabalho e da riqueza está, de alguma maneira, presente na produção dos economistas políticos da segunda metade do século XVIII e princípios do XIX.

natureza, mas como uma *degradação* deste. A discussão desta última visão, fundamental para compreensão das posteriores tentativas de "biologização" da ação humana, conclui este capítulo.

ARTIFÍCIO, ARTIFICIALISMO... A AÇÃO HUMANA EM QUESTÃO

Procurou-se observar, até aqui, o estreito paralelismo entre concepções e interpretações da natureza e transformações sociais, culturais e do pensamento humano como um todo. Além de reiterar a interpretação segundo a qual a ideia de *natureza* é socialmente construída, buscou-se evidenciar distintas formas pela qual o entendimento que o homem faz de si mesmo espelha-se no seu entendimento do mundo. A consciência de si mesmo parece ser o primeiro passo para a distinção em relação ao "mundo exterior", de onde se origina qualquer ideia que se possa fazer de uma "natureza". A partir daí, as diferentes visões sobre ela não são mais que tentativas de estabelecer um elo, qualquer que seja, entre esse mundo "exterior" e o mundo "interior" do "eu-mesmo".

Tomou-se até aqui o cuidado de não assumir a pretensão de "explicar" a natureza e nem de tentar elaborar qualquer nova teorização a respeito, ainda que uma revisão crítica da noção de natureza necessariamente emerja desse exame. Mais do que isso, reconhece-se que a ideia de natureza, conforme criada e continuamente reelaborada pelo homem, está inteiramente sujeita às formas concebíveis e às percepções ao alcance da mente humana. É dentro desse universo delimitado do percebível e concebível que se desenvolveu uma sondagem (não tanto uma análise ou uma avaliação) dessa natureza: o olhar se dirigiu, ao contrário do que buscou Alfred Whitehead (1994: 7-8), não ao que é percebido, mas ao que percebe.

Para o que percebe, a natureza é um espelho no qual ele próprio se reflete. Inevitavelmente, o estudo até aqui teve de sondar os modos de relacionamento entre esse observador e seu espelho. Doravante, o observador passa ao segundo plano, e se buscará atentar à imagem refletida: como a ação humana é vista a partir do referencial posto pela ideia de natureza. Retomam-se, para isto, algumas das reflexões de Clément Rosset sobre naturalismo e artificialismo.

Rosset, como de certa forma também Lenoble, propõe-se a colocar em questão a existência de uma instância superior ou externa à existência humana, que é a natureza, ou de uma subjacente diferença, "invisível porém essencial, entre o que se faz 'por si mesmo' (natureza) e o que se produz, se fabrica (artifício)" (ROSSET, 1989: 14). Pareceria uma retomada da velha dicotomia homem x natureza, cuja construção tem-se visto até aqui. Entretanto, para Rosset, há um terceiro elemento, que essa dicotomia previamente exclui – e que, por isso mesmo, permite ao autor associar quase toda a história da filosofia à história do naturalismo –, que é o *acaso*.[47]

Parte-se da distinção de Aristóteles entre três grandes domínios na existência (artifício, natureza e acaso) para definir a natureza como um estado, do qual o homem (artifício) e a matéria (acaso) encontram-se excluídos (ROSSET, 1989: 15). A partir dessa definição negativa (o que a natureza não é), a ideia de natureza revela-se contrária, antes de tudo, a toda ideia de existência que não resulte de um *princípio*. Sua função primordial, portanto,

---

[47] A própria dicotomia campo-cidade, criticada por Raymond Williams, se localiza nessa oposição fundamental natureza-artifício, pois é "sempre a natureza quem representa o papel de pilar oculto dos pares antitéticos que tradicionalmente opõem a natureza a uma ou outra instância metafísica (...) (Natureza-Sobrenatureza, Natureza-Arte, Natureza-História, Natureza-Espírito)" (ROSSET, 1989: 19). Porém, a negação do artifício significa fundamentalmente, para Rosset, a neutralização da atuação do acaso na gênese das existências.

seria a de proteger a afetividade humana contra qualquer ideia de desordem ou de acaso – inclusive a desordem produzida pelo próprio homem.

> Em primeiro lugar, a ideia de natureza permite que a insatisfação se expresse (...). Sem a ideia de natureza, isto é, sem referencial de necessidade, a insatisfação estaria condenada a permanecer curvada sobre si mesma e não se exprimir jamais. (...) a ideia de natureza assegura uma relação necessária entre a ideia de que "isto desagrada" e a ideia de que "isto não deveria ser". Em segundo lugar, a ideia de natureza permite poupar a ideia de acaso, à qual se opõe, segundo parece, o mais poderoso antídoto já elaborado pela imaginação humana (ROSSET, 1989: 29).

Solução de afetividade, a natureza não deixará de emoldurar o pensamento que o homem faz de sua própria ação, e sob essa moldura manifesta-se ou sua autoconfiança ou sua culpa. No primeiro caso, o homem crê estar em acordo com a instância superior de existência (seja a natureza, Deus ou a Razão/Ciência) e sua obra não é senão glorificação dessa instância, como se verificou com o mecanicismo cartesiano. No outro caso, representa-se uma situação de embate, na qual o homem estaria em desacordo (ou mesmo em ultraje) com essa instância sobre-humana. Daí deriva a concepção de artifício como risco, pois é a marca específica do poder humano sobre a natureza, mas risco perigoso: o homem está armado com um imprevisível poder de intervenção que lhe permite simultaneamente consolidar e arruinar as construções naturais (ROSSET, 1989: 17).

Esse "imprevisível poder de intervenção" torna-se um problema para a modernidade no momento em que a confiança do homem em si mesmo é abalada, e esse abalo é um dos processos mais fundamentais para a compreensão das formas de apreço à natureza que se seguem e chegam até os dias de hoje. Desde já é preciso dizer que esse processo seria enormemente reduzido se sua compreensão se pautasse pelo mero antagonismo entre homem e natureza, como se outras contradições subjacentes (tais como os conflitos entre visões distintas de natureza e as diversas formas de conflitos sociais, homens contra homens) fossem desimportantes.

Um aspecto fundamental é o tema da *degradação*[48] e da corrupção (das quais o homem é um agente fundamental). A natureza não se perde de forma irremediável, mas continua vinculada a uma ordem teológica e natural que se perverteu e degradou, mas permanece – mesmo que falsificada – no mundo sensível sob a forma de resíduos, acessíveis pelo pensamento ou pela memória. Ao nível da experiência humana, a natureza é concebida como uma instância meramente passiva e inerte – tanto por aqueles que buscam dominá-la quanto os que a adoram – e inteiramente sujeita aos caprichos humanos. Segundo essa perspectiva, qualquer ideia de pautar a ação humana pelo respeito ou consideração para com a natureza carrega o mesmo conteúdo de *culpabilidade* ou temor: provocar a *morte da natureza*.[49]

A alternativa ao naturalismo seria, para Rosset, considerar o mundo *desnaturalizado*,[50] o que significaria abandonar qual-

---

48 Para Rosset a ideia de degradação é, por excelência, uma ideia naturalista: "Se há degradação é porque há alguma coisa que se degrada; essa 'alguma coisa', não importa sua designação ou a representação que dela se faz, é necessariamente natureza" (ROSSET, 1989: 216).

49 Trata-se de uma sensibilidade muito anterior à constatação contemporânea de uma "crise ambiental global", mas esta se vale do mesmo conteúdo afetivo. Essa constatação independe, neste momento, de se concordar ou não com a ameaça a que os ecossistemas atuais estão sujeitos – o importante é observar que é o "poder destruidor" do homem que está aqui em questão.

50 "(...) não no sentido corrente do termo (isto é, privado, após uma degradação, das características que lhe eram próprias), porém desnaturalizado no

quer tentativa de encontrar algo "por trás" das percepções usuais, tornando-as experiências constantemente *insólitas*: tudo o que se percebe não passaria de um "resultado altamente imprevisível de um jogo de circunstâncias" no qual "objeto natural e objeto artificial, doravante igualmente insólitos, se confundem na intuição de uma mesma não-necessidade" (ROSSET, 1989: 52). As dificuldades em adotar essa visão "trágica" da realidade são reconhecidas pelo próprio Rosset, mas caberia questionar brevemente em que medida o tempo presente não poderia ser caracterizado por uma atitude que corresponderia a um dos poucos momentos de artificialismo da história do pensamento humano.[51]

Ao mesmo tempo que se ouve frequentemente falar em "caos", "complexidade" e mesmo em "indeterminação", percebe-se que esses termos acabam se afastando da ideia fundamental da filosofia do acaso, essa percepção de um *insólito* permanente. Ao contrário, o próprio caos é convertido em uma abstração matemática para designar um sistema multivariável, a imprevisibilidade é submetida a um tratamento estatístico, e a complexidade enquadrada em um modo de pensamento que analisa a realidade sob a perspectiva de um "sistema". O artifício humano, representado como um permanente risco e ameaça à natureza, passa agora também a representar o verdadeiro inverso do acaso, imprimindo à realidade uma "finalidade" (portanto, uma possibilidade de controle, ainda que permanentemente passível de reversão e reorientação), e suprimindo-lhe a "espontaneidade" (o fazer-se). Natureza e acaso achar-se-iam

---

sentido de que, com o desaparecimento da ideia de natureza, foi apartado de um determinado número de características que nunca tinham sido suas" (ROSSET, 1989: 53).

[51] Rosset reconhece apenas dois períodos de um artificialismo nítido: o período da filosofia pré-socrática e, muito posteriormente, o período imediatamente anterior à "revolução cartesiana" do século XVII.

igualmente dominados pelo artifício humano. Aparentemente, um triunfo absoluto do artificialismo.

No entanto, Rosset demonstra como o naturalismo, longe de ter desaparecido ou sequer enfraquecido, permanece talvez mais forte do que nunca – com a única ressalva de que apenas o termo "natureza" em si teria sofrido algum tipo de desgaste.

> (...) a denegação moderna da ideia de natureza revela o desgaste de uma palavra, e não o desaparecimento de um determinado complexo de desejos inerentes ao naturalismo. (...) Se entendermos por naturalismo a procura de uma ordem transcendente ao acaso, e por ilusão naturalista um conjunto de visões fantasmagóricas inclinadas a recusar o caráter artificial da existência em geral, poderemos pensar que o naturalismo só alcançou seu apogeu no século XX (ROSSET, 1989: 273).

Afinal, aceitar o acaso e o artifício significaria abdicar da estabilidade e da solidez dos princípios ordenadores. Isso significa admitir o presente como apenas "um conjunto de fatos que são, por vezes, suscetíveis de uma certa ressonância, aliás limitada, mas incapazes de durar por muito tempo" (ROSSET, 1989: 299). Rosset afirma que a aceitação da existência real como artifício implica uma concepção trágica dessa existência, que implica "o reconhecimento da impotência em pensar o que se experimenta e a renúncia a toda forma de controle intelectual da existência" (ROSSET, 1989: 300), traduzida não num sentimento de impotência, mas em uma fundamental alegria perante a vida. O alcance de uma tal concepção para o âmbito do urbanismo é difícil de avaliar, mas enquanto ação inscrita no mundo do humano (do *artifício*), talvez esta impotência não requeira abdicar de indagar as razões e escolhas pessoais ou coletivas, mas eventualmente reconhecer que a possibilidade efetiva de "controle" e "ordenamento" (da cidade, do espaço, da sociedade) é frágil e possivelmente efêmera. Ao mostrar o alcance do naturalismo, estendendo-o a quase toda a história da filosofia, Rosset talvez menospreze a importância dos movimentos internos a esse próprio naturalismo (o naturalismo como justificativa para dominação é sensivelmente diferente de um que motive a luta por emancipação), e é necessário reconhecer as condições sociais que engendram uma e outra – isso implica que as ideias não poderão ser mantidas isoladas de seus contextos históricos e tratadas como abstrações teóricas. Ainda assim, a obra de Clément Rosset tem o mérito de evidenciar uma característica fundamental do naturalismo que, de certa forma, é também a do urbanismo em sua origem: o desgosto da modernidade, a recusa do real: "só o passado e o futuro detêm a atenção naturalista, a exigência presente representa um acidente passageiro e desastroso" (ROSSET, 1989: 299). O impulso ordenador parece profundamente imbuído do espírito naturalista de "melhorar a natureza", sacrificando o real – e as pessoas reais – a um ideal de disciplina e necessidade.[52]

O abandono de todo naturalismo em prol de uma prática inteiramente artificialista é, de fato, uma tarefa difícil: aos olhos de um mundo naturalista, significaria um comportamento amoral (ou mesmo imoral), talvez intrinsecamente individualista ou egoísta. Ao urbanista que se dispusesse a abraçar o artificialismo, restaria buscar se tornar um "herói" e buscar, nos termos definidos por Baltazar Gracián:

---

[52] Rosset distingue três maneiras de se praticar o artifício: "pretender-se artificial por desgosto de uma natureza (prática naturalista), por nostalgia de uma natureza ausente (prática quase artificialista), por prazer diante da ausência de natureza (prática artificialista)" (ROSSET, 1989: 87-8). O urbanismo se inseriria, desta forma, no modelo da *prática naturalista do artifício*.

Inicialmente, domínio das aparências, isto é, arte de jogar com as aparências em benefício próprio, arte de se mostrar, em quaisquer circunstâncias, sob a luz mais lisonjeira. (...) Domínio das circunstâncias: o herói possui a arte de aproveitar as ocasiões, mediante uma técnica que não é a da previsão, mas da intuição da oportunidade no momento em que esta se apresenta (...). Enfim, domínio da mobilidade; isto é, a arte de se mover no instável e no frágil. (...) Nos três casos, há a mesma intuição trágica da inutilidade de qualquer investigação e possessão; a mesma concepção da vida como frivolidade e "divertimento" (ROSSET, 1989: 189-90).

Não é necessário partilhar da aparente indiferença de Rosset a tudo o que se refira a um interesse maior do que o do indivíduo (que facilmente poderia alinhar seu pensamento a uma ideologia liberal). Mas é válido observar que grande parte da estranheza que tal proposta provocaria a um planejador urbano, acostumado à busca da "previsão", "ordenação" e à tentativa de encontrar (ou impor) um "princípio" às cidades revelaria claramente, segundo o argumento do filósofo, o traço naturalista de suas concepções. O urbanismo como disciplina nasce sob o signo do naturalismo: mesmo sua prática projetual reitera a ideia de imposição de ordem, principalmente na ideia de "melhoramento". Por outro lado, a mera adesão a um artificialismo que se apresenta como celebração do acaso, do transitório e da renúncia poderia ser distorcida à forma de um esvaziamento do conteúdo político inerente a esse naturalismo urbanístico. Denunciar esse conteúdo é um dos objetivos tácitos deste trabalho, mas aderir simples e cegamente ao "trágico" não. Construir um novo urbanismo afirmativamente humano, quiçá artificialista, e ao mesmo tempo evitar sua despolitização (já que numa sociedade desigual não é possível pensar nem mesmo o acaso atuando da mesma forma sobre todas as pessoas) é tarefa para um longo processo de reformulação, que certamente ultrapassa o escopo deste trabalho.

Nos próximos capítulos, alguns aspectos particulares dessa relação entre urbanismo e naturalismo serão investigados com maior cuidado. Primeiramente, o urbanismo fazendo-se valer (conscientemente ou não) dessa concepção naturalista para afirmar-se como "ciência": a imposição de um modo de ver a cidade que, em última análise, representa de fato um olhar exterior e alheio ao seu próprio objeto; a construção de um método de "ordenação" da interpretação teórica, mas também da intervenção concreta, sobre as cidades; a abstração da diversidade, da complexidade e da dinâmica social das cidades em um modelo interpretativo totalizante, cujo ápice é a consagração da "analogia biológica" das cidades. Implícita nessas diversas posturas, uma fundamental negação da cidade existente, característica do modernismo urbanístico, mas também um conjunto de preconceitos sociais direcionados à "massa" da população urbana, principalmente suas parcelas mais pobres. A cidade, tomada então como natureza, negará o que lhe é mais caracteristicamente humano (ou artificial).

Em seguida, o urbanismo tendo de se reformular perante um naturalismo reforçado, que se valerá de velhos antagonismos reducionistas (como cidade x campo) para condenar a cidade, enquanto artifício, em sua totalidade. Longe de sair em defesa do humano, afirmando a cidade como o *locus* de uma experiência social muito característica e irredutível, o urbanismo acabará por incorporar os pressupostos teóricos desse novo naturalismo, buscando enquadrar o urbano em novas categorias biológicas ou tendo que responder à contínua acusação que imputa à urbanização a culpa de causar a "degradação do meio ambiente".

Dos miasmas às moscas – a naturalização da cidade pela Medicina e Biologia

> *A cidade é uma estranha senhora*
> *Que hoje sorri e amanhã te devora*
> (Luiz Enriquez & Sérgio Bardotti, versão de Chico Buarque, "A Cidade Ideal")

> *A cidade apresenta suas armas*
> *Meninos nos sinais, mendigos pelos cantos*
> *E o espanto está nos olhos de quem vê*
> *O grande monstro a se criar*
> (Herbert Vianna, "Selvagem")

A investigação sobre a noção de natureza apontou como um momento crítico e fundador a transformação das sensibilidades na sociedade ocidental na segunda metade do século XVIII. Este capítulo parte desse ponto para investigar um aspecto importante do "naturalismo" contemporâneo, que é o que se convencionou chamar "biologização do social", tomando como caso particular a consolidação da analogia biológica das cidades. Assim, serão investigadas três vertentes das disciplinas biomédicas que, durante o século XIX e primeira metade do século XX, contribuíram para consolidar essa analogia como uma representação possível e – mais do que isso – recorrente na interpretação da cidade. São essas vertentes a própria Medicina, particularmente aquela ligada à Saúde Pública, depois a eugenia (de fato uma transposição do darwinismo ao plano social), e por fim a ecologia anterior à formulação do conceito de *ecossistema*.[1]

O argumento que será desenvolvido neste capítulo, portanto, parte da hipótese de que as três vertentes do pensamento médico-biológico indicadas acima contribuíram em conjunto para a consolidação de uma imagem de cidade como "organismo" (portanto, como *natureza*).[2] Mais do que isso, contribuíram para estabelecer as bases de uma compreensão do urbano como "meio ambiente" que permanece nos dias atuais sob novas formulações. Ainda que bastante criticada, a adoção de um vocabulário biomédico ao estudo e à intervenção no urbano tem sido objeto de poucos estudos.[3] Além disso, as contribuições da Medicina e Biologia são recorrentemente analisadas como indistintas.

É necessário, portanto, reconhecer a especificidade de cada uma delas e o papel que tiveram na consolidação da matriz teórica do urbanismo em momentos distintos.[4] Para isso, é fundamental perceber que a biologia em que se baseou o higienismo do século XIX não é absolutamente a mesma em que se foi buscar, na década de 1920, os modelos teóricos de projeções do crescimento

---

1 As vertentes aqui destacadas estão longe, porém, de esgotar o tema. Basta lembrar a justificação "natural" do *laissez-faire* por parte dos Fisiocratas (TAFURI, 1985).

2 Vale observar: não toda a natureza, mas os organismos animais ("complexos") especialmente.

3 Referência fundamental para o assunto é o artigo de Gunn e Correa (2001).

4 Merece nota, aqui, a referência de Mumford a respeito da influência de concepções biológicas lamarckianas na formulação basilar do funcionalismo da arquitetura modernista – 'a forma segue a função' –; vide nota #50, mais adiante, para indicações bibliográficas.

urbano. Se num primeiro momento a biologia e a medicina estiveram de fato associadas, essa realidade vai pouco a pouco se transformando, à medida que cada disciplina passa a se dedicar a um conjunto de questões específicas.[5] Esse processo de distinção tem suas implicações e faz-se necessário tratar o assunto com atenção e algum cuidado.

É preciso que se diga, de antemão, que a contribuição dessas disciplinas ao pensamento urbanístico ultrapassa a mera imagética. De fato, a formulação de uma analogia entre organismos e cidades poderia se limitar a uma figura metafórica, uma licença poética, não fosse ela reveladora de um processo social muito mais importante. Mais ainda, se não fosse tomada, por muito tempo, como uma descrição *adequada* de cidades.

Para além desse aspecto, o legado dessas ciências para o pensamento sobre as cidades, no período aqui observado, estende-se aos próprios fundamentos teóricos e metodológicos do nascente urbanismo,[6] e um dos objetivos deste capítulo é justamente verificar o alcance desse legado. Convém observar que essa penetração da biologia no pensamento sobre as cidades não é fortuita nem descabida, considerando que o século XIX é considerado, por muitos, como o "século da biologia" (GUNN, 1997).[7] Se as descobertas

---

5 Vide, a respeito, Costa (1985) e Ribeiro (1994).

6 Agradeço aqui o comentário da Dr.ª Maria Stella Bresciani, que considera plausível a interpretação de que a engenharia sanitária e a arquitetura tenham reelaborado os preceitos médicos na medida em que os traduziram em dispositivos técnicos: como resultado, teria sido possível modificar ou atenuar esses preceitos, preservando porém a nomenclatura.

7 O organicismo representa uma importante vertente do pensamento moderno que ultrapassa a questão urbanística, estendendo-se à sociologia, economia e, evidentemente, à biologia. Embora a concepção organicista (ou organísmica) seja característica da passagem do século XIX para o XX, ela atingiu em tempos sutilmente distintos cada uma das disciplinas mencionadas. A importância dessa concepção e da discussão de suas implicações justifica

e debates em biologia causam tamanho impacto no século XIX, é compreensível que os urbanistas também buscassem em tal ciência conceitos e métodos aplicáveis à cidade.

A importância das concepções biológicas para o urbanismo fica bastante evidente na atuação dos médicos no ordenamento das cidades (principalmente a partir da ascensão do paradigma microbiológico), mas não se encerra nela. De fato, durante todo o período de constituição do urbanismo como disciplina e campo profissional associado ao higienismo/sanitarismo, as metáforas biomédicas representaram um papel fundamental, seja como imagem e vocabulário, seja como formulação do *problema a enfrentar*: nas palavras de Gunn e Correia (2001: 38), "a grande cidade, um corpo doente; o urbanista, seu médico".[8]

Ao mesmo tempo, deve-se observar que existe, entre Biologia e Urbanismo, não apenas uma *influência* unilateral, mas um *intercâmbio*: num sentido, há o famoso exemplo da descrição do sistema circulatório humano por Harvey fornecendo a imagem perfeita do sistema viário urbano desde o século XVII (GUNN e CORREIA, 2001: 37; SENNETT, 1997: 213-4); por outro lado, há a crença, pelo zoólogo e fundador da paleontologia George Cuvier, de que "assim como diferentes planos de construção podem se reduzir a um pequeno número de estilos, de igual modo pode-se distinguir entre os animais quatro grupos fundamentais de planos de construção" (RADL, 1988: 5). A questão da diversidade de

---

uma discussão mais pormenorizada do assunto; neste estudo, a questão será tratada apenas em suas linhas gerais.

8   O artigo em referência representa, até o momento, o mais cuidadoso trabalho encontrado de mapeamento da utilização das concepções e vocabulário médico-biológico no urbanismo. Além de demonstrar "o caráter aparentemente essencial destas metáforas à construção do campo conceitual, do discurso e das práticas do urbanismo ao longo dos últimos séculos" (GUNN e CORREIA, 2001: 54), o artigo trata também de algumas importantes implicações de tal procedimento, algumas das quais serão tratadas também nesta seção.

formas de vida – entendida segundo conceitos arquitetônicos – e suas origens era, além disso, tratada por alguns investigadores da seguinte forma:

> Afirmavam que do indivíduo, da espécie, do gênero havia transições não só para frente e para trás (formas inferiores e mais perfeitas), mas também em todas as direções, até outras numerosas formas, de maneira que os indivíduos e espécies podiam ser representados como cidades, províncias e países, em um mapa (...) (RADL, 1988: 38).

A ideia de assemelhar organismos vivos a cidades não é uma invenção do século XIX;[9] contudo, a imagética organicista se fixa profundamente nesse momento de constituição do urbanismo. Diversos autores, posteriormente, vão criticar esse procedimento, que, no dizer de Reis Filho (1997: 7), utiliza categorias "que para nós não explicam nada, estamos apenas fazendo analogias, ou seja, dizendo que isto se parece com aquilo, mas que não é igual". Uma das críticas mais frequentes a tal comparação é que ela "despolitiza" conflitos e processos essenciais da construção social das cidades. Para Gunn e Correia (2001: 58), "na ânsia de legitimar sua ação e seu papel na sociedade, (...) [o urbanista] não recua ante uma operação brutal de simplificação das contradições do mundo moderno". O uso de tais categorias biológicas, além de "revelar uma atitude de fuga diante da complexidade e das contradições da sociedade", acaba sendo mobilizado para formulação de um ideal de cidade "utilitarista, disciplinar e positivista".

---

9   Há uma longa história de associação entre corpo (principalmente humano) e a sociedade. Particularmente em relação às cidades, pode-se apontar momentos em que a analogia foi particularmente prestigiada, como no Renascimento. Vide, a respeito, Sennett (1997).

Nesse sentido, convém observar a crítica de Thompson (1981: 97) ao uso de analogias para descrever um fenômeno essencialmente histórico: "nenhuma analogia com estruturas orgânicas ou mecânicas, e nenhuma reconstituição estrutural estática, pode dar conta da lógica do processo histórico indeterminado". O próprio recurso à analogia deve ser visto com ressalvas:

> Analogias podem ser boas ou más, (...) elas servem para efeito de explicação ou ilustração – são um condimento da argumentação (...), mas não constituem o próprio argumento. (...) O cemitério da filosofia está cheio de grandes sistemas que tomaram, erroneamente, as analogias por conceitos (THOMPSON, 1981: 118).[10]

Não se trata de condenar, portanto, a busca por uma multidisciplinaridade (ou transdisciplinaridade, na medida em que envolve intercâmbio de conceitos e teorias), mas de evidenciar que essa busca não pode se basear na sobreposição de teorias não totalmente compatíveis e, principalmente, à custa da redução do objeto de estudo (no caso, as cidades) apenas para conformá-la a um modelo explicativo. É o que faz a analogia biológica das cidades, conforme se pretende demonstrar doravante.

A CONTRIBUIÇÃO DA MEDICINA: HIGIENE E SANEAMENTO NA CONSTITUIÇÃO DO URBANISMO

Diversos estudos recentes sobre a constituição do urbanismo como disciplina técnica e profissional no Brasil têm-se direcionado

---

10   Não se pretende, aqui, discutir a analogia ou a metáfora como figuras de linguagem, retórica ou mesmo de pensamento. Para um aprofundamento ao tema, cf. Ricoeur (2000).

a um período anterior à consolidação do Movimento Modernista.[11] O foco passou a ser a atuação de profissionais ligados a um ideário higienista e sanitarista, dentre os quais se destacam engenheiros como Saturnino de Brito,[12] Teodoro Sampaio (COSTA, 2003), Horácio de Paula Souza (CAMPOS, 2002), entre outros.

Esses estudos se apoiam numa literatura que trata o advento da saúde pública moderna como uma face do processo de consolidação do modo de vida burguês e da nova estrutura econômica inaugurada pela Revolução Industrial ao longo do século XIX.[13] O urbanismo, que surge nessa mesma época, apoia-se nessas práticas que visam ao saneamento das cidades, sobretudo das áreas de residência da população proletária. Bresciani (1992: 15) aponta nesse processo uma "primeira empresa gigantesca de redução do meio ambiente a dados técnicos", isto é: graças aos sanitaristas, o meio ambiente é reduzido "aos seus componentes técnicos: esgotos, drenagem, distribuição de água, limpeza das ruas, coleta de lixo, coordenadas para a edificação".

Uma consequência duradoura desse processo é a vinculação entre higiene e moral[14] e a noção de *disciplinamento* das popula-

---

11 Alguns exemplos importantes incluem Costa (1985), Bresciani (1992), Andrade (1992), Ribeiro (1993), Bueno (1994), Lima e Hochman (1996), Telarolli Jr. (1996), Gunn (1998), Leme (1999), Almeida (2000), Campos (2002), Caponi (2002) e Costa (2003).

12 Andrade (1992). Vale destacar a presença, em acervo da Biblioteca da FAU-USP, das obras completas do engenheiro: BRITO, Francisco Saturnino Rodrigues de. *Obras completas de Saturnino de Brito*. Rio de Janeiro: Imprensa Nacional, 1942.

13 Vide, especialmente, o artigo de Bresciani (1992), no qual se expõe a análise da cidade como "meio ambiente" vinculada à abordagem técnico-científica (a primeira de "sete portas" de entrada ao estudo do urbanismo), da qual emerge o urbanismo como disciplina.

14 Bresciani observa que a vinculação à esfera moral tem, por outro lado, um papel desnaturalizador, isto é: a ideia de "degradação" (moral) desvincula a pobreza de uma condição "natural" e passa a entendê-la como um produto social (Eugène Buret).

ções pobres, a partir de uma noção de disciplina como "algo que constrange as pessoas a um comportamento previsível", já que "a figura *monstruosa* do pobre doente, sujo, semimoralizado e racionalmente incompleto foi amplamente divulgada para justificar uma estratégia que desejava levá-los do conforto selvagem ao conforto civilizado" (BRESCIANI, 1992: 14-5).

Para avaliar a contribuição das ciências biomédicas ao urbanismo, primeiramente é preciso observar, nesse processo e nesse período, a atuação de médicos na ordenação do espaço urbano. Nesse momento, uma concepção de doença baseada na teoria dos "miasmas"[15] motivava os médicos a considerar os efeitos do ambiente sobre a saúde dos indivíduos.[16] Com o advento da medicina microbiana no século XIX, os médicos progressivamente se voltariam ao tratamento direto dos indivíduos, fazendo das preocupações ambientais anteriormente tratadas uma questão auxiliar. Assim, a preocupação com o "meio" acabou sendo absorvida por outros grupos profissionais – por exemplo, engenheiros – numa redefinição de "funções" específicas dos diversos campos disciplinares e profissionais, cada um deles desempenhando um papel complementar ao outro. No todo, observa-se esse período como basilar para a constituição de uma ideia de "meio ambiente urbano".[17]

---

15 "Miasmas", entendidos como emanações provenientes de matérias pútridas ou de moléstias contagiosas e transmitidas através do ar, eram então considerados os agentes causadores da maior parte das doenças.

16 A teoria miasmática, conquanto tenha sido aparentemente superada em seus termos, parece ter sobrevivido sob novas formulações: muitas das preocupações atuais ligadas à saúde pública e aos efeitos da poluição sobre a saúde, por exemplo, são tributárias de formulações miasmáticas de salubridade. Sem falar na permanência de tais concepções em práticas populares ainda bastante difundidas (ver Gunn, 1998).

17 Ao menos a ideia do urbano como "ambiente", simplesmente. O termo "meio ambiente", carregado de conotações ecológicas, veio a ser incorporado posteriormente, mas com importantes permanências em termos de concep-

Uma ressalva deve ser feita quando se busca compreender a atuação dos médicos sobre a questão urbana. Trata-se de evitar a armadilha de interpretar as mudanças da medicina apenas como um processo meramente *progressivo* ou *cumulativo*, no qual a introdução da microbiologia na medicina é vista, quase mecanicamente, "como um momento de ruptura radical entre a velha e a nova medicina" (ALMEIDA, 2000). Estudos com esse enfoque tendem a colocar a criação do Instituto de Manguinhos, atual Instituto Oswaldo Cruz (IOC), em 1900, como o marco fundador da ciência experimental no Brasil.[18] Em vez disso, recorre-se aqui a trabalhos recentes que buscam analisar esse período como palco de conflitos nos campos do saber médico e no da prática medicinal, como a resistência por parte significativa da população, ainda ligada aos procedimentos terapêuticos tradicionais.

Práticas populares de cura e Medicina "científica"

Até meados do século XIX, a Medicina no Brasil foi uma atividade praticada por uma constelação de diferentes tipos sociais[19]

ção de cidade. É importante observar, também, que o termo se distingue mais em português mesmo, já que, por exemplo, em inglês permanece a mesma denominação, "urban environment".

18 A propósito, Ferreira (1996: 12) observa que "a produção historiográfica sobre a Medicina brasileira tem-se dedicado, quase que exclusivamente, aos últimos 30 anos do século passado e início do século XX", o que teria criado, segundo o autor, uma falsa impressão de descontinuidade na história da Medicina no Brasil, relegando ao ostracismo o período de fundação das instituições médicas (1827-1850), durante o qual ainda não eram dissociadas as atividades médicas profissionais e as científicas.

19 Na realidade, muitas das práticas medicinais descritas a seguir de fato não deixaram de existir. Ainda hoje em dia, as "medicinas populares" aqui referidas são facilmente reconhecíveis em rituais de umbanda e candomblé, nos camelôs que vendem "ervas medicinais", só para citar alguns exemplos. A des-

que incluía desde feiticeiros e padres até barbeiros-cirurgiões, e eram raros os médicos com formação universitária europeia (os *físicos* e os *doutores*)[20] – em geral estes se encontravam nas sedes de capitanias e nas principais cidades e vilas. Além disso, as fronteiras culturais entre medicina culta e popular não estavam ainda plenamente estabelecidas: "mesmo entre as elites, os médicos não eram, como pretendiam ser, os senhores absolutos da arte de curar" (FERREIRA, 1999); mais do que isso, a proximidade e convívio entre senhores e escravos no cotidiano da cidade facilitaria esse intercâmbio cultural.

Interessa reconhecer essas outras formas de cura tão usuais até a segunda metade do século XIX (e ainda reconhecíveis em manifestações populares), tais como a indígena e a negra, matrizes principais das chamadas "medicinas populares" brasileiras.[21]

A tradição medicinal indígena se baseava preponderantemente nas propriedades medicinais de certas espécies da flora nativa, além de outras substâncias orgânicas e inorgânicas, deduzidas empiricamente. O pajé era a figura central da medicina indígena;

---

peito de todas as tentativas oficiais e/ou elitistas de renegar e combater essas práticas, o que se verifica é que as "medicinas populares" sobrevivem e representam um aspecto importante das culturas populares urbanas.

20 Estas eram as denominações dos "médicos propriamente ditos" (portadores de licença da Coroa para o exercício clínico) e correspondiam, respectivamente, aos médicos licenciados pela universidade de Coimbra, Salamanca ou outra escola ibérica, aos bacharéis em Medicina e àqueles que haviam defendido tese. Os doutores, raros até o século XVIII, eram formados principalmente por Coimbra, Montpellier ou Edimburgo (SANTOS FILHO, 1971; FERREIRA, 1999).

21 Santos Filho (1977). As observações a seguir baseiam-se fundamentalmente nesta obra, referência fundamental para a história da medicina no Brasil. Outra obra recomendável do tema, igualmente acurada embora menos extensiva, é a de Pedro Salles (1971). Para uma visão mais recente da relação que se estabelece aqui entre medicina "científica" e as práticas tradicionais ou populares de cura, cf. também Vera Marques *et al* (2003).

misto de feiticeiro e curador; a figura do pajé sempre sofreu grande oposição por parte dos catequistas inacianos e dos colonizadores. Embora não tenham desaparecido de todo, os pajés perderam muito de seu prestígio entre os índios catequizados, mas ainda assim seu conhecimento acabou parcialmente incorporado pelos jesuítas, formando a base do conhecimento dos "boticários" e enfermeiros através dos quais os jesuítas dominaram a prática médica no século XVI.

O feiticeiro negro, por sua vez, acabou sendo o principal elemento de formação do curandeiro popular que se difundiu posteriormente, e um dos principais alvos daqueles que buscavam a consolidação e institucionalização de uma prática médica "científica" no Brasil.

Tanto a medicina indígena quanto a dos escravos negros trazidos ao Brasil creditavam as doenças a causas sobrenaturais. Baseadas no conhecimento empírico, ambas as práticas buscavam aplacar os sintomas mais evidentes, e o recurso a plantas era outro traço comum.[22] A partir do século XVII, popularizaram-se os "benzedores" e "santos", que promoveram uma concepção de doença ligada ao pecado e tida como castigo, provação ou sinal de Deus.[23]

---

22 Não se deve crer, entretanto, que a crença nas propriedades terapêuticas das plantas se restrinja às culturas negras e indígenas. De fato, mesmo na Europa as tradições populares recorriam com grande frequência a essa forma de tratamento de doenças (THOMAS, 1988, cap. II), e a esse conhecimento tradicional – também empírico e sintomático – deve-se o desenvolvimento da Botânica, por um lado, e da Homeopatia, por outro. No século XIX, configura-se a disputa entre alopatia e homeopatia, preponderando aquela por fim no início do século XX.

23 Santos Filho (1977: 354-5) relata que "as epidemias de varíola, de febre amarela e de malária determinaram a realização de solenes e impressionantes procissões propiciatórias, quando penitentes se flagelavam em público", e que quando um doente se encontrava desenganado, "costumava-se solicitar a ida do sacerdote, com o Santo Viático, à casa do agonizante".

Foi esse conjunto de práticas medicinais populares de longa tradição que a medicina científica, para se firmar no Brasil, teve que confrontar a partir do século XIX. Um marco inicial dessa confrontação parece ter sido a fundação da Sociedade de Medicina do Rio de Janeiro em 1829. Desde então se prefigurou um sério conflito, uma vez que a prática medicinal defendida a partir de então negava princípios caros à terapêutica popular, tais como a vivência da doença e a *hora mortis* preferencialmente no interior do espaço doméstico. Estava aberto, desde já, o caminho para um choque frontal entre o "desejo popular de tratar das doenças e morrer em casa" (FERREIRA, 1999) e uma proposta médica intervencionista que transferia os enfermos e circunscrevia a doença e a morte a hospitais. Ferreira vê na figura do hospital um elemento simbólico da opressão representada por essa medicina acadêmica em estabelecimento:[24] "Voltado para os pobres, o socorro hospitalar destinava-se a acolher os deserdados de toda sorte. (...) Locais de isolamento e reclusão, os hospitais – todos notavam – não passavam de depósitos de infelizes em sua última escala para a morte" (FERREIRA, 1999).

De acordo com Silva (2000), os hospitais são alçados à condição de espaço por excelência da medicina, graças a uma aproximação cada vez maior entre as práticas terapêuticas e a cirurgia. Com um conjunto de novos métodos de combate às infecções que, até então, eram comuns em intervenções cirúrgicas, a cirurgia passou a ser encarada como uma forma eficaz de enfrentamento das doenças e suas manifestações mais agudas. Entretanto, essas mudanças não significaram uma imediata transformação no modo como os hospitais eram considerados pela elite:

---

24 Referência fundamental para o assunto é a obra de Michel Foucault (1998; 1979).

As pessoas mais abastadas passaram efetivamente a utilizá-lo somente após a sensível queda da mortalidade por infecção intra-hospitalar e à medida que começaram a se vulgarizar os apartamentos e quartos diferenciados das enfermarias coletivas, ou seja, maior aproximação dos serviços de internação aos de hotelaria (SILVA, 2000: 67).[25]

A Medicina se coloca nesse contexto como "a mais social das ciências", e sua institucionalização possibilita, segundo Ferreira (1996: 50), um questionamento da vida social como um todo. Nos primórdios desse processo de institucionalização da Medicina no Brasil, o foco principal era, de fato, o ambiente urbano. O primeiro diagnóstico médico de cunho sanitarista parece datar de 1813, ano da publicação de uma enquete elaborada e aplicada ainda em 1798 a médicos locais, a respeito das doenças endêmicas e epidêmicas presentes, possíveis causas e meios mais indicados para inibir suas manifestações. As respostas atribuíam a causa das doenças, de forma unânime, ao clima quente e úmido do Rio de Janeiro.

Além da influência *natural*, contudo, somavam-se causas relacionadas à *desordem urbana:* a imundície das ruas e praças e o acúmulo de lixo; a inexistência de uma rede de esgoto, resultando no escoamento de excrementos diretamente nas praias; a estagnação das águas pluviais nas áreas menos elevadas; e mesmo a arquitetura, considerada um fator causador de doença devido às

---

[25] Não se trata, portanto, de desmerecer os hospitais tal qual existem hoje, mas perceber que sua consolidação envolveu um processo no qual os mais desfavorecidos contribuíram (sabe-se lá a que custo) ao desenvolvimento da "técnica" e da "ciência", enquanto a elite dispunha de seus próprios meios de garantir um adequado atendimento médico. Enquanto o atendimento hospitalar "evoluía", aqueles que não tiveram condições (ou direito) de escolher continuavam sendo internados, operados e infectados, enquanto médicos tentavam encontrar maneiras de aplacar o sofrimento. Pode-se louvar o resultado a que chegaram, mas não esquecendo o custo social da "conquista".

casas úmidas, pouco ventiladas e pouco asseadas. Para solucionar tais condições, a publicação recomendava a preservação da cobertura vegetal,[26] a limpeza regular das ruas e praças, o despejo dos esgotos fora da baía, o dessecamento de áreas alagadiças, a eliminação de alguns morros para promover a livre circulação dos ventos e a construção de casas mais altas e ventiladas.

A criação da Sociedade de Medicina do Rio de Janeiro dá início à institucionalização da saúde pública no Brasil.[27] Esse movimento nascente tinha como fundamento político a necessidade de intervenção estatal na saúde pública.

> Para isso, exigia-se a criação de uma imensa rede de instituições capazes de informar e intervir sobre o comportamento demográfico da população (nascimento, morte, casamento, migração, raça) e suas condições de trabalho, habitação, alimentação e saúde; estudar sistematicamente o clima e a geografia das diferentes regiões; registrar o número e a qualificação dos mé-

---

26 É interessante notar a noção de preservação ambiental que está, neste caso, ligada à melhoria das condições ambientais *urbanas*, precedendo inclusive a ideia de preservação das matas "virgens". Evidentemente, pode-se entender essa recomendação inserida no quadro de uma modificação da apreciação das matas, como a descrita por Thomas (1989) na Inglaterra. Por outro lado, há um traço fundamentalmente utilitarista nessa ideia de recomposição vegetal. De qualquer forma, o documento a que se faz referência aqui mereceria uma análise mais detalhada, na medida em que se apresenta como um caso particularmente ilustrativo de um possível prenúncio da preocupação ambientalista como a entendemos hoje – e, certamente, como um exemplo do conteúdo ambientalista de então, muito ligado às preocupações com a *salubridade*.

27 Com o objetivo de contribuir para o aperfeiçoamento das ciências médicas e sua prática, evidenciando um ideal de civilização, a SMRJ tinha como membros também os cirurgiões, boticários e outros (sancionando, assim, as práticas culturalmente estabelecidas). Essa constatação justifica a afirmação de Ferreira (1996: 90), de que "antes de ter sido o agente de um pretenso processo de *medicalização da sociedade*, a ação política e científica da SMRJ foi mais importante como estratégia de legitimação social da própria medicina".

dicos e fiscalizar a medicina; estabelecer o controle médico-estatal sobre os hospitais, escolas, asilos, cadeias, cemitérios, prostíbulos; descrever o quadro nosológico de cada cidade ou região, etc. (...) Tudo isso deveria ser garantido pela aplicação enérgica de uma complexa legislação sanitária que regularia o comportamento coletivo das populações, sobretudo as urbanas (FERREIRA, 1996: 71).

Os periódicos médicos exerceram um papel fundamental nesse processo. Parecem ter-se constituído no principal espaço de comunicação dos médicos entre si e deles com a sociedade (FERREIRA, 1996: 10). Os periódicos permitiram aos médicos falar à sociedade, e o principal canal de contato com as questões sociais foi a questão da higiene. Através de um grande número de trabalhos tratando do tema, puderam-se criar as bases para a legitimação da medicina. Com essa mesma finalidade, Ferreira se refere a uma "invenção"[28] da agenda sanitária no início da década de 1830, quando surtos epidêmicos de febres intermitentes tornaram-se recorrentes na região circunvizinha à corte.

A institucionalização da medicina no Brasil, iniciada em meados do século XIX, é um caso exemplar do processo descrito no capítulo anterior de distanciamento entre as formas populares e tradicionais de conhecimento e aquele considerado "erudito" ou "acadêmico". Tratando-se de formas de apreensão da realidade baseadas em concepções, em "métodos" e representações distintas, é compreensível que tais conhecimentos de fato se distingam. A questão passa a ser, portanto, menos a distinção entre formas diferentes de compreensão da realidade – no caso específico, dos

---

28 Definindo "invenção", no caso, como a "escolha deliberada de certos problemas e a transformação de outros em questões sociais importantes" (FERREIRA, 1996: 180).

"mecanismos" da doença e da saúde – do que o processo eminentemente social através do qual uma das formas adquire proeminência e dominância sobre as demais. Além disso, essa forma, ao tornar-se dominante, submete as demais ao seu crivo, decidindo qual tem ou não legitimidade e mérito.

É preciso afirmar – e repetir seguidamente – que o que está em jogo é mais do que uma forma de conhecimento, mas uma forma de viver. E o que se está afirmando, em detrimento do "outro", é um modelo de conduta, um sistema de valores, uma maneira de encarar e enfrentar a realidade.

> Do alto de seus preconceitos culturais quanto aos saberes e práticas populares, o vice-rei do Brasil era incapaz de perceber que a preferência popular pelos ignorantes e curadores na verdade decorria de uma concepção distinta sobre a origem das doenças e os métodos de cura; enxergava apenas ignorância e impostura (...); generalizava, como pertencendo a todos, um problema que se desenhava aos seus próprios olhos e ao pensamento ilustrado do segmento social ao qual pertencia e representava como autoridade pública (SOARES, 2001: 424).

O sanitarismo, das cidades aos sertões

A medicina que buscava se impor a partir do Império trazia, além disso, uma nova representação das doenças segundo uma também nova orientação teórica: a hipocrático-galênica vai cedendo espaço para a doutrina miasmática e, posteriormente, a microbiana.

A concepção de doença formulada por Hipócrates e desenvolvida pelo latino Galeno ainda na Antiguidade trata das influências do clima, da água e da localização geográfica sobre a saúde humana. Atribuindo a doença a mudanças e desequilíbrios dos "humores" ou fluidos corporais,[29] essa concepção dá um papel fundamental à relação intrínseca entre a doença e o ambiente, e será amplamente divulgada ao longo do século XVIII, no que é conhecido como "neo-hipocratismo".[30]

A concepção miasmática de doença, por sua vez, é bastante ligada às teorias químicas lavoisierianas, a partir das quais se desloca o foco de atenção ao ambiente, das águas para o ar (CORBIN, 1989: 83). Essa concepção terá ainda maiores implicações para a formulação inicial da questão sanitária – expressando uma relação intrínseca entre doenças e epidemias e as condições de vida da população, especialmente sua parcela mais pobre.[31] Assim, a ascensão do sanitarismo e do higienismo deve ser enfocada sob esse duplo prisma: a alteração no modo de conceber a doença e nas formas de combate à "peste", e a busca de afirmação social da Medicina como disciplina capaz de intervir sobre os diversos aspectos da vida social.

Andrade (1992) já demonstrou a importância dessas concepções, coexistentes no século XVIII e mesmo depois, para a constituição de uma ideia de cidade como "ambiente". A novidade trazida pela doutrina miasmática é a associação entre a doença e a

---

29 Segundo Hipócrates e Galeno, as doenças eram provocadas pelo desequilíbrio entre os quatro *humores* corporais (fleuma, sangue, bile amarela, bile negra), os quais induziam a diferentes tipos de humor (respectivamente, fleumático, sanguíneo, colérico e melancólico) e variavam de acordo com a estação do ano, devido à influência do calor, do frio, do seco e do úmido.

30 Muitos aspectos dessa doutrina, que atribui papel fundamental à interpretação dos lugares em suas relações com o temperamento e saúde humanas são bastante explorados por Corbin (1989), especialmente em relação à fruição do litoral com fins terapêuticos nesse período.

31 Posteriormente, a noção de uma causalidade entre as más condições do meio e a propagação de doenças será contestada por uma outra forma de conceber a enfermidade que se volta da "análise do meio à dos efeitos do meio sobre o organismo e finalmente à análise do próprio organismo" (Foucault *apud* ANDRADE, 1992: 22).

estagnação dos fluidos – donde deriva a recomendação de "fazer fluir": canalizar e retificar rios sinuosos, aterrar ou drenar várzeas e pântanos, entre outras recomendações típicas. Gunn (1998) e o próprio Andrade (1992) ressaltam a permanência de uma interpretação miasmática do ambiente na atuação dos engenheiros sanitaristas, notadamente os de orientação positivista, mesmo em fins do século XIX.

Essa passagem encontraria um paralelo na discussão a respeito da origem (endógena ou exógena) de doenças como a febre amarela e a cólera.[32] Ferreira (1999) destaca a contribuição do higienista francês Xavier Sigaud. Sua obra *Du Climat et des Maladies du Brésil* (1844) é considerada uma síntese do pensamento higienista da primeira metade do século XIX, ainda profundamente marcada pelo neo-hipocratismo: nesse momento, as chamadas "doenças tropicais" tornam-se questão obrigatória da saúde pública brasileira. Embora partilhando da crença de que a implementação de medidas higiênicas pudesse produzir melhorias na qualidade de vida nas cidades, Sigaud advertia que tais ações nada poderiam contra os fatores patogênicos de ordem climática.

Introduzia-se, assim, o *determinismo climático*[33] como zona ideológica entre a definição científica da doen-

---

32 Uma herança atribuída por muito tempo aos escravos negros foi a introdução de muitas das posteriormente chamadas "epidemias tropicais". Mesmo Santos Filho atribui aos escravos trazidos da África a introdução e veiculação de uma série de afecções, tais como a filariose, a ancilostomíase, o tracoma e o maculo. O *cólera-morbo*, entretanto, é originário da Europa.

33 A questão fundamental da determinação do clima sobre o caráter humano está intimamente relacionada, no Brasil, às discussões sobre as causas do "atraso" da civilização brasileira, e provocará um intenso debate a partir da proclamação da República. Insere-se também nesse debate, como será mostrado adiante, a questão racial brasileira e o problema da miscigenação da população do país. Vide, a respeito, Skidmore (1976), Lima e Hochman (1996), Gunn (1997) e Schwarcz (2000).

ça e seu significado social. (...) Quando nos trabalhos produzidos a respeito das epidemias falava-se da influência do clima, a ideia era de que certas condições ambientais alteradas propiciavam o aumento da concentração de miasmas e, consequentemente, a corrupção do ar atmosférico, diferentemente para o caso da opilação, em que se evocava o poder degenerativo do clima quente e úmido. Desse modo, tínhamos expostas duas explicações sobre o *caráter patogênico do clima brasileiro*: uma relacionada à produção e à ação patológica dos miasmas; e outra relativa à degeneração fisiológica do sangue (FERREIRA, 1999, grifos nossos).

Se a origem das doenças podia ser creditada aos caracteres do clima local ou a miasmas (formados em função da estagnação do ar e da água e da putrefação), costuma-se afirmar também que a doutrina médica a respeito da transmissão de doenças oscilava, nos séculos XVIII e XIX, entre correntes "infeccionistas" e "contagionistas". Segundo Telarolli Jr. (1996: 95), a teoria do *contágio* reconhecia como agente da doença o contato de um corpo doente com um são, seja pela pele ou pelo ar (ligada, portanto, à corrente miasmática), ao passo que a corrente da *transmissão* ou *infecção* defendia a existência de uma etapa intermediária, com agentes causais permanecendo no solo ou na água e penetrando o organismo humano através do sistema digestivo.

Costa (1985) defende a ideia de uma passagem da noção de *transmissão* para a de *contágio* – que significou também a ascensão de uma concepção de doença baseada no indivíduo, e não mais no meio. Caponi (2002) propõe problematizar algumas das certezas implícitas na assunção de uma dicotomia contágio vs. transmissão, a qual, segundo a autora, tenderia a desconsiderar o fato de que, em muitos casos, a adoção de novas perspectivas científicas não se traduziu em uma mudança completa nas práticas ou mesmo nos discursos:

É possível reconhecer essa mesma oposição, em diferentes países e em diferentes circunstâncias, ou deveremos afirmar que as noções de infecção e contágio puderam resultar tanto aliadas como antagônicas segundo os contextos políticos e sociais, ou os interesses a ser defendidos? Por fim, será necessário analisar até que ponto é possível falar de uma contradição absoluta entre os higienistas clássicos (que se supõe eram, em sua grande maioria, anti-contagionistas) e as estratégias dos novos higienistas que se propunham lutar contra esse universo ameaçador do "infinitamente pequeno" (CAPONI, 2002: 1666).

O conceito de "infecção" iniciou um movimento para transformar a herança miasmática numa moderna "teoria do meio". Além disso, segundo essa concepção, a influência do meio será determinante não apenas para o *físico* como também para o *moral*, seguindo o estabelecimento de uma estreita vinculação entre medicina e ética (ANDRADE, 1992: 21). Essa vinculação é um elemento fundamental para a compreensão do higienismo-sanitarismo e, por extensão, da ideologia das reformas urbanas posteriores.

Segundo Gunn (1998), "as inovações médicas no fim do século XIX se situaram entre a causa e o remédio para as diversas formas da peste", distinguindo-se assim diferentes formas de enfrentamento das doenças epidêmicas. Na esfera das causas encontram-se as pesquisas visando à compreensão dos mecanismos de contágio e infecção, ao passo que, do lado dos tratamentos, há o desenvolvimento das vacinas como uma formidável conquista do século XIX. Essas duas abordagens distinguirão as pesquisas do grupo francês ligado a Louis Pasteur e dos pesquisadores germânicos, sendo Robert Koch um grande expoente (ROSEN, 1994, cap. 7).

Com os avanços da bacteriologia e da parasitologia, foram esclarecidos alguns problemas relativos às causas das doenças e o papel dos vetores ou intermediários das doenças. Entre outras consequências, essas descobertas "indicaram o papel que o homem ocupa na transmissão das doenças, reforçando na legislação sanitária as proposições de controle dos doentes" (COSTA, 1985: 30). A definição do papel do mosquito como agente transmissor e hospedeiro intermediário da febre amarela em 1900, por exemplo, criou um novo paradigma de prevenção da febre amarela, fundamentado justamente nesses princípios.

À parte dos avanços e descobertas, observa-se que "as ações voltadas para a implantação do paradigma bacteriológico fizeram parte de um longo processo de confrontações e negociações" (ALMEIDA, 2000). Para Costa (1985: 10), a ascensão da microbiologia no último quartel do século XIX teria permitido que "os programas de saúde pública pudessem ser realizados ignorando considerações e reflexões sobre política social e reforma urbana", passando então a prescindir de medidas incidentes especificamente sobre o ambiente urbano. Analisando as intervenções sanitaristas voltadas às habitações populares, entretanto, Caponi (2002: 1668) discute essas considerações, que, segundo ela, "parecem desconsiderar que, por exemplo, em relação à moradia popular, muitas das estratégias defendidas pelos higienistas pré e pós-pasteurianos se mantiveram idênticas", e que "muitas preocupações com os hábitos e condutas populares (alcoolismo, prostituição, sexualidade, etc.) se mantiveram constantes".

Mais do que compatível com as antigas concepções miasmáticas, "o discurso microbiológico pode resultar um excelente aliado que permite legitimar e reproduzir tanto os velhos temores e medos associados à moradia popular como as antigas estratégias operativas próprias do higienismo clássico" (CAPONI, 2002: 1673). A atenção dos sanitaristas para com a moradia popular parece também se originar, segundo Caponi, não apenas da emergência da microbiologia, mas também da "generalização da estatística[34] como recurso capaz de pôr em evidência a relação entre as desigualdades sociais e as diferenças na mortalidade da população", e ainda da "persistência da antiga associação entre condições físicas e condições morais" (CAPONI, 2002: 1669). De qualquer forma, percebe-se que, mais próximo à virada do século XIX para o XX, começa a se desenhar uma progressiva distinção entre os campos da medicina e da biologia:

> A herança miasmática teria consequências nas práticas de medicina hospitalar e de saúde pública. Os divisores entre a medicina e a biologia foram se tornando mais densos com o funcionamento dos diversos institutos públicos de bacteriologia. A criação de cursos médicos com uma faculdade própria e a criação posterior de um curso de biologia em um departamento de filosofia, ciências e letras abrigado no mesmo prédio da medicina define os contornos de separação destas corporações. Concomitantemente nestas décadas no fim do século XIX e no início do século XX, a medicina teria outras "questões fronteirísticas" com a engenharia no campo do higienismo sanitário (GUNN, 1998).

Segundo Gunn, o período da 1ª Guerra Mundial pode ser considerado um divisor de águas no movimento sanitário-higienista, com a cisão "entre correntes da medicina, biologia e saúde pública", que se traduziu também numa distinção crescente entre práticas ligadas ao saneamento e higiene e outras mais voltadas

---

34 Mais adiante, serão feitas outras considerações sobre a crescente importância da estatística para o reconhecimento da realidade social (particularmente a urbana) no século XIX. Desde já convém destacar seu papel na constituição de uma abordagem quantitativa – portanto, "científica" – e exterior sobre essa realidade. Tais aspectos são observados por Donne (1983) e Bresciani (1992), entre outros.

à medicina preventiva. Ao longo dessa década, iniciativas de educação higiênica e sanitária da população foram ganhando força.

As cidades brasileiras, que durante o período colonial haviam convivido com epidemias diversas, passam a ser objeto de intervenções sistemáticas visando o controle, o combate e/ou a erradicação das moléstias. Um exemplo no século XIX é a forma como, no Recife, se respondeu às epidemias de febre amarela no fim dos anos 1840 e do cólera-morbo em 1855 e 1856.[35]

Em São Paulo, o problema sanitário e o combate às epidemias emergem de forma importante na década final do século XIX, no bojo de um veloz crescimento populacional provocado, especialmente, pela imigração europeia de trabalhadores para constituição de um mercado de trabalho livre no país. Ao longo dessa década é notável a criação, desenvolvimento e articulação de uma extensa rede de instituições ligadas à prática, pesquisa e ensino medicinal em São Paulo.[36] Em 1894 foi implantado o Código Sanitário em todo o Estado, em paralelo com um aumento da atenção aos serviços de vacinação. Na tentativa de erradicar a febre amarela, aplicaram-se simultaneamente

> elementos da nascente bacteriologia com ancestrais concepções miasmáticas, resultando em um conjunto de intervenções sobre o fluxo e a pureza do ar, da água e do solo, por meio de ações genéricas de saneamento urbano, melhorias nas habitações, isolamento dos do-

---

35 Gunn (1998) aponta para a importância da peste do Recife em 1848-49 como a oportunidade de estabelecimento de uma experiência pioneira em ordenação urbana com um caráter sanitarista, promovida pelo médico Heitor de Aquino da Fonseca. As principais medidas desse novo ordenamento visavam à eliminação de focos miasmáticos.

36 Sobre esse assunto, consultar Ribeiro, (1993) e Telarolli Júnior (1996), nos quais é tratada em detalhe a estrutura institucional montada para o combate às epidemias em São Paulo.

entes e desinfecções de locais supostamente contaminados (TELAROLLI JR., 1996: 13).

Ao longo das décadas seguintes, grande parte das epidemias foi controlada ou virtualmente erradicada do Estado, ao ponto de, a partir de 1905, a saúde pública estatal se voltar ao combate de outras doenças, não epidêmicas, mas capazes de afetar a produtividade geral dos trabalhadores (TELAROLLI JR., 1996: 53).[37] Em 1918, São Paulo já havia controlado a maior parte das epidemias que constituíram o verdadeiro drama da passagem do século, quando uma nova epidemia, a da "gripe espanhola",[38] conduz a uma nova abordagem da questão sanitária:

> À medida que a escala de epidemia indicou a insuficiência do Hospital de Isolamento, foi organizado "um grande hospital provisório", com a capacidade de 1000 leitos, na Hospedaria de Imigrantes, (...) e outros hospitais provisórios, em número de 41, foram localizadas por toda a área da cidade, fornecidos com o mobiliário, utensílios, rouparia e drogas. (...) montaram-se postos de socorros, disseminados pelo centro e pelos bairros da Capital, num total de 44, inclusive os do próprio Serviço Sanitário e os da Assistência Policial (GUNN, 1998).

A partir de então, começa a ganhar força a ideia de um serviço público descentralizado de atendimento médico – e na de um serviço preventivo, educador, não mais apenas uma abordagem policialesca e repressora (TELAROLLI JR., 1996). A constatação de um razoável sucesso no controle das epidemias urbanas,

---

37 Outras doenças graves, como o tétano e a tuberculose, são ignoradas até, pelo menos, a década de 1930.

38 Outros estudos sobre a epidemia em São Paulo estão em Bertolli Filho (2003) e Bertucci (2004).

associada às mudanças de enfoque no enfrentamento das doenças e epidemias, por volta da 1ª Guerra Mundial, marcarão o fim de uma fase do sanitarismo, que é considerado por Santos (1985) como a fase urbana do sanitarismo no Brasil. Ainda que higienistas como Geraldo de Paula Souza mantivessem o interesse pelo enfrentamento das questões de saúde pública urbana,[39] os médicos progressivamente deixarão de atuar diretamente sobre as questões de ordenamento urbano, que passará à competência de engenheiros sanitários.

O "canto do cisne" da Medicina dedicada ao ordenamento territorial urbano parece corresponder à década de 1920. Segundo Santos (1985), o período posterior à 1ª Guerra Mundial representa a "descoberta dos sertões", em contraste com o sanitarismo marcadamente urbano até então predominante. Desde a década de 1910 há uma intensificação da busca por um *projeto nacional*, e o sanitarismo desse período só pode ser compreendido se referido a esse panorama (LIMA & BRITTO, 1996). Grosso modo, as propostas dos sanitaristas desse período constituíam uma crítica ao sistema político federalista (tido como fragmentário) da Primeira República.[40] Assim, uma das mais enfáticas reivindicações desse grupo dizia respeito à centralização dos serviços públicos de saúde e de educação.

O ano de 1916 parece marcar a ascensão da nova bandeira do "saneamento dos sertões". É nesse ano que o Instituto Oswaldo

---

[39] O trabalho de Campos (2001) aborda essa questão de uma forma bastante detalhada e cuidadosa, pouco havendo a ser acrescentado a ele. Mas o caminho aberto por sua pesquisa poderia ser ainda mais explorado e revela nuances de um período em que Santos (1985) considerou superado o sanitarismo urbano.

[40] Belisário Penna foi um dos grandes responsáveis pela politização da questão do saneamento dos sertões. Em 1918, publica *Saneamento do Brasil*, onde conclui que o abandono em que permaneciam as populações rurais só poderia ser revertido se fossem unificados e centralizados os serviços de saúde pública.

Cruz publica os cadernos de viagem dos médicos Artur Neiva e Belisário Penna pelo interior do país (NEIVA & PENNA, 1999 [1916]). O trabalho dos dois médicos tem a grande importância de contestar a visão de que a pobreza e a doença se explicariam pelo clima adverso do Nordeste[41] e a de permitir "às elites urbanas uma visão contundente das condições médico-sanitárias e sociais no grande sertão" (SANTOS, 1985: 7).

Um importante movimento desse grupo de higienistas é a organização da Liga Pró Saneamento.[42] Convém destacar sua proposta de construção de uma nova ordem social para o país na recuperação das "raízes" da nacionalidade e, por extensão, da "identidade nacional", pois o apoio obtido pela Liga Pró Saneamento[43] em seu curto período de existência (1918-1920) é indicativo da força das proposições por ela defendidas.[44] O projeto nacionalista da Liga estava assentado sobre uma concepção ruralista que advogava o abandono da política de urbanização em processo no país. A proposta de saneamento vinculado a um projeto de assentamento rural agrícola era acompanhada de uma defesa da atribuição de prioridade ao mercado externo apoiada na mecanização da agri-

---

41 Vide, a respeito dessa questão, o artigo de Lima & Hochman (1996)

42 Uma vasta literatura, especialmente de pesquisadores ligados ao Instituto Oswaldo Cruz, trata da Liga Pró Saneamento, assunto já bastante explorado. Vide, por exemplo, Lima & Hochman (1996), Lima & Britto (1996) e artigos publicados por esses mesmos autores no periódico *História, Ciência, Saúde: Manguinhos*.

43 A Liga obteve apoio de advogados, médicos, engenheiros, militares e políticos, incluindo o presidente Venceslau Brás. Além desses, a Liga teve oportunidade de divulgar suas propostas a associações de proprietários rurais, na Associação Cristã de Moços e nas Forças Armadas (LIMA & BRITTO, 1996).

44 Tais como o combate às endemias rurais e extermínio de mosquitos, a mudança de costumes quanto ao asseio corporal, sem falar da promoção do que chamavam "saúde moral", que incluía a firme condenação do alcoolismo, para citar apenas um exemplo.

cultura. Belisário Penna, um dos grandes ideólogos do movimento sanitarista nesta fase, era um crítico contundente da urbanização e retratava assim as cidades brasileiras:

> Nossas indústrias, salvo raras exceções, são fábricas de extenuação dos campos; de endemias urbanas (tuberculose, sífilis); do perigoso congestionamento das cidades; das enfermidades próprias da aglomeração, onde o ar está viciado, o asseio descuidado, a alimentação é deficiente ou inadequada (...); de vícios derivados de tais circunstâncias (alcoolismo, prostituição e imoralidade); e sobretudo, de uma tremenda carestia da vida de toda a população, excetuando os exploradores diretos ou indiretos de tais indústrias (Penna *apud* LIMA & BRITTO, 1996).

Após a ascensão de Getúlio Vargas ao poder, o movimento sanitarista foi progressivamente perdendo vigor. Não há consenso ainda a respeito das razões de tal enfraquecimento. Para Santos (1985), por exemplo, a criação do Ministério da Educação e Saúde Pública, em 1930, teria "burocratizado" a reforma sanitária e retirado sua principal força ideológica – a construção da *nacionalidade* (ainda que pareça difícil sustentar que a "Era Vargas" fosse menos nacionalista que o período liberal anterior). Talvez seja adequado afirmar que o movimento *padeceu de seu próprio êxito*: a "burocratização" retirou não o caráter nacionalista, mas sim o de "movimento", através do atendimento de grande parte das reivindicações.

Por outro lado, as atenções acabaram se voltando novamente para as cidades, "onde a 'militância sindical', em expansão desde os anos 1915-20, desafiava os interesses das classes empresariais. A produção de uma ideologia de controle e integração dos trabalhadores urbanos tornou-se, portanto, prioritária no projeto político de Vargas" (SANTOS, 1985: 18). A partir de então, já não é mais propriamente a *higiene* que fornece o modelo mais apropriado para a "profilaxia" das questões sociais urbanas, mas sim a eugenia.

O legado da medicina

Antes de discutir a complicada questão da eugenia, convém passar em revista, brevemente, alguns dos aspectos mais importantes, para esta pesquisa, do legado da medicina ao pensamento sobre as cidades entre o século XIX e início do XX.

A maior parte da literatura consultada associa a ascensão de uma abordagem médico-sanitária das cidades ao período da história brasileira inaugurado com a proclamação da República, em 1889. Entretanto, mostrou-se que a instituição da Medicina "científica" ou "acadêmica" no Brasil remonta ao início do século XIX – de fato, só se pode compreender a força institucional dos médicos e sanitaristas dentro de um contexto institucional já consolidado.

O grande legado desse higienismo ainda é a constituição da saúde pública como questão social e responsabilidade das políticas públicas. Porém, associada a essa visão, a literatura ressalta sempre a "medicalização do social", isto é, a redução de questões sociais (econômicas, culturais e políticas) a suas expressões físicas mais imediatas. Assim, a pobreza é menos condenável em si do que em suas manifestações: moradias "insalubres", hábitos "promíscuos" etc.

A associação entre considerações de ordem sanitária e a condenação moral dos pobres ou da pobreza (mas não das condições na qual esta é produzida e mantida) se traduz num conjunto de ações autoritárias de disciplinamento ou – quando este não é possível – segregação dessas populações "degradadas" em nome da construção de uma cidade mais salubre e saudável. Nisso consistem essencialmente as intervenções urbanísticas de cunho sanitarista da virada do século XIX para o XX: trata-se de intervenções impositivas que procuram estabelecer uma civilização "à força" no Brasil, e de impor mudanças comportamentais. O alcance dessa dominação na mentalidade (e na autoestima) dos que a ela foram sujeitados ainda não foi devidamente dimensionado. A associação pobre-sujo-imoral é ainda, lamentavelmente, mais presente do que se desejaria: "é pobre, mas é limpinho"...

A abordagem sanitarista tem grande importância na constituição do urbanismo brasileiro: pelo lado do planejamento, as recomendações de médicos sanitaristas em relação à constituição de normas técnicas para as edificações, de modo a garantir a salubridade das moradias (CAPONI, 2002), a constituição de princípios de ordenação territorial a partir dos requisitos da saúde pública, com importantes modificações de conteúdo desde os "hospitais de isolamento" até os centros de saúde descentralizados (CAMPOS, 2002); pelo lado do desenho, os projetos de urbanização e saneamento de áreas urbanas, nos quais a figura de Saturnino de Brito é proeminente (ANDRADE, 1992); na definição de princípios ordenadores da provisão de infraestrutura de saneamento básico às áreas urbanas, bem como no arcabouço institucional por ela responsável (BUENO, 1994).

Cabe perguntar-se, por fim, a que custo foram alcançadas as "notáveis conquistas" do movimento higienista: a constituição de uma rede de assistência pública à saúde, a quase erradicação de uma série de doenças que chegaram a ser consideradas "endêmicas" (típicas, *naturais*), a constituição de uma mentalidade de prevenção à doença e de educação para a aquisição de hábitos de higiene pessoal e asseio. O reverso da moeda pode ser também enumerado: a deslegitimação de hábitos, tradições e conhecimentos práticos (não sistemáticos e transmitidos oralmente) que integravam nada menos que a própria identidade cultural de grande parte dessas populações pobres,[45] a segregação socioespacial dessas populações em relação às áreas "nobres" das cidades; a reiteração de preconceitos em relação a essas populações, associadas de modo automático a vícios e criminalidade... Nesse sentido é que o higienismo brasileiro só pode ser compreendido de fato quando relacionado à ideologia que lhe fez par em seu período áureo, à qual se passa agora a atentar.

A BIOLOGIZAÇÃO DO SOCIAL: O CASO DA EUGENIA

Um aspecto relevante do pensamento médico, na década de 1920 e na seguinte, nem sempre devidamente destacado pelos estudos dedicados à atuação da Medicina na cidade, é a eugenia. Talvez porque não configure uma tentativa de organização especificamente do espaço urbano (ainda que as preocupações eugênicas só façam sentido no contexto de rápida urbanização em que são engendradas), mas sim a busca de uma "melhoria" da sociedade como um todo. Entretanto, pelas implicações da concepção de cidade em que essa atuação se baseia – e que, ao mesmo tempo, ajuda a afirmar –, esse aspecto não pode ser ignorado, especialmente por se tratar de uma ideologia que, segundo Stepan (1996), guarda profunda vinculação com o higienismo brasileiro dos anos 1920, e que acaba por superá-lo na década subsequente.

---

45 Que, no entanto, teimosamente sobrevive. Em quase toda praça movimentada na cidade de São Paulo, por exemplo, é possível obter a ajuda de *raizeiros*, vendedores de ervas e outras plantas capazes de tratar eficientemente, segundo eles, quase todo tipo de doença. Portadores e transmissores de uma longa tradição de medicina empírica e popular, os *raizeiros* resistem à desqualificação de seu conhecimento pela medicina oficial (já que têm ganhado considerável apoio por parte da chamada "medicina alternativa" – homeopatia, fitoterapia e outras) e também à persistente estigmatização como "camelôs".

O interesse considerável de parte dos médicos pela psiquiatria, criminologia e medicina legal, com relação às doenças hereditárias, aos distúrbios mentais e as malformações físicas são os aspectos mais evidentes da ideologia eugenista, a qual pode ser relacionada à criação dos manicômios públicos e dos sanatórios. Esse diálogo entre medicina e criminologia remonta ao século XIX (Duchâtelet e Gustave Le Bon, de um lado, e Founial e Tarde, de outro). Pode-se também apontar para os estudos desenvolvidos sobre o alcoolismo, a criminalidade e a "promiscuidade", e mesmo temas como a prática esportiva e a educação. O momento em que se verifica uma clara mudança de atitude do sanitarismo para com as cidades e suas populações[46] coincide quase perfeitamente com os primeiros momentos de um movimento eugênico organizado no Brasil – o que é significativo.

A ascensão da ideologia eugênica deve ser compreendida dentro de um quadro geral de afirmação do que poderia ser denominado "cientificismo" do século XIX: a adoção, nas chamadas Humanidades, de princípios tomados da Biologia é justificada por seu maior grau de objetividade (mais "científica" e menos "idealista"), num embate direto entre "filosofia" e "ciência" prenunciado desde o final do século anterior. Ganha terreno, nesse momento, o que se convencionou denominar "darwinismo social" – isto é, a transposição de princípios da "seleção natural" e da "luta pela existência" da doutrina de Charles Darwin ao domínio das investigações sociológicas, antropológicas etc.[47]

---

46 Para alguns autores já apontados, seguindo a linha de Santos (1985), o momento marca, de fato, uma superação da fase urbana do sanitarismo. Essa afirmação pode ser relativizada, já que outros estudos (CAMPOS, 2000, por exemplo) demonstram a intensa atividade de sanitaristas nas cidades – embora já se tratem predominantemente de profissionais com formação em Engenharia.

47 Uma interpretação alternativa da relação entre darwinismo e o "social" coloca o movimento em sentido inverso: Darwin teria tratado de fazer "retornar" à

Muito da repercussão e da penetração da teoria darwiniana deve ser creditada ao que talvez tenha sido o mais dedicado seguidor da obra de Darwin: Ernst Haeckel. Graças a Haeckel, o darwinismo incorporou ao seu patrimônio métodos de todos os ramos anteriores da ciência biológica, de modo que conceitos como divisão do trabalho,[48] progresso, analogia e homologia, morfologia e outros passaram a ser confundidos com o legado darwiniano. A teoria de Darwin encontrou o apogeu na Europa entre as décadas de 1870 e 1880, graças a uma geração de cientistas e pensadores que deram boa acolhida a seus postulados e estenderam a teoria a quase todas as áreas do pensamento daquele tempo. Nas ciências humanas, exerceu poderosa influência sobre concepções da História e da Sociologia e marcou presença em numerosos debates políticos em torno da questão da democracia social.[49] Tal influência deve ser considerada com maior detalhe, e tal discussão é o que se buscará a seguir.

O triunfo do darwinismo, entretanto, deve ser ressalvado pela constatação de que Darwin não teve de imediato a mesma acolhida em todo lugar. Na França, por exemplo, a tradição da anatomia comparativa e da embriologia deu pouco espaço para a discussão

---

concepção de natureza um princípio oriundo da organização social (a "luta pela sobrevivência"). Pode-se admitir essa interpretação, mas ela deixa escapar o conteúdo declarado das doutrinas sociais baseadas no darwinismo: a de que a sociedade segue (ou deveria seguir) as "leis da natureza", não o inverso.

48 Em 1851, o termo apareceu na obra de Milne Edwards, o qual postulava que, seguindo a lei geral da *economia de meios*, os animais se aperfeiçoavam através da progressiva "divisão do trabalho" de seus organismos. Em 1893, o mesmo termo aparece no título da obra fundamental de Émile Durkheim, *Sobre a divisão do trabalho social*.

49 Sobre o assunto, vide Radl (1988: 166-170). Embora o próprio Darwin tenha tentado aplicar a teoria da seleção natural ao ser humano, em seu livro *The descent of man*, talvez o mais célebre defensor de tal aplicação seja o filósofo Herbert Spencer, a quem se atribui a formulação teórica do *darwinismo social*.

de ideias como a "luta pela sobrevivência", "seleção natural" e outros. Mesmo a questão evolucionista parecia ter em Lamarck uma formulação mais aceita.[50] Nesse país, apenas muito mais tarde o darwinismo conseguiu maior aceitação.

Darwinismo social e as teorias raciais do século XIX

O pensamento racial se desenvolve no século XVIII, com duas interpretações distintas e antagônicas dos povos "primitivos" descobertos na América, África e Ásia. De um lado, uma concepção defendia a ideia de uma humanidade única, em caminhos e estágios evolutivos diversos. Essa concepção, de acordo com Schwarcz (1993), fora formulada pelos filósofos humanistas do Iluminismo, para quem os seres humanos são definidos por sua "perfectibilidade", a capacidade de se aprimorarem e, ao mesmo tempo, a origem das *desigualdades* entre os homens. Em contraste, outra concepção que se desenvolveu a partir da segunda metade do século XVIII apontava os diversos grupos humanos como portadores de *diferenças* fundamentais. A partir de Buffon, é introduzida uma noção de hierarquia entre os homens, com o continente americano passando a ser representado do ponto de vista da carência; com De Pauw, é introduzida a ideia dos povos primitivos como "degenerados".

Essas diferentes concepções traduziram-se, no século XIX, em duas ideias distintas acerca da origem do homem: a ideia

---

50 A influência das doutrinas lamarckianas é frequentemente questionada na biologia. Em arquitetura, porém, Lewis Mumford notou que o lema basilar do funcionalismo modernista ("form follows function") foi formulado pela primeira vez pelo escultor norte-americano Horatio Greenough, que, estudando anatomia ainda em meados do século XIX, adotou para seu ofício a teoria de Lamarck de que novos órgãos se desenvolvem no corpo animal em resposta a novas necessidades. Vide, a respeito, Gunn (1999); Mumford (1952); e também Collins (1973).

monogenista (a humanidade era uma, pensada como uma gradação) e a *poligenista* (vários centros de criação correspondentes às diversas raças).[51] O poligenismo, além disso, ao insistir na ideia de que as raças humanas constituíam diferentes espécies não redutíveis a uma única humanidade, também acabava pregando uma noção de imutabilidade humana. Uma concepção poligenista formulada nos EUA nas décadas de 1840/50 baseava seu argumento da inferioridade das raças negra e indígena nas diferenças físicas em relação à branca. Havia outra interpretação, que Skidmore denomina "escola histórica", e que tinha como expoente o historiador britânico Henry Thomas Buckle. Essa escola via a história como uma sucessão de triunfos de raças criadoras, culminando na anglo-saxônica.[52]

A prevalência do poligenismo a partir de meados do século permitiu o fortalecimento de uma interpretação determinista do comportamento humano, progressivamente entendido como o resultado de leis biológicas e naturais.[53] Duas vertentes funda-

---

51 A noção de "raça" aparece no início do século XIX, com Georges Cuvier. Através dela rompe-se com o igualitarismo iluminista e se introduz a ideia de grupos humanos portadores de heranças físicas permanentemente distintas. Skidmore (1976: 44) aponta essa formulação como um raciocínio "segundo o qual os europeus do Norte tinham atingido poder econômico e político devido à hereditariedade e ao meio físico favoráveis. Em resumo, os europeus do norte eram raças 'superiores' e gozavam do clima 'ideal'".

52 Nessa escola enquadra-se, posteriormente, o ideal do *arianismo*, proposto por Houston Steward Chamberlain e que, segundo Skidmore (1976: 67-8), tornou-se "virtualmente um dogma na Alemanha depois da guerra franco-prussiana". Segundo o arianismo, a superioridade da raça branca e de sua civilização a fadava deterministicamente, "pela natureza e pela História, a ganhar o crescente controle do mundo".

53 Schwarcz (1993) afirma que essa concepção foi ainda fortalecida pelo surgimento da *frenologia* e da *antropometria*, além da *craniologia técnica* e a *antropologia criminal* de Cesare Lombroso, que teriam influência decisiva no desenvolvimento da psiquiatria.

mentais do determinismo podem ser apontadas: uma forma de *determinismo geográfico*[54] advogava o condicionamento do desenvolvimento cultural de uma nação ao meio – especialmente o clima.[55] Um dos principais autores dessa vertente é Buckle, que expôs sua teoria determinista na obra *História da Civilização na Inglaterra*, obra de grande repercussão entre a elite brasileira.[56] A outra vertente foi justamente aquela de conteúdo estritamente racial – que se tornou conhecida por "darwinismo social", ou "teoria das raças". Segundo essa concepção,

> as raças constituiriam fenômenos finais, resultados imutáveis, sendo todo cruzamento, por princípio, entendido como erro. As decorrências lógicas desse tipo de postulado eram duas: enaltecer a existência de "tipos puros" (...) e compreender a mestiçagem como sinônimo de degeneração não só racial como social (SCHWARCZ, 1993: 58).

---

54 As origens do "determinismo geográfico" podem ser localizadas ainda em Hipócrates (século V a.C.) e sua obra *Dos ares, das águas e dos lugares*; outro precursor, já na época iluminista, é Montesquieu, que afirma, em *Do espírito das leis* (1748), o clima como fator determinante do caráter do povo. A geografia alemã, principalmente com Ratzel, traz também grande impulso à ideia do determinismo geográfico, frequentemente contraposto ao *possibilismo* de autores da geografia francesa como Vidal de la Blache, que destacam a ação humana sobre o meio físico.

55 Conforme apontado anteriormente, o determinismo climático, juntamente com a teoria miasmática da doença, explicaria também a suscetibilidade "natural" da população brasileira às epidemias – o que foi usado posteriormente como explicação para o "atraso" da civilização brasileira.

56 Skidmore (1976: 44) mostra que nessa obra de Buckle é apresentada, inclusive, uma análise das condições naturais do Brasil "sem nunca ter visitado o país e sem dispor de um estudo genuinamente científico como evidência", que o levam a concluir pela natural inferioridade da civilização brasileira.

Segundo Schwarcz, os teóricos do darwinismo social adotavam três proposições básicas: a realidade e diferença das raças, levando à condenação da miscigenação; a continuidade entre caracteres físicos e morais (que, conforme já exposto, tem profundas implicações para a análise da habitação popular); uma ideia de que os caracteres raciais eram preponderantes no comportamento humano, numa oposição à ideia de livre arbítrio do indivíduo.[57] A nova respeitabilidade do racismo aparecerá num conjunto de autores poligenistas que fazem essa transposição do darwinismo social estrito para teorias da diferença[58] entre as raças. Para Renan, existiriam três grandes raças – branca, negra e amarela –, sendo que os negros, amarelos e mestiços seriam povos inferiores, incivilizáveis e imperfectíveis. Le Bon afirmou a determinação do comportamento individual pelo grupo, e disseminou o termo "raça", em lugar de "espécie". Taine ampliou o sentido de "raça", equivalendo-o ao de "nação". Por último, o conde Gobineau introduziu a noção de "degeneração da raça" provocada pela miscigenação.[59]

---

57 De fato, em documentos da época a que se teve acesso, é frequente a alusão de que o livre arbítrio seria uma ideia superada, ou uma mistificação, corroborando as observações de Schwarcz nesse sentido.

58 Vale destacar aqui a distinção que se cristaliza, nessa época, entre os termos *desigualdade* e *diferença*. Segundo Schwarcz (1993: 61-2), "a noção de desigualdade implicaria a continuidade da concepção humanista de uma unidade humana indivisível, marcada por dissimilitudes acidentais e contingentes. (...) Já o conceito de diferença levaria à sugestão de que existiriam espécies humanas ontologicamente diversas, as quais não compartilhariam de uma única linha de desenvolvimento".

59 Esta época corresponde ao período de formulação de diversos desses conceitos, no contexto de definição das ciências humanas e sociais, como a sociologia, etnologia, antropologia e outras. Assim, deve-se citar também no debate as proposições que estabelecem uma distinção entre *raça* e *etnia* (Fouilée), entre povo e nação, entre outras. No positivismo de Taine, por exemplo, os três fatores determinantes – meio ambiente, raça e momento histórico – eram utilizados para explicação da trajetória de um "povo".

Galton e a eugenia

O termo *eugenia* ("boa geração") foi cunhado pelo antropometrista e biômetra Francis Galton, em 1883, no livro *Inquires into human faculty*, ainda que sua conceituação seja datada de seu livro de 1869, *Hereditary genius*. Segundo a definição dada em 1909 pelo próprio Galton, a eugenia é a "ciência que lida com todas as influências que melhoram as qualidades natas de uma raça; também aquelas que as desenvolvem à máxima vantagem" (GALTON, 1909: 35). Seus objetivos podem ser assim descritos: "representar cada classe ou setor por seus melhores espécimes; isto feito, deixá-los para descobrir sua civilização comum em seus próprios meios" (GALTON, 1909: 36-7); ou ainda, "reunir tantas influências quantas possam ser razoavelmente empregadas, para fazer com que as classes úteis na comunidade possam contribuir mais do que sua proporção para a geração seguinte" (GALTON, 1909: 38).

Essas definições bastam para compreender a afirmação de Hannah Arendt, segundo a qual a eugenia havia se originado "como promessa para se 'vencer as incômodas incertezas da doutrina da sobrevivência, segundo a qual era tão impossível prever quem viria a ser o mais apto quanto proporcionar a uma nação os meios de desenvolver aptidão interna'" (*apud* REIS, 2000). Deve-se observar que o desenvolvimento da eugenia é tributário de uma concepção de hereditariedade anterior à genética mendeliana.[60] Até

---

60 O artigo original de Gregor Mendel (1822-1884) sobre hereditariedade foi publicado pela primeira vez em 1866. Trabalhando com ervilhas plantadas em um jardim, Mendel demonstrou que cada pai teria dois fatores (o que posteriormente foi denominado gene) para cada característica e que o material hereditário era transmitido intacto dos pais para a prole. Estabeleceu que certos fatores só se expressariam se um mesmo fator fosse herdado de ambos os pais (ao que Mendel chamou de fatores recessivos), ao passo que os demais poderiam se expressar se apenas um fator estivesse presente (fatores dominantes). Segundo Castañeda (1998: 29), os historiadores ainda

então, acreditava-se que as características herdadas biologicamente fossem uma mistura equânime entre os caracteres dos dois progenitores e que a diferenciação entre espécies se dava através de variações aleatórias dos caracteres, de acordo com o conceito darwiniano. A soma desses fatores à ideia de "seleção natural" parecia confirmar a ideia de "degeneração", já que as variações "úteis" não se sustentariam naturalmente.

Não sendo possível contar apenas com a seleção natural, justificou-se a necessidade de uma intervenção sistemática pelo homem. Tratava-se de uma luta constante contra a tendência *natural* à degeneração das características úteis (*dos* seres humanos ou *aos* seres humanos) – luta essa que se traduziu na tentativa de salvaguardar o máximo do "bom estoque" e tentar limitar o quanto possível a transmissão de caracteres indesejáveis às gerações seguintes. Convicto de que o estudo da hereditariedade proporcionaria técnicas para a melhoria da humanidade, Galton concluiu que homens e mulheres, da mesma forma como é feito com animais e plantas, deveriam cruzar-se buscando a melhoria constante das raças.

No livro *Inquiries into human faculty and its development*, Galton desenvolveu sistematicamente sua teoria eugênica. Acreditava que suas ideias sobre hereditariedade mental produziriam uma reforma política e religiosa na sociedade, contemplando o controle de casamentos e de fertilidade – para ele, o aprimoramento das raças humanas se daria exclusivamente mediante cruzamentos selecionados, o meio não poderia influenciar as inclinações hereditárias.

Em 1909, Galton publica seu livro *Essays on Eugenics*, coletânea de um conjunto de artigos, palestras e conferências sobre o tema

---

discutem por que os contemporâneos de Mendel não se impressionaram com suas ideias. Mesmo "quando seu trabalho foi redescoberto em 1900, as reações foram diversas (...). Os biômetras não acreditavam na relevância dessas leis para o estudo da hereditariedade humana".

da eugenia. Em um desses artigos,[61] Galton parte de uma proposição estatística para fundamentar sua argumentação de que a distribuição de "talentos" em uma dada população obedece a certas leis estatísticas.[62] A partir da adoção da premissa de que "os cérebros de nossa nação encontram-se nas mais altas de nossas classes" (GALTON, 1909: 11), Galton tenta estimar o valor das crianças nascidas de acordo com a classe à qual estão destinadas no futuro "contabilizando" dois eventos – o custo para mantê-la na infância e velhice e seus ganhos como jovem e adulto. Conclui pela "economia de esforço" ao se concentrar a atenção sobre as classes mais altas para buscar o aprimoramento da raça, de onde deriva a recomendação de que os esforços (inclusive investimentos monetários) deveriam priorizar e promover casamentos entre semelhantes.

Suas sugestões para promover o aumento do "melhor estoque" incluem concessão de incentivos monetários para antecipar casamentos desejáveis e fornecer condições para uma "vida simples" em uma casa saudável.[63] A concessão de emprego rural com uma boa moradia também pode ser, portanto, um recurso eugênico, já que a seleção necessária de quem será agraciado implica a escolha dos "melhores candidatos". Outra forma de promover

---

61 "The possible improvement of the human breed, under the existing conditions of law and sentiment" (GALTON, 1909: 1-34).

62 É fundamental observar a estreita ligação entre as teorias eugênicas e as ferramentas estatísticas. Um dos principais seguidores de Galton, o professor da University College London Karl Pearson, é ainda hoje considerado um dos nomes mais importantes para a sistematização da estatística moderna. O vínculo é especialmente destacado pelo próprio Galton em outro de seus artigos publicados em 1909: "Probability, the foundation of eugenics" (GALTON, 1909: 72-99).

63 É interessante destacar a ênfase de Galton no perigo para a civilização da urbanização acelerada: "aqueles que vêm para as cidades podem produzir grandes famílias, mas há muita razão em acreditar que essas diminuem nas gerações seguintes. Em resumo, *as cidades esterilizam o vigor rural*" (GALTON, 1909: 27, grifo nosso).

os indivíduos de mais alto potencial seria a provisão de moradia adequada e com aluguéis baixos aos casais "promissores". Isso significa claramente que se abandone a ideia de investimento em habitações populares, por exemplo, que se constituiriam um esforço pouco lucrativo para a melhoria da raça.

"Cacóplatos", "escória social"... a eugenia no Brasil

Segundo Couto (1994), a vinda da Família Real portuguesa ao Brasil em 1808 e o resultante impulso de urbanização trouxeram como importante consequência a discussão racial no Brasil, já que as teorias racistas europeias condenavam com veemência a miscigenação, traço consolidado da população brasileira.[64]

A questão se torna ainda mais importante quando da abolição da escravatura. Embora ela não tenha promovido a transformação econômica e social esperada pelos abolicionistas, levantou a questão da inserção social dos escravos recém-libertos. Após a abolição,

> Milhares de escravos deixaram às tontas as fazendas, e mergulharam como grileiros numa agricultura de subsistência onde quer que pudessem encontrar terras (...). Outros muitos migraram para as cidades (...). Alguns, como se presumira, incorporaram-se a bandos

---

64 Para uma detalhada análise das origens e do caráter da sociedade multirracial brasileira, vide Skidmore (1976: 54-65). Desde o período colonial, o *mulato* foi sempre capaz de galgar degraus na escala social. A presença na sociedade brasileira obrigou a elite a uma reinterpretação das teorias racistas europeias para adaptação à realidade local, embora as premissas racistas dessa "democracia racial" tenham sempre se mantido: o branco "caucasiano" era naturalmente o topo da hierarquia social, e a ascensão do mulato dependia em boa parte de seu aspecto físico – quanto menos "negroide", maior a possibilidade de mobilidade social – e de sua "brancura" cultural – educação, boas maneiras, riqueza.

> de marginais urbanos (...). A atitude do público era influenciada mais pela dramatização do processo abolicionista do que pelo número de escravos alforriados que abandonavam o campo. Em consequência: a força policial foi aumentada, e os grupos de capoeira tornaram-se alvo de penas repressivas do novo Código Penal de 1890 (...). Tais violências reforçavam a imagem do negro como um elemento atrasado e anti-social, dando assim à elite novo incentivo para trabalhar por um Brasil mais branco (SKIDMORE, 1976: 63-4).

O problema era agravado pela escassez de oportunidades de trabalho não especializado nessas cidades:

> (...) os brasileiros de classe baixa, que abrangiam a vasta maioria dos escuros, tinham mil dificuldades em subir social e economicamente. O fracasso dessa escalada confirmava a concepção sobre o que a elite tinha deles – de peso morto para o desenvolvimento nacional (SKIDMORE, 1976: 64).

A resposta dessa elite, que na opinião de Skidmore é uma solução peculiar ao Brasil, é a formulação de um ideal de "branqueamento". O otimismo da ideologia do branqueamento repousava sobre a afirmação de que a miscigenação não produzia necessariamente degenerados, mas uma população sadia capaz de se tornar gradativamente branca. Àquelas suposições somava-se a crença de que a população negra diminuiria progressivamente (seja por uma natalidade mais baixa, maior incidência de doenças, seja por desorganização social), e a de que a miscigenação produziria *naturalmente* uma população mais clara. Essa justificativa "científica" foi que permitiu, com o advento da República, a abertura dos cargos oficiais a "todos os talentos", permitindo a muitos "mulatos capazes" o acesso a altos cargos políticos e administrativos (SKIDMORE, 1976: 82).

A ideologia do branqueamento, contudo, foi contestada por um dos pioneiros do pensamento racial no Brasil. Para Nina Rodrigues, o máximo que a miscigenação conseguiria promover seria o retardamento da degeneração da raça. Muito ligado à doutrina do determinismo climático, Nina Rodrigues manifestava preocupação quanto à ameaça que a diversidade étnica e racial pudesse representar à unidade territorial brasileira, pela cisão entre um Sul branco e um Norte negro/mestiço. Isso porque, para ele, era patente a inadequabilidade da raça branca para o clima do Norte e Nordeste do país, e do negro para o do Sul e Sudeste:

> (...) a possibilidade de oposição futura, que já se deixa entrever, entre uma nação branca, forte e poderosa, provavelmente de origem teutônica, que se está constituindo nos estados do Sul, donde o clima e a civilização eliminarão a raça negra ou a submeterão, de um lado; e, de outro lado, os estados do Norte, mestiços, vegetando na turbulência estéril de uma inteligência viva e pronta, mas associada à mais decidida inércia e indolência, ao desânimo e por vezes à subserviência, e, assim, ameaçados de se converterem em pasto submisso de todas as explorações de régulos e pequenos ditadores (RODRIGUES, 1977: 8-9).

Quando, nas primeiras décadas do século XX, a questão da identidade nacional veio à tona, novos intelectuais passaram a questionar o determinismo geográfico e biológico como explicação para os problemas nacionais. Entretanto, a ideologia do branqueamento se consolidou ao invés de arrefecer. Uma crise política, que levaria à ascensão de Vargas em 1930, transformações econômicas e sociais, além do desenvolvimento da ciência (especialmente da medicina) brasileira, somaram-se para criar o ambiente no qual surgiu e ganhou espaço no Brasil a eugenia. Mais do que isso, criou as condições de uma peculiar associação entre as práticas e ideais eugênicos e higiênicos.

> O discurso eugenista (...) foi se consolidando nos primeiros anos da República, através de seu caráter progressista, que estava de acordo com a influência positivista da própria Proclamação da República. A Eugenia se tornou um amálgama ideológico num espaço de conflito, contextualizado pelo fracionamento dos interesses econômicos entre setores agrários alijados do poder pela burguesia cafeeira e de recém-surgidos industriais, além de uma classe média multifacetada e de reivindicações operárias constantes (COUTO, 1994: 18-9).

O pioneirismo da eugenia no Brasil foi reivindicado pelo médico baiano Alfredo Ferreira de Magalhães, primeiro brasileiro a se associar a uma Sociedade Eugênica (na França, em 1913). A primeira tese brasileira dedicada ao tema "eugenia" data do ano seguinte e é de autoria de Alexandre Tepedino. O Brasil foi o primeiro país sul-americano a ter um movimento eugenista organizado, a partir da criação da Sociedade Eugênica de São Paulo (1918). Organizada por Renato Kehl, a Sociedade promoveu quatro reuniões na Santa Casa de Misericórdia, cujas conferências foram compiladas no ano seguinte nos *Annaes de Eugenia*.[65] Durante a década de 1920, uma série de instituições ligadas ao pensamento

---

65 A fundação da Sociedade Eugênica de São Paulo, em 1918, foi responsável pelos primeiros trabalhos sistematizados em eugenia no Brasil. Inicialmente, a maioria dos membros da sociedade era composta de médicos, e seus interesses iam da saúde pública e saneamento à legalização de exames pré-nupciais para prevenção e controle de casamentos e doenças venéreas, bem como a campanhas antialcoólicas.

eugênico foi fundada no Brasil, tais como: a Liga Brasileira de Higiene Mental (1923), criada por Gustavo Riedel, e a Liga Paulista de Higiene Mental (1926), criada por Pacheco e Silva.

A união entre os princípios eugênicos e higiênicos foi, na opinião de Nancy Leys Stepan (1996), característica do movimento eugenista brasileiro,[66] ao menos na década de 1920. Entre ambos, o denominador comum do princípio de *sanidade*, permitindo à Medicina ampla participação na sociedade. Parte do sucesso do eugenismo nesse período parece se dever à sua formulação suprapolítica, podendo ser utilizada por quaisquer tendências políticas, e declarando-se acima dos conflitos sociais e ideológicos. Na realidade, "a Eugenia oferecia mecanismos de contenção dos conflitos sociais provenientes das reivindicações trabalhistas e justificavam o fortalecimento do Estado" (COUTO, 1994: 24). Assim, a luta pelo saneamento, com o apoio das práticas eugenistas, buscava resguardar – ou resgatar – a força de trabalho.

Na década de 1920, a eugenia ocupa ainda, segundo Rita Couto, um lugar central no discurso psiquiátrico brasileiro, apresentando-se em defesa da saúde física e moral dos trabalhadores brasileiros. O movimento de higiene mental é uma extensão e um desdobramento das questões eugênicas e, atuando ao lado da psiquiatria, "ratificava parâmetros disciplinares, os quais deveriam garantir a formação de uma população sadia, sem conflitos" (COUTO, 1999: 10). A higiene mental, assim como a saúde pública, extrapola os limites estritos de sua disciplina e passa a cuidar da sociedade como um todo, buscando a organização de uma vida *sadia*.

A atuação da higiene mental incidia principalmente sobre o controle da família. Ganhou força a crença de que fatores externos

---

66 Segundo Couto (1999: 14), os *Annaes de Eugenia* registram essa relação em afirmações de dois dos vice-presidentes da instituição, o dr. Olegário Moura e o dr. Rubião Meira.

como doenças e o alcoolismo contribuíam para a degeneração da raça. Não se trata, pois, apenas de localizar e segregar os desajustados, mas sim de realizar a profilaxia do mal, através de medidas que o previnam: combate ao alcoolismo e à sífilis dos procriadores; interdição da união de indivíduos "tarados"; segregação e esterilização dos degenerados. Ao longo da década de 1930, essas medidas ganharão feição crescentemente radical, à medida que os objetivos passam a ser a defesa social e racial. Para isso, a eugenia passa a contar com apoio cada vez maior do Estado, que determina, em 1927, exclusividade de definição da loucura pela psiquiatria, e cria, em 1930, o Departamento de Assistência Geral aos Psicopatas, órgão responsável pela definição das políticas públicas de saúde mental cujo primeiro diretor foi Antonio Carlos Pacheco e Silva.

Percebe-se ainda a busca da "regeneração da raça" como tentativa de aumentar a produtividade do trabalhador, especialmente rural.[67] O "saneamento dos sertões" e a transformação do indolente – e doente – sertanejo em um trabalhador produtivo passa a ser defendido como condição *sine qua non* do progresso brasileiro.[68]

---

67 Belisário Penna defende uma política voltada para o interior, baseada na mão de obra já disponível, como a forma de engrandecer o país (PENNA, 1918:18). O combate à "degeneração" provocada pela doença e pelo alcoolismo permitiria ao brasileiro uma produtividade comparável à de qualquer outro país do mundo. Nesse sentido, a intervenção sanitarista é colocada como uma solução em função da impossibilidade de poder contar com mão de obra imigrante e, ao mesmo tempo, contribuiria para tornar o país atrativo aos imigrantes de fato desejáveis – os brancos europeus: "Apenas os sírios e turcos, em grande número, procuram espontaneamente o Brasil. (...). E por que não nos procuram os povos cultos da Europa, que todos eles povoaram a América do Norte, e fizeram a sua riqueza e a sua grandeza? (...) Porque lá, não só o clima, mas a ação eficaz, efetiva e capaz dos poderes públicos garante-lhes a saúde e a vida, e portanto o resultado do seu esforço e do seu trabalho" (PENNA, 1918: 159-60).

68 Penna (1918), Lima & Hochman (1996).

As campanhas pelo saneamento, que culminaram com a criação da Liga Pró Saneamento, conforme já verificado, tinham à frente a figura de Belisário Penna – um dos membros efetivos da Comissão Central Brasileira de Eugenia[69] – e o apoio de autoridades como Afrânio Peixoto (catedrático de Higiene da Faculdade de Medicina do Rio). Artigos em defesa do saneamento do território brasileiro foram também publicados pela Sociedade Eugênica de São Paulo (SKIDMORE, 1976: 203).

Qualificada como ciência, a eugenia se ocupou inicialmente das medidas preventivas, junto à população, com relação à sífilis, à tuberculose e ao alcoolismo: além de serem considerados fatores degenerativos da raça, contribuiriam com a miséria e a loucura da população. Embora a sífilis predominasse entre os casos de internações psiquiátricas, priorizou-se o combate ao consumo de álcool, o que sugere que a ênfase no alcoolismo tem maior relação com a questão da produtividade do trabalhador do que exatamente com a saúde do indivíduo. Uma breve análise do livro de Penna é conveniente neste ponto, pela importância que adquiriu como fundamento de posições entre os eugenistas – inclusive de Renato Kehl – e porque nela estão sintetizadas as mais importantes questões que o encorajaram a assumir lugar entre os defensores do eugenismo brasileiro.

---

69 Outros membros, além de Penna e do fundador Renato Kehl, são Gustavo Lessa, Porto Carrero, Cunha Lopes, S. de Toledo Piza Jr., Octavio Domingues, Achiles Lisboa e Caetano Coutinho (KEHL, 1937: 92-3). Todos esses membros efetivos se enquadram na qualificação de "eugenista" ou "higienista", quando não ambos. A relação é interessante por indicar algumas instituições que, na época, podem ter apoiado, ou mesmo contribuído para o movimento, como o Departamento Nacional de Saúde Pública, a Colônia de Psicopatas, a Universidade do Rio de Janeiro, a Assistência Nacional de Alienados, a Escola Superior de Agricultura de Piracicaba (atual ESALQ) e o Jardim Botânico do Rio de Janeiro.

Em numerosas passagens, refere-se à degeneração provocada pelas doenças e pelos vícios, ou da regeneração e melhoria da *raça* através das medidas preventivas e profiláticas. O consumo da *cachaça*, retratada como um dos principais fatores de degeneração, é um problema tão grave que Penna baseia na tributação da produção de aguardente sua proposta de uma "Taxa de Saúde" capaz de custear a implantação de suas propostas higienistas. Penna afirma que o tributo incidirá sobre produtores e comerciantes de *quaisquer bebidas alcoólicas*, mas é evidente que o problema real para ele é o consumo da *cachaça* – não vinho ou uísque. Nesse ponto, Penna aborda uma questão que, fosse mais bem explorada, apontaria com maior clareza conflitos ocultos pela mera questão da *cachaça*:

> O fazendeiro, em geral, ou seu preposto, percorre diariamente as cocheiras e verifica se estão limpas, se a ração do milho ou da alfafa foi dada a tempo e a hora (...) sob imprecações aos encarregados desses serviços, chamando-os de relapsos, malandros, cachaceiros e preguiçosos (...). *Nunca indaga dos infelizes como e onde dormem, o que comem, como vivem a mulher e os filhos.* (...) Ao contrário, monta na fazenda um armazém para explorar o pobre diabo, fornecendo-lhe gêneros alimentícios, em geral o refugo do comércio, e artigos grosseiros de vestuário, por preços inomináveis, com 60 a 80% acima do custo, e cachaça à vontade, *até que o desgraçado se escraviza por uma dívida*, que nunca mais consegue saldar com o minguado salário, e foge da noite para o dia, indo empregar-se em outra fazenda, onde recomeça o martírio (PENNA, 1918: 156, grifos nossos).

As principais causas do crescimento das doenças na avaliação do higienista são: abolição abrupta da escravidão, rápida extensão da rede ferroviária (levando ao "sertão" uma ocupação desordenada e trazendo das cidades a "escória social" e os vícios – álcool e sífilis, principalmente) e desconhecimento dos assuntos da higiene prática e da medicina, um problema para o qual os esforços de Oswaldo Cruz e seus companheiros de Manguinhos estariam contribuindo para superar. Com relação ao primeiro dos problemas, o argumento de Penna é que a abolição veio desestabilizar uma sociedade organizada, estável e produtiva:

> Foram centenas de milhares de indivíduos ignorantes e broncos que, libertos do jugo, nem sempre humano, dos senhores, se espalharam em todas as direções, afundando-se legiões deles nas matas e nos sertões, às margens de rios e riachões, *entregues sem peias ao álcool e às orgias, sem a mais ligeira noção de higiene, animalizando-se, voltando quase ao estado selvagem dos seus antepassados*, na ânsia natural do uso pleno da liberdade, cujas delícias não podiam eles compreender que só se pode desfrutar pelo trabalho, pelo esforço metódico, pela cultura do espírito e pela saúde (PENNA, 1918: 15, grifos nossos).

Com o avanço das ferrovias para o interior, através de obras que pouco consideraram as práticas da higiene, além de se criarem condições favoráveis à proliferação dos vetores dessas doenças, provocaram problemas ainda mais graves: a exposição de uma população rural aos "vícios" da cidade, que atingiam o campo com a facilidade da ferrovia; a promessa de riqueza nas novas terras conquistadas, que dirigia grande contingente do campo e das cidades para os *sertões*, expondo um número crescente de pessoas ao contágio.

Outro nome central do movimento eugenista brasileiro, o ativista, médico e farmacêutico de formação Renato Ferraz Kehl, participou ativamente, entre 1917 e 1937, da propaganda em prol do movimento, publicando mais de duas dezenas de livros diretamente relacionados à eugenia, bancando folhetos, proferindo conferências e participando de debates, muitos deles publicados em revistas médicas. Seu engajamento o levou também à filiação a outras sociedades científicas de eugenia (mexicana, francesa e inglesa), mas foi junto à Liga Brasileira de Higiene Mental (LBHM)[70] que ele desenvolveu boa parte de seus trabalhos. Kehl sintetiza em sua obra algumas das mudanças por que o movimento passa da década de 1920 para a de 1930. No primeiro momento, a eugenia estará caracteristicamente vinculada ao higienismo mas, ao longo da década de 1930, sua expansão tende a tornar seu discurso mais heterogêneo. As posições de Kehl assumem então um caráter cada vez mais radical.

Em sua primeira conferência sobre eugenia, proferida na Associação Cristã de Moços (ACM) de São Paulo em 13 de abril de 1917, estabelece definições fundamentais que pautarão o movimento eugenista brasileiro, como a relação entre higiene e eugenia

---

70 Fundada por iniciativa de Gustavo Riedel em janeiro de 1923, a LBHM reunia a elite da psiquiatria nacional, além de médicos, educadores, juristas, intelectuais em geral, e mesmo alguns empresários e políticos brasileiros. Seus trabalhos, a exemplo da sociedade eugênica, eram divulgados primordialmente numa revista própria, os *Archivos Brasileiros de Higiene Mental*, em circulação desde 1925. Ao longo de sua existência, "(...) a LBHM montou laboratórios de psicologia aplicada, ambulatórios de psiquiatria e consultório gratuito de psicanálise; aplicou testes psicológicos em alunos de escolas públicas e em operários de fábricas, organizou diversas campanhas antialcoólicas e estabeleceu contratos de assistência psiquiátrica com a prefeitura do Rio de Janeiro. Os principais objetivos dessa entidade foram a prevenção de doenças mentais mediante higiene em geral e higiene do sistema nervoso em particular; proteção e amparo no meio social aos egressos de manicômios e aos doentes mentais passíveis de internação; aperfeiçoamento dos meios de tratamento desses doentes e programa de higiene mental e eugenia no domínio das atividades individual, escolar, profissional e social" (CASTAÑEDA, 1998: 37-8).

(KEHL, 1923: 33) e a hereditariedade como base da eugenia, de onde conclui pela necessidade de "combater os fatores disgênicos: álcool, sífilis, tuberculose, etc., isto é, fazer profilaxia, das causas da degeneração" (KEHL, 1923: 40). Depois, uma série de artigos durante a década de 1920 buscará defender a necessidade de divulgar os conhecimentos e as práticas da higiene, ao mesmo tempo que recomendará a prevenção de práticas "disgênicas" (como os vícios). Recorrerá com frequência ao relatório da expedição de Belisário Penna e Arthur Neiva, corroborando a visão de que a degeneração do brasileiro se deve à sua doença, ao analfabetismo e à miséria. Em outros tantos artigos, analisará uma série de "hábitos condenáveis" e apresentará conselhos às mães sobre práticas eugênicas em âmbito familiar.

A súmula de seu pensamento eugênico, contudo, está no seu livro comemorativo de vinte anos de campanha eugênica – *Por que sou eugenista* (KEHL, 1937), no qual também se evidencia a nítida radicalização de algumas posições. Algumas posições polêmicas são defendidas nesse livro, como a esterilização compulsória de "certos alienados e criminosos" (KEHL, 1937: 81), a prática da filantropia "no sentido eugênico de amparar os elementos produtivos e, sobretudo, os tipos superiores da coletividade, quer se dediquem a trabalhos manuais quer aos intelectuais" (KEHL, 1937: 76), e uma opinião claramente anti-humanista,[71] ao afirmar que:

> Ao fim de vinte séculos de doutrinas metafísicas para melhoramento do homem, ainda se repetem as guerras, as lutas de conquistas, as barbaridades, os assassínios, as desarmonias sangrentas entre indivíduos e povos. A verdadeira causa da degeneração individual

---

71 Segundo Schwarcz (1993), a eugenia é originária de um tronco das ciências biológicas que frontalmente se opuseram ao humanismo iluminista do século XVIII.

e coletiva ainda não foi exposta com clareza e francamente. A decadência do homem, indivíduo, como dos povos, reside, sempre, em última análise, como disse Siemens, "na falta de seleção natural; esta desloca todas as outras para planos secundários" (KEHL, 1937: 38-9).

O eugenista apresenta ainda sua posição perante alguns problemas *biossociais*, que incluem as doenças (sífilis, tuberculose), questões propriamente sociais (divórcio, guerra, imigração)[72] e as práticas eugenistas (controle de natalidade, a "filantropia seletiva", exame pré-nupcial etc.). A abordagem *biossocial*, de fato, é a chave para a compreensão das propostas e da atuação de Renato Kehl ao final dos anos 1930:

> Não há solução para os males sociais fora das leis da biologia, Não há política racional, independente dos princípios biológicos, capaz de trazer paz e felicidade aos povos. Eis por que a política, por excelência, é a política biológica, a política com base na eugenia (KEHL, 1937: 13).

Após a Segunda Guerra Mundial, continua publicando livros, voltando-se aos estudos de medicina legal e criminologia, mas acaba encerrando a carreira já em 1947 (COUTO, 1999).

---

72 A atuação dos eugenistas com relação à política imigratória só poderá ser compreendida se relacionada à questão da ideologia do "branqueamento" da população brasileira (SKIDMORE, 1976). As restrições à entrada de imigrantes no Brasil – justificadas pelos problemas que causaria à eugenização e branqueamento da população brasileira (especialmente no caso de negros e asiáticos) e, por outro lado, pela possibilidade de introdução de novas doenças, estranhas ao nosso ambiente – foram fortemente defendidas por Antonio Carlos Pacheco e Silva e por Renato Kehl, o primeiro através de sua atuação como constituinte, e o segundo através de panfletagem durante o ano de 1934. Uma análise da Constituição Brasileira então elaborada poderia evidenciar muitos aspectos ainda pouco elucidados da influência do eugenismo no Brasil.

Aparentemente, havia-se tornado insustentável a manutenção de uma posição de destaque ao grande defensor da eugenia após o Holocausto nazista, mas seria preciso um exame mais atento dessa fase de sua vida para compreender com mais clareza a influência dos desdobramentos da guerra em suas convicções.

A dimensão (anti) urbana da eugenia

Com o crescimento das cidades, a reordenação dos espaços urbanos se fez uma necessidade para as elites, e o higienismo tomou para si tal tarefa, como já visto – mas também a eugenia, com a contundente imposição de normas severas para regular a vida social das populações. Mesmo admitindo os sucessos da ação sanitarista, principalmente na capital federal, a ênfase dada na higienização do campo e do sertão mostra que a aposta na "vocação agrícola" era nítida. Mais do que isso, as melhorias do campo e a "regeneração da raça" visavam unicamente o aumento da produtividade dos trabalhadores rurais, não em qualquer tentativa de reorganização da estrutura fundiária do campo.[73] O eugenismo brasileiro está intimamente ligado a essa tendência ruralista encontrada em certos segmentos da elite nacional nas décadas de 1920 e 30. De fato, consta das proposições da Comissão Central Brasileira de Eugenia: "Direitos de sucessão que favoreçam os trabalhadores dos campos no sentido de garantir a estabilidade econômica das famílias sadias e prolíferas de agricultores e criadores" (KEHL, 1937: 95).

Sendo verídicos os relatos de Belisário Penna e Arthur Neiva publicados em 1916, apenas uma parcela ínfima da população

---

[73] Parece não ser à toa que, no período, a figura do índio passa a ser elogiada, por exemplo, por Miguel de Calmon, pelo seu "intransigente espírito de apego ao solo" (SKIDMORE, 1976: 183).

rural teria condições de ser agraciada pelos direitos de sucessão reivindicados pelos eugenistas. Mesmo considerando que fosse bem sucedido um programa de saneamento do interior como aqueles cientistas propunham, é bem pouco provável que as populações rurais mais carentes tivessem condições, em curto ou médio prazo, de serem aprovadas numa avaliação eugênica, subentendida na proposta. Essas ideias pareciam mais tratar de garantir aos já proprietários rurais que não seriam reconhecidos direitos, aos ex-escravos libertos ou a seus descendentes, de terras que tivessem ocupado como "posseiros" após a Abolição.

Conforme visto anteriormente, muito se criticava o "abandono do campo" e a condenação das populações sertanejas ao descaso, ao mesmo tempo que defendiam a doutrina da "vocação agrícola" do país. Contudo, mais importante para este trabalho do que a apologia eugenista do agrarismo é, de fato, o conteúdo explicitamente antiurbano. As implicações dessa ideologia são discutidas neste tópico.

Uma oposição urbano-rural é evidente, por exemplo, na abordagem das doenças por parte dos sanitaristas da década de 1920 – por extensão, dos eugenistas aos quais aqueles então se associam: as principais endemias rurais são a malária (impaludismo), a ancilostomose (opilação) e a doença de Chagas; nas cidades, os problemas são a sífilis, o alcoolismo (também a febre amarela, destacada sempre pela vitória de Oswaldo Cruz contra esta doença na capital federal). Ou seja, as doenças "rurais" devem-se, sobretudo, a uma forma equivocada de ocupação do território e à ausência das noções de higiene; nas cidades, trata-se de vícios e "taras".[74] Belisário Penna enfoca em seu estudo o interior do país – o campo e, principalmente, o sertão. Essa posição lhe serve de pretexto

---

74 É nítida a recorrência da imagem que Schorske (1989) apresenta sob a denominação de "cidade como vício".

para criticar uma excessiva concentração populacional nas cidades e a manutenção do restante do território numa condição de abandono. Essa condenação está na base de um dos sentidos da formulação "sanear o Brasil é moralizá-lo".

Já para os eugenistas da Faculdade de Medicina da Bahia, sob a influência de Nina Rodrigues, as atenções incidiam sobre a questão do crime. Atribuído em grande parte ao crescimento urbano, o crime recebeu dos baianos uma abordagem que incidia, na realidade, sobre o criminoso[75] – numa busca de sua classificação e tipificação. Parte de uma disputa entre médicos e juristas sobre a primazia na definição do criminoso, os médicos o concebem como um doente que difere dos demais apenas pela natureza de sua doença.

Em diversas passagens, os autores eugenistas se mostram praticamente em consenso quanto ao caráter "disgênico" das cidades.[76] Esse entendimento justificou, por parte dos adeptos da eugenia, uma notável adesão à campanha sanitarista então em voga. A atuação dos eugenistas nesse campo, entretanto, caracteriza-se especialmente pelo disciplinamento das massas trabalhadoras através da noção de "higiene mental", mais do que uma atuação de fato sobre o espaço físico das cidades. É desta forma que se deve compreender a influência da eugenia no pensamento urbanístico da época: a fixação e "justificação" de uma atitude aparentemente "antiurbana" entre os médicos.

Isso parece ter levado muitos desses profissionais a buscar o "saneamento" das populações rurais (como uma forma de evitar a continuidade da expansão populacional urbana), enquanto outros

---

75 Interessante notar que, da mesma forma que essa época presenciava um deslocamento das atenções da medicina do ambiente para o indivíduo (COSTA, 1985; ANDRADE, 1992), igualmente aqui o movimento se dá na mesma direção.

76 O tema é tratado, por exemplo, por Henrique (1917).

passam a se preocupar com os "efeitos colaterais" da expansão urbana no período. Sob os preceitos da higiene mental foi criado, pelo doutor Antonio Carlos Pacheco e Silva, o Sanatório Pinel de Pirituba, para suprir a demanda proveniente do processo de urbanização e combater os "detritos da civilização" (COUTO, 1994: 20; 1999: 15). Segundo a autora, a prática médica de Pacheco e Silva confundia a questão racial e a normatização de condutas, evidentemente segundo critérios convenientes à elite (COUTO, 1999: 18). Muito interessante é a ideia, defendida por Pacheco e Silva, do papel potencialmente degenerador dos meios de comunicação:

> (...) o rádio com seu formidável poder de difusão de ideias, a facilidade de comunicações entre os mais afastados continentes advinda com a aviação aérea, os incalculáveis avanços das ciências físicas e naturais exerceram poderosa influência sobre o espírito humano, que não teve ainda o tempo necessário para sedimentar tamanha messe de conhecimento. Se daí resultaram grandes benefícios para a humanidade, se o homem moderno usufrui de maior conforto, resultante das novas descobertas, paga por outro lado maior tributo ao progresso e, dentre esses tributos, um dos mais caros é, sem dúvida, o número crescente, e por que não dizer assustador, dos desequilibrados do espírito (*apud* COUTO, 1999: 19; 1994: 20-1).

A intensa urbanização do período fez emergir a questão da loucura, à medida que a maior concentração populacional acaba sendo interpretada como fonte potencial de "epidemias psíquicas". Essa concepção é assim expressa por Renato Kehl (1937: 19, 76):

> A situação, sobretudo nas grandes coletividades, chega a tal gravidade que se admite, francamente, "ser impossível lutar vitoriosamente contra o viciado meio social"

> (...) Ninguém poderá negar que a vida artificial e artificiosa em que vivemos arrasta inúmeras pessoas às doenças mentais. (...) a par do pauperismo e da ignorância, destaca-se outro elemento importante de degradação – o urbanismo hipertrofiado. (KEHL, 1937: 19, 76).

De forma semelhante se expressa o doutor Pacheco e Silva:

> Frequentemente, nas grandes aglomerações, os homens deixam-se conduzir por indivíduos tarados, portadores de estados psicopáticos, de ideias mórbidas de reivindicação, de delírios pleitistas, de ideias delirantes de perseguição. Tais tipos mórbidos são dotados de grande capacidade de proselitismo e são extremamente ativos na defesa de suas ideias mórbidas, razão por que exercem grande influência sobre as massas (apud COUTO, 1994: 25-6).

A declaração acima introduz também uma importante formulação do movimento de higiene mental eugenista: a admissão de fatores sociais e sua vinculação a finalidades políticas, como elementos "disgênicos" – no caso, o ativista político passa a ser tratado como um paranoico. O mesmo era aplicado, com muita frequência, às feministas da época. As mulheres, concebidas pelos eugenistas como "sacerdotisas da eugenia", frágeis física e intelectualmente, deveriam se enquadrar em rígidos moldes comportamentais sob risco de terem sua cidadania esvaziada sob o diagnóstico de "enlouquecimento" – o feminismo era visto como uma *ameaça à família*.[77] Seria considerado sintoma de loucura, além desses, qualquer "desvio comportamental" que pudesse representar ameaça à propriedade (avarícia, vício de jogos, prodigalidade).

---

77 Vide Couto (1994) para exemplos de casos em que tal procedimento se verificou.

Assegurar a ordem social, cada vez mais "ameaçada" pelo crescimento das cidades, foi um dos principais papéis atribuídos às instituições psiquiátricas, e a grande motivação para criação do Sanatório Pinel de Pirituba, que pudesse descentralizar o serviço psiquiátrico do Juquery, já superlotado na década de 1920. O Sanatório de Pacheco e Silva deve ser entendido como uma resposta ao crescimento da cidade – e um exemplo do esforço eugênico para ordenação do espaço urbano –, para o qual contribuíram membros da elite social paulista, capitalistas, comerciantes e advogados, sem falar dos médicos.

As preocupações da saúde pública com a loucura e o crime, no entanto, representam apenas parte da herança deixada pela eugenia ao pensamento sobre as cidades. Outra parte é apresentada pela preocupação com questões de ordem demográfica – as quais fazem sentido apenas num contexto de alta concentração populacional, como nas cidades. Assim, não é de se estranhar que os eugenistas tenham representado um papel tão importante no desenvolvimento da estatística. Nela se baseava todo seu método: as comparações que permitem estabelecer os limiares entre o *normal* e o *anormal* (ou ainda o *subnormal*, termo que persiste incólume no vocabulário técnico de descrição das condições de moradia) são estatísticas; também o são todos os instrumentos de projeção de tendências demográficas, com as quais se permite extrapolar, como retrato de uma população total, o resultado obtido em uma pequena amostra. Independentemente da validade ou não de tais extrapolações,[78] o que se percebe é que os avanços da demografia estatística permitem olhar o urbano sem nele entrar – sem se misturar à *multidão*.

---

78 O historiador E. P. Thompson, por exemplo, critica severamente o que chama "o mito da média" da estatística em seu *A formação da classe operária inglesa*.

Uma herança pouco lembrada da eugenia, mas muito ligada à anterior, está na catalogação dos cidadãos por meio dos documentos de identidade (inicialmente aplicados aos profissionais que lidavam com o público, como motorneiros de bonde). Difícil imaginar outro contexto que não o da urbanização para que tal procedimento seja visto como uma necessidade. De qualquer modo, ali está o "certificado de procedência" de cada indivíduo: impressão digital (com a qual, esperava-se, seria possível identificar potenciais criminosos), identificação de pai e mãe, como que atestando a "estirpe".

Por fim, a ideologia antiurbana, que no Brasil se apoiou fortemente no eugenismo a partir das décadas iniciais do século XX, deveria ser doravante confrontada sempre com essa associação entre as condições de vida de um ambiente urbano e a degradação (moral) de suas populações. Basta lembrar que essa interpretação sempre parte de uma representação que coloca o grau "elevado", o padrão de comparação, no modo de vida da elite.

Tal associação, sabe-se, não é criação da eugenia. A novidade que esta traz é a formulação de instrumentos políticos e institucionais para combater a "degenerescência", que não é senão o crescimento da população pobre em comparação com a rica. Esses instrumentos têm um princípio basilar: melhorar as condições de vida dos mais pobres significa incentivar sua "proliferação"; em compensação, o investimento em benefício das elites tem o papel "salutar" de promover a expansão do "melhor estoque humano". Este princípio basilar é expressamente proposto por Francis Galton, e mesmo que a discussão sobre "melhoria da raça" tenha sido aparentemente superada, trata-se mais de uma mudança de termos e vocabulário do que de fato do conteúdo ideológico.

Assim, diversas formas de repressão violenta do "crime", praticadas ainda hoje e com apoio de diversos setores da sociedade, carregam essa carga simbólica de "combate aos degenerados". Encontram-se diversos resquícios de eugenismo na ideia de que a expulsão dos pobres irá melhorar um dado ambiente ao livrá-lo da criminalidade, ou da *baderna* – formulação repetida exaustivamente em tantos programas de "requalificação", "revitalização" ou outros "re's". O argumento de que o urbanismo não teria sido influenciado diretamente pela eugenia é, portanto, frágil: em muitos casos, serviu como um instrumento eficaz de eugenização tácita do espaço urbano. De resto, quando se constata que, atualmente, "ricos vivem mais e pobres morrem mais cedo",[79] testemunha-se uma situação em que o projeto social de Francis Galton se encontra em pleno andamento.

ECOLOGIA URBANA: CONSOLIDAÇÃO DO MODELO BIOLÓGICO

Quando, em 1930, Radl escreve o prefácio à edição inglesa de seu livro *História das teorias biológicas,* o momento lhe parece de crise da biologia. Esta, segundo o historiador, havia perdido a posição de vanguarda que ocupara por toda a segunda metade do século XIX. Entretanto, ao constatar que "Einstein ocupa agora o trono onde antes se sentava Darwin" (RADL, 1988: xx), o historiador apresenta, na realidade, um retrato de uma crise mais específica no interior dessa ciência: a decadência do darwinismo na Biologia.[80]

---

79 Victoria Brittain e Larry Eliot: "Rich live longer, poor die younger in divided world", *apud* Sevcenko (2001: 43, 134).

80 A chamada "crise do darwinismo" indicada nos próximos parágrafos não se refere a uma crise generalizada, mas sim a um questionamento circunscrito à Biologia. Como será mostrado adiante, o darwinismo ganhará força, justamente nesse período em que é questionado em sua área original, quando aplicado ao domínio social e às ciências humanas. De fato, a influência ainda

A biologia darwiniana começa a sofrer as primeiras críticas modernas ainda na década de 1890, e o movimento antidarwinista cresceu continuamente entre os biólogos no início do século XX. Contudo, "o darwinismo não retrocede ante uma concepção melhor, mas foi simplesmente abandonado" (RADL, 1988: 414). A nova geração de cientistas não dirige nenhum ataque direto à doutrina, mas simplesmente reorienta suas pesquisas para novos campos, como a fisiologia, a morfologia experimental e a hereditariedade. Somente com a formulação de uma "teoria sintética da evolução", que alia a seleção natural à nova compreensão genética da hereditariedade, o darwinismo será recuperado, mantendo-se até os dias de hoje como uma teoria válida em diversos campos da Biologia.[81]

O primeiro momento de reação ao darwinismo foi o chamado "neolamarckismo".[82] O ponto importante dessa "escola" é a oposição de seus autores a algumas noções centrais da teoria de Darwin; assim, defensores da primazia da função ante o órgão, autores que postulavam a capacidade de um organismo de se adaptar por si mesmo ao meio, ou ainda os que acreditavam na herança dos caracteres adquiridos, são chamados neolamarckistas. Uma de suas principais contribuições foi abrir caminho para

---

hoje de preceitos darwinistas nas ciências humanas/sociais é assunto pouco discutido, razão pela qual talvez ainda não esteja totalmente superada.

81 O estudo dos modelos de competição, do dimorfismo sexual, do contexto ecológico da especiação (desenvolvimento de novas espécies), para citar apenas alguns exemplos, apoiam-se explicitamente na teoria darwiniana da seleção natural/sexual.

82 De fato, trata-se mais de negação ao darwinismo do que real convicção na verdade das formulações de Lamarck. Embora se considere atualmente a importância histórica de Lamarck como um "precursor" da teoria darwiniana, o próprio Charles Darwin esforçou-se por desvincular suas ideias das do francês. Não deixa de ser irônico, portanto, que a primeira reação ao darwinismo tenha acabado por retomar as ideias do pensador.

outras importantes correntes emergirem com críticas ainda mais contundentes à teoria darwiniana.[83]

Outra corrente de contestação aos postulados darwinistas (e também ao mecanicismo da microbiologia e embriologia até então) foi conhecida como "vitalismo", e tem nos nomes de Carl von Nägeli e Hans Driesch seus principais nomes. Nägeli contrapunha sua teoria "racionalista" à mera "coleção de fatos" da obra inglesa (RADL, 1988: 284). Driesch, por sua vez, formulou a teoria do vitalismo na virada para o século XX a partir de experimentos com ovos de ouriços do mar. Quando destruía uma das células de um embrião em estágio inicial, a parte restante se desenvolvia não em uma parte de um organismo, mas num inteiro de menor dimensão. Sua explicação para o fenômeno acabou recorrendo a uma reformulação do conceito aristotélico da *entelequia*: uma espécie de "plano de construção" que regulava o desenvolvimento dos seres vivos.

Outro princípio desenvolvido por Driesch postulava uma "base histórica de reação" no desenvolvimento vital – segundo este princípio, um organismo se diferencia de uma máquina por ser, ao contrário desta, "capaz de combinar livremente os diversos elementos de uma ação" ao invés de apenas "repetir combinações dadas" (TRIBIÑO, 1946: 53) – e uma "individualidade de coordenação", demonstrando que nem sempre existe relação causal direta entre um estímulo e uma reação: a um mesmo estímulo podem corresponder reações diferentes e vice-versa, e uma mudança

---

83 O "neolamarckismo" é também associado por Buican (1990) à eugenia. De fato, tal associação é possível, ainda mais na fase mais "radical" do eugenismo, durante a década de 1930, quando se crê que os "vícios" e "taras" dos homens têm propriedades "disgênicas" para a "prole". Entretanto, não se deve esquecer que o fundamento básico da prática eugênica, a melhoria da raça através da intervenção racional sobre os mecanismos de "seleção natural" humana, tem caráter nitidamente darwinista.

quantitativa do estímulo nem sempre corresponde a uma mudança proporcional da resposta.

O vitalismo não teve maiores implicações científicas posteriores,[84] mas as experiências de Driesch contribuíram para evidenciar algumas das limitações das concepções da biologia do século XIX, tais como a falta de compreensão das atividades coordenadoras do funcionamento das células como um todo, bem como dos processos de desenvolvimento e diferenciação celular. Por outro lado, as próprias limitações do vitalismo levam seus críticos a formularem uma concepção de muito maior alcance e influência: a concepção organísmica, ou *organicismo*.[85]

Antes do ecossistema: os primórdios da ecologia

Nos primórdios da ecologia, o pensamento organísmico representou um papel importante. Nesse momento, ainda não se tratava de uma ecologia *ecossistêmica*, já que o termo surgiria apenas com Tansley, em 1935 (WILLIS, 1997), mas sim uma ecologia

---

84 Formas contemporâneas do vitalismo, contudo, podem ser verificadas na teoria dos "campos morfogenéticos" de Rupert Sheldrake (1993), com sua ênfase nas qualidades "sagradas" dos lugares, e no recente modismo de impor uma leitura ocidental à tradição chinesa do *feng shui*.

85 Vale mencionar brevemente aqui as teorias de alguns autores primordiais: Wilhelm August Oscar Hertwig (1849-1922), Julius Schaxel (1887-1943) e Hans Spemann (1869-1941). Hertwig postulava que as células são igualmente portadoras das propriedades de sua espécie, e sua diferenciação se dá em função da mútua influência entre as diversas células no curso do desenvolvimento orgânico. Schaxel é talvez o defensor da primeira teoria tipicamente organicista na Biologia, ao defender o conceito de "persistência da forma orgânica" como o princípio ordenador da vida interno ao próprio organismo (contrário à noção de *entelequia* de Driesch) e específico das formas vivas (em contraposição com as explicações mecanicistas). As experiências de Spemann demonstram que não há uma preformação ou predeterminação do embrião.

de *comunidades*.⁸⁶ A formulação então dominante era a de Frederic Clements, que concebia as comunidades como uma espécie de "organismo" – justamente a concepção posteriormente contestada por Tansley.

O programa de pesquisas da ecologia na década de 1920 estava baseado fundamentalmente no estudo das relações funcionais entre as populações de uma dada comunidade, incluindo as relações de alimentação – e nesse ponto uma série de postulados da teoria da seleção natural de Darwin se acha incorporada ao substrato conceitual da ecologia. Isso levanta a questão polêmica da filiação da ecologia ao darwinismo.

Acot (1990: 28-31) contesta essa ideia, argumentando que a ecologia deriva de uma linha teórica oposta à darwinista, uma tradição que remonta à biogeografia de Humboldt e à botânica descritiva do século XVIII.⁸⁷ Para Acot, a ecologia se origina dos estudos de geografia vegetal que, a partir do início do século XIX, começam a descrever e tentar explicar certas regularidades na repartição dos vegetais pela superfície terrestre. Para fins de classificação dessas formações vegetais, os pesquisadores recorrem à

---

86   O termo *comunidade* tem para a Biologia, em linhas gerais, o sentido de um conjunto de populações animais e vegetais que habitam uma certa unidade espacial. A "homologia" com o termo utilizado em Sociologia para descrever uma categoria de agrupamento humano pode ter facilitado em grande medida a transposição dos conceitos ecológicos para o estudo das cidades, na forma como realizado pela Escola de Chicago.

87   Segundo Acot (1990: 30-31), três argumentos refutam a filiação da ecologia ao darwinismo: (i) enquanto Darwin considera as transformações de indivíduos ou populações uniformes (espécies), a biogeografia de onde se origina a ecologia está interessada em grupamentos de formas não sistemáticas; (ii) enquanto a abordagem de Darwin era transformista e em escala de tempo geológica, os "pré-ecólogos" trabalhavam com uma abordagem sequencial, buscando apenas explicar as vegetações atuais; por último, enquanto *A origem das espécies* é um tratado essencialmente zoológico, os "pré-ecólogos" eram essencialmente botânicos.

localização geográfica dos agrupamentos, a características fisionômicas e, posteriormente, a características do ambiente físico em que ocorrem (principalmente temperatura e umidade).

Acot procura demonstrar que é supervalorizado o fato de o termo *Oekologie* ter sido supostamente cunhado por Haeckel em 1866.[88] Porém, para Pelletier (2002), sua importância vai muito além da criação de um neologismo. Para esse autor, Haeckel "definiu detalhadamente seu domínio, muito amplo, e o fez adotar", através do enfoque organicista e biológico do mundo, que hoje se denomina biocentrismo (em oposição, note-se, ao "antropocentrismo").[89] A adoção do termo *ecologia* não é fortuita, principalmente pensando-se nos tantos outros termos preteridos em seu favor, tais como "etologia", "fisiografia" ou "biogeografia".

Além disso, a chamada Liga Monista[90] desempenharia um papel considerável na formação de toda uma geração de ecólogos, como Alfred James Lotka (1880-1949), Raymond Pearl (1879-1940), Vladimir Vernadsky (1863-1945), sobre os quais se volta-

---

88 Se se desejar avançar a discussão sobre as origens do termo, vale a pena observar a constatação de Ferri, de que Henry David Thoreau já a havia empregado em 1858: "O que não resta dúvida é que a palavra existia já 8 anos antes, no mínimo, da data em que se costuma afirmar tê-la criado Haeckel" (FERRI, 1980: 313). Interessante notar que, nesse caso, o termo antecederia inclusive ao clássico *A origem das espécies* de Darwin, que é de 1859.

89 A oposição biocentrismo/antropocentrismo é característica de uma literatura ecológica/ambientalista: segundo essa definição, biocentrismo corresponderia a uma concepção segundo a qual todas as formas de vida são igualmente importantes, enquanto o antropocentrismo teria como centro da existência a humanidade.

90 Fundada por Haeckel em 1906 e tendo como membros Willibald Hentschel e Wilhelm Ostwald, prêmio Nobel de Química. A Liga Monista é associada, por alguns autores, a correntes políticas de direita e mesmo extrema direita (vide, por exemplo, PELLETIER, 2002). Lamentavelmente, um estudo aprofundado sobre esse tema, especialmente em sua relação com o advento da ecologia, ainda está por ser feito.

rá a tratar aqui, e George Evelyn Hutchinson (nacido en 1903), que formou outros ecólogos conhecidos como os irmãos Odum, Raymond Lindeman, Lawrence Slobodkin e Rachel Carson. "O conjunto constitui uma verdadeira cadeia histórica e ideológica de mestres a discípulos desde fins do século XIX até nossos días", diz Pelletier (2002).

De qualquer maneira, o título de fundador da ecologia acabou sendo consagrado a Eugen Warming, que publica o primeiro trabalho em que a palavra *Oekologie* aparece já no título, em 1895. Warming se dedica ao estudo da "economia das plantas", ou seja: as exigências das plantas em face às condições ambientais e as formas de adaptação a essas condições, em termos estruturais e fisionômicos. Em 1898, A. F. W. Schimper publica um estudo em que demonstra a repercussão das condições ambientais nos órgãos e na fisiologia das plantas. Com isso, define os fatores condicionantes da diferenciação entre as formas de vegetação terrestre: o solo, o calor e as precipitações atmosféricas (vento e calor). Juntos, Warming e Schimper estabelecem as bases primordiais da ecologia vegetal.

Na mesma década de 1890, nos Estados Unidos, Conway McMillan introduz na ecologia a ideia de *dinâmica evolutiva* das vegetações. Em 1899, em sua tese de doutorado, o pesquisador da Universidade de Chicago Henry Chandler Cowles desenvolve essa ideia em uma teoria das *sucessões vegetais*. A repercussão de seu trabalho contribui para a formação de um grupo denominado "os ecólogos de Illinois" e, mais tarde, "escola de Chicago".[91] Em

---

91 Não confundir com o grupo de sociólogos que, duas décadas adiante, se dedicará à pesquisa urbana com base justamente nos princípios da ecologia. A aparente "coincidência", entretanto, sugere uma possível filiação teórica – é uma hipótese verossímil crer que os êxitos de Cowles e colegas tenham motivado tentativas de aplicação dos princípios da ecologia de sucessões ao estudo das cidades.

1905, Frederic Clements publica *Research Methods in Ecology*, um tratado considerado fundamental para os métodos e técnicas de pesquisa – além da pedagogia da disciplina. Clements será reconhecido ainda pelos postulados a respeito da utilização de plantas e animais como indicadores das possibilidades agrícolas de uma dada região, bem como pela defesa de uma concepção organicista das *comunidades bióticas*, na década de 1920. Essa década vê ainda a introdução da ideia de *cadeia alimentar* por Charles Elton e a ascensão de uma concepção das comunidades que sintetiza e estrutura as inter-relações entre os seus elementos (vegetais, animais, e físico-químicos), que abrirá espaço, na década seguinte, para o surgimento do conceito de *ecossistema*.

Ainda em meados dessa década, ganham importância os estudos e análises quantitativas da dinâmica de populações.[92] Em 1925-26 são publicados os primeiros trabalhos relativos à modelagem de relações predador-presa, por Lotka e Volterra, dando início a uma nova fase da ecologia, baseada a partir de então numa constante busca de rebatimento entre hipóteses matemáticas e a realidade experimental. Na mesma época, são retomados estudos a respeito dos modelos de crescimento populacional de uma única espécie em ambiente confinado – que seriam incorporados também, obviamente, ao estudo do crescimento da população humana.[93] Antes de retomar esta questão, é importante situar o desenvolvimento da ciência ecológica brasileira neste contexto.

---

92 Essas pesquisas estão intimamente relacionadas à necessidade de desenvolvimento de um aparato metodológico e instrumental capaz de prover algum nível de controle biológico para aplicação agrícola. De fato, para Acot (1990), essa necessidade explica, em grande parte, o impulso que o desenvolvimento da ecologia recebeu nos Estados Unidos.

93 Como se observará adiante, a adoção de métodos estatísticos e modelos matemáticos da dinâmica de populações representará a principal contribuição da ecologia às práticas urbanísticas no Brasil, sobretudo nas décadas de 1930 e 40.

Se é a Eugen Warming que se deve atribuir a paternidade da ciência da ecologia, então cabe também algum reconhecimento ao Brasil. Entre 1863 e 1866, o biólogo dinamarquês viveu em Lagoa Santa, a 40 km de Belo Horizonte, onde estudou a vegetação das redondezas, em especial os campos cerrados.[94] De volta ao país de origem publicou, em 1892, o livro *Lagoa Santa: Et Bidrag til den biologiske Plantegeografi* (*Contribuição para a geografia fitobiológica*). Em 1908, *Lagoa Santa* é traduzido para o português por Alberto Loefgren e lançado no Brasil. O livro antecipa alguns aspectos que o autor desenvolverá em maior profundidade no livro de 1895, considerado o texto fundador da ecologia.

Publicado no Brasil em 1908, o trabalho de Warming teve no país muito limitada repercussão nas primeiras décadas do século XX. Segundo Ferri (1980: 315), foi o alemão Felix Kurt Ratwitscher quem abriu caminho para o desenvolvimento da ecologia brasileira. Em trabalhos publicados entre 1942 e 1944, Ratwitscher dedica-se ao estudo das condições mesológicas e sua influência na conformação das formações vegetais. Até o final da década, a ecologia alcançaria novos desenvolvimentos com os pesquisadores Mário G. Ferri e M. Rachid e seus trabalhos, especialmente em botânica, desenvolvidos em regiões de cerrado.

As pesquisas pioneiras em ecologia no Brasil, na década de 1940, faziam pouca ou nenhuma referência à concepção ecossistêmica. Da mesma forma, a penetração da ecologia em ciências humanas também não estará ligada à ideia de um *ecossistema urbano*, mas sim à de *comunidade*. Nesse ponto, é significativo o conhecimento demonstrado por autores brasileiros a respeito

---

94 Não deve ser surpresa a presença de Warming no Brasil. De fato, muitos dos grandes nomes da biologia no século XIX visitaram diferentes regiões do país – de Humboldt a Darwin, de Saint-Hilaire a Wallace, de Spix e Martius a Bates.

das pesquisas realizadas nos Estados Unidos pelos sociólogos de Chicago, dos quais se tratará adiante.

Um renitente darwinismo social em ecologia

Admitindo-se que não é assim tão fácil descredenciar o alemão Ernst Haeckel como um dos pioneiros da ecologia, convém atentar com mais cuidado algumas das implicações ideológicas e políticas, por sinal bastante controversas, de suas posições intelectuais.

É notório o apoio de Haeckel ao darwinismo social da passagem do século XIX para o XX. Uma autêntica apologia dessa doutrina aparece em sua obra *O monismo* (1897),[95] na qual advoga "o regresso à naturalidade" e a "uma ordem social natural" adaptada às *leis eternas da natureza*. Nessa obra preconiza ainda a eugenia e a pena de morte como instrumentos de seleção.[96] Segundo Pelletier (2002), a obra tem prefácio do arianista George Vacher de Lapouge (1854-1936), que nele sugere substituir o lema "liberdade, igualdade, fraternidade" por "determinismo, desigualdade, seleção".

---

95 Sua doutrina do monismo materialista marca todo o naturalismo do século XIX. Segundo sua doutrina, seres vivos e matéria inorgânica integram uma única substância eterna e infinita, a Natureza, que está apenas sujeita à transformação, dado que não é criada nem poderá ser destruída – o que nega a metafísica, bem como a distinção entre natureza e cultura. Mesmo a reflexão filosófica não passa, para Haeckel, de uma fase da evolução biológica do cérebro, à qual se seguiria, obviamente, a ciência. Adota uma morfologia estritamente mecanicista, tentando uma unificação da filosofia com as ciências da natureza. Aceita, por fim, o determinismo científico e nega mesmo o livre-arbítrio humano.

96 Gunn (1997) mostra a ligação entre ecologia e eugenia na atuação de Haeckel, que teria sido, por exemplo, um dos membros de um júri em um concurso de monografias organizado pelos industriais Krupp do Ruhr sobre medidas práticas de eugenia para melhoria da raça.

Como biólogo, Haeckel teve papel decisivo na formação de toda uma "linhagem" de ecólogos de orientação biocêntrica, lançando mesmo, com sua doutrina do monismo, as bases de uma ideologia de "retorno à natureza" e de uma indistinção entre o social e o natural – na verdade, não exatamente uma tentativa de superar essa dicotomia, mas sim de subordinar a primeira à última. Outros nomes influenciados por Haeckel parecem compartilhar as mesmas inclinações ideológicas do mestre, e mesmo Frederic Clements é citado por Pelletier. Além dele, o aluno de Haeckel e geógrafo Friedrich Ratzel (1844-1904) teoriza em sua biogeografia o conceito de "espaço vital" (*Lebensraum*), que será retomado, de acordo com Pelletier, pelos geopolíticos nazistas. Teria influenciado ainda o francês Vidal de La Blache, responsável pela expressão "geografia humana", mais neutra do que aquela cunhada por seu contemporâneo Elisée Reclus, "geografia social" (PELLETIER, 2002).

Haeckel, ou seu legado, parece ser o elo que permitiria compreender justamente a passagem do darwinismo para a ecologia, e desta para a sociologia.[97] Sua influência forneceria uma explicação pelo menos coerente para a adoção da ecologia como modelo teórico ao estudo das sociedades, e das cidades em particular – no mínimo, como uma *analogia* viável. A despeito da crise que atravessou na Biologia desde o final do século XIX, mencionada anteriormente, o darwinismo manteve-se presente com o recrudescimento da ideologia do darwinismo social. Nos Estados Unidos, rendeu frutos com o desenvolvimento de uma disciplina que, em-

---

[97] Os caminhos para a penetração do darwinismo no pensamento norte-americano mereceriam um estudo detalhado. Dada a proximidade e intercâmbio cultural entre os Estados Unidos e Reino Unido, é compreensível uma grande difusão direta das ideias de Darwin. Além disso, porém, deve-se considerar o alcance da influência de Haeckel na Alemanha (RADL, 1988: 217), e a possível repercussão das ideias darwinianas no pensamento de sociólogos que acabaram tendo papel formador decisivo para a chamada "Escola de Chicago", tais como Georg Simmel.

bora não declaradamente darwinista, aceitava os pontos centrais de suas teorias: a chamada Escola de Chicago.[98]

A Escola de Chicago: ecologia?

Comumente associada a tendências conservadoras, a "ecologia" da Escola de Chicago tenta aplicar, por meio de um rebuscado jogo de palavras, alguns conceitos ecológicos (advindo do estudo das comunidades bióticas) a processos sociais.[99] Em termos de acuidade teórica na aplicação desses conceitos, a leitura desses autores sobre a literatura ecológica é normalmente tida como simplista – o que tem contribuído para seu descrédito tanto do lado da sociologia quanto da ecologia.

Entretanto, os sociólogos tentam de fato aproximar suas formulações sociológicas de conceitos como o de *comunidade vegetal*, de Eugen Warming, para derivar sua análise centrada nas *comunidades humanas* (particularmente urbanas). É verdade que os autores não tentaram, em nenhum momento, efetuar a "travessia" nas duas direções – pensando também o *natural* a partir do *social*, e que buscaram manter claramente o vínculo de suas pesquisas com a sociologia. Ainda assim, é significativo que tenham empreendido uma tentativa, bastante decidida, de reconhecer a aplicabilidade de conceitos da ecologia ao estudo dos agrupamentos humanos. Nesse sentido, corre-se o risco de incorrer num

---

98 O interesse principal, nesse ponto, será avaliar alguns conceitos e teorias, herdadas da ciência ecológica então em desenvolvimento, que se buscará aplicar também ao estudo das cidades, bem como suas implicações. Para melhor apreciação das contribuições da Escola de Chicago para o estudo das cidades, vide Eufrásio (1999).

99 Acot menciona, por exemplo, uma tentativa de comparar a imigração em Chicago com um processo de "invasão", no sentido dado pela ecologia vegetal.

anacronismo dizer que *não é ecologia de fato* – porque efetivamente *pretendeu* (e *tentou*) ser ecologia.

Mesmo como sociologia, evidentemente, a Escola de Chicago é digna de críticas. A derivação de ideias biológicas para a sociologia, neste caso, deslocou a análise da relação entre classes sociais para grupos raciais e étnico-culturais,[100] e permitiu a formulação dos conflitos em termos de "competição" e "seleção". É clara a tentativa de "biologização" das cidades, desde a adoção da metáfora orgânica (a cidade apresentada como um "organismo vivo"), passando pela grande ênfase aos aspectos "étnicos" e raciais das populações estudadas, até o ponto de equiparar o processo de formação de "guetos" a uma "sucessão ecológica", representada graficamente no famoso diagrama de círculos concêntricos de Burgess.

A concepção ecológica primordial das cidades, desenvolvida pelos sociólogos de Chicago, pode ser encontrada num artigo de Robert Ezra Park de 1918, no qual compara as comunidades humanas às vegetais e animais. Essa comparação se dá essencialmente em termos de certos atributos fundamentais: localização geográfica definida; interdependência entre os elementos; e a ideia de "sucessão", através da qual "cada comunidade precede e prepara o caminho para sua sucessora" (*apud* EUFRÁSIO, 1999: 57).

Em 1921, uma formulação mais explícita é apresentada quando Park e Burgess definem a concepção ecológica da sociedade como "aquela de uma sociedade criada por cooperação competitiva" (Park e Burgess *apud* EUFRÁSIO, 1999: 66, nota de rodapé #9). A partir do enfoque dado às *comunidades* humanas, a concepção ecológica se desenvolverá rapidamente nos quatro anos

---

[100] Szmrecsanyi (1988) nota a relação entre essa forma de leitura do espaço urbano e a presença, cada vez mais marcante, dos imigrantes, tanto europeus quanto latinos, e dos migrantes do sul dos Estados Unidos, particularmente os negros.

seguintes. Segundo a definição dada acima, todo o desenvolvimento da teoria ecológica da sociedade – e, por extensão, das cidades – se apoiará no conceito fundamental de *competição*:

> A organização econômica da sociedade, na medida em que é um efeito da livre competição, é uma organização ecológica. Existe uma ecologia humana, assim como há uma ecologia vegetal e uma ecologia animal (*apud* EUFRÁSIO, 1999: 72).

No prefácio à clássica coletânea *The Urban Community* (BURGESS, 1926: viii), Burgess afirma categoricamente que "a tendência no presente é pensar na cidade como viva, crescendo; como um organismo, em resumo". Na outra obra fundamental da Escola de Chicago, *The City* (PARK *et al*, 1925), Roderick D. McKenzie apresenta o que talvez seja a tentativa mais sistemática de aproximação entre a sociologia e a ecologia com seu artigo "The ecological approach to the study of human community" (PARK *et al*, 1925: 63-79).

Nesse artigo, McKenzie se vale principalmente do conceito de *sucessão vegetal* de Clements para tentar aproximar os campos da ecologia e da sociologia. Para ele, a ecologia humana pode ser definida como um

> estudo das relações espaciais e temporais dos seres humanos como afetadas pelas forças seletivas, distributivas e acomodativas do ambiente. (...) Essas relações espaciais dos seres humanos são os produtos da competição e seleção, e são continuamente em processos de mudança à medida que novos fatores entram para causar distúrbios nas relações competitivas ou para facilitar a mobilidade (MCKENZIE, 1925: 63-4).

Em diversas passagens, McKenzie procura estabelecer paralelos entre a "ecologia das plantas" e a "ecologia humana"[101] e questionar a interpretação das cidades como *artefatos* (considerando-as como *naturais*, ou seja, além de e alheias à vontade humana). Mas nenhum paralelo é tão acabado quanto na noção de "sucessão". Considerando o processo de crescimento urbano como *cíclico*, McKenzie formula uma ideia de "clímax", semelhante ao estágio climáxico da sucessão vegetal de Clements, o qual corresponde ao "ponto de ajustamento da população à base econômica". Nesse estágio, "a comunidade tende a se manter nessa condição de equilíbrio entre população e recursos até que algum novo elemento entre para incomodar o *status quo*" (McKENZIE, 1925: 68), dando início a um novo ciclo de ajuste. Essa introdução do novo elemento é o que o autor conceitua como "invasão", que pode dar início a uma reestruturação total da comunidade e uma substituição completa da população original por uma nova.

Nesse processo, a estrutura das cidades se desenvolve, de forma evolutiva, "do simples para o complexo, do geral para o especializado; primeiro para o aumento da centralização e depois para um processo de descentralização" (McKENZIE, 1925: 73). É onde se originam processos como os de "diferenciação" e "segregação". O resultado das sucessivas e contínuas invasões é a formação do que os sociólogos de Chicago (Park e Burgess, principalmente) denominam "áreas naturais" (e que McKenzie, mais uma vez, tenta associar a um termo da ecologia botânica, "formações").

---

101 Considerando, no entanto, uma diferença fundamental: "a comunidade humana difere da comunidade vegetal nas duas características dominantes de mobilidade e propósito" (McKENZIE, 1925: 64). Interessante notar que, comparando essa distinção com a diferença entre o movimento natural e ao acaso, como definido por Aristóteles (vide capítulo anterior), a comunidade humana parece até *mais natural* do que a vegetal, já que apenas a primeira tem finalidade (propósito).

Não é preciso se estender em demasia para perceber que o exemplo dado do artigo de Roderick McKenzie representa uma perfeita ilustração daquilo que Thompson (1981) critica como a tomada de analogias por conceitos. A "miséria da teoria" da Escola de Chicago, no entanto, não impediu que, pelo menos até a década de 1960, se considerasse essa uma abordagem válida e respeitável das cidades. Ainda hoje, uma espécie de respeito pelos "pioneiros" parece permitir uma consideração por vezes excessivamente condescendente de seu biologismo.

Embora a concepção ecológica dos sociólogos da Escola de Chicago tenha acabado por se tornar a mais conhecida das formas do que se convencionou chamar "ecologia humana", convém observar que Mário Eufrásio distingue ao menos seis diferentes definições possíveis para a expressão:

1. Uma concepção mais ampla, que define a ecologia humana como uma síntese de diversos campos das ciências naturais e sociais (incluindo a geografia, a antropologia, a psicologia, a economia e ramos da biologia humana);

2. O estudo das relações entre o homem e seu meio ambiente – corresponderia, na realidade, apenas a uma versão mais restrita da concepção anterior;

3. A aplicação de conceitos e explicações da biologia aos fatos sociais, ou uma mera extensão da ecologia geral ao estudo humano. "É a posição ingênua de biólogos que, sem darem a devida importância ao conceito de cultura, se aventuram no campo da ecologia humana" (EUFRÁSIO, 1999: 97);[102]

---

102 No entanto, apenas restringindo tal concepção à atuação dos biólogos seria possível qualificar tal concepção de "ingênua". O exame das proposições dos eugenistas e, como será indicado adiante, da aplicação de modelos populacionais tomados à biologia às cidades servem para evidenciar que tal con-

4. O estudo das distribuições espaciais dos fenômenos humanos: concepção que constitui, segundo Eufrásio (1999: 99), "uma trivialização brutal de uma concepção mais sofisticada, que se interessa pela organização espacial e a localização espacial dos fenômenos sociais";

5. O estudo de áreas regionais ou locais: seja o de comunidades, vizinhanças e bairros ou a cidade tomada como comunidade, seja o de conjuntos de comunidades, áreas metropolitanas ou regiões urbanas ou econômicas inteiras. Em ambas as abordagens, a localidade entendida como um "complexo ambiental pressupõe o ajustamento do homem ao ambiente" (EUFRÁSIO, 1999: 100);

6. O estudo das relações sub-sociais entre os homens, isto é: "os aspectos das relações humanas que não envolvem estímulo e respostas mentais ou conscientes diretos, e em especial a comunicação simbólica entre os agentes" (EUFRÁSIO, 1999: 100).

Especificamente em relação à expressão *ecologia urbana*, Niemelä (1999) reconhece ao menos duas vertentes fundamentais: a interpretação norte-americana e a europeia. Na Europa, a ecologia urbana permanece mais vinculada às pesquisas no campo das ciências biológicas, e enfoca fundamentalmente a biota de áreas urbanas, especialmente a flora. A pesquisa norte-americana se orienta mais na direção das ciências sociais (sociologia e antropologia) e, posteriormente, da ecologia ecossistêmica, através da análise dos fluxos de energia e matéria através do "ecossistema urbano".[103]

---

cepção de fato gozou de considerável credibilidade em certo momento, e em áreas outras que não apenas a Biologia.

103 Outra abordagem, diretamente tributária das concepções até aqui analisadas, é a aplicação dos preceitos da ecologia ao estudo das epidemias, no âmbito da saúde pública. O gerenciamento dos recursos naturais, definidos de forma elemental (água, solo, ar, fauna e flora), constitui uma abordagem funda-

Porém, mais importante do que analisar as formulações da Escola de Chicago é destacar a contribuição desses sociólogos na abertura de um novo caminho para a concepção biológica da cidade. Com a transposição de termos e métodos oriundos da ecologia – particularmente da ecologia de populações e de comunidades –, abriu-se a possibilidade de aplicação dos modelos matemáticos de crescimento populacional ao planejamento urbano. Esse aspecto é mais significativo do que a noção da cidade como organismo, que não é exclusiva da Escola de Chicago e menos ainda uma criação desta.

Ecologia de populações: a analogia esquecida, mas utilizada

O desenvolvimento das técnicas estatísticas possibilita uma análise de fenômenos sociais baseada na mensuração e na análise quantitativa – o que lhe permite, segundo apregoado, uma abordagem mais *científica* desses fenômenos.[104] Paralelamente, o século XIX testemunha o desenvolvimento de *modelos* explicativos do fenômeno populacional. Esses modelos podem ser expressos de forma apenas textual, mas alguns dos mais importantes – e de maiores implicações – tentarão representar o crescimento da população em termos matemáticos.

O primeiro desses modelos é aquele formulado por Thomas Malthus (1776-1834) em seu *Ensaio sobre os princípios da população*,

---

mentalmente ligada à questão do saneamento e herdeira da atuação dos engenheiros, significativamente reforçada pela ascensão da ecologia sistêmica; já o estudo das epidemias está mais ligado à atuação dos médicos e é reforçado pelos avanços nas pesquisas em microbiologia e microecologia.

104 Donne (1983: 30) relaciona o surgimento das técnicas estatísticas aplicadas à cidade com "a angustiante necessidade quer da classe burguesa, quer da administração pública" de conhecer "numa perspectiva o mais ampla e capilar possível o contexto social urbano".

publicado em 1798. Em seu modelo, Malthus introduziu o conceito de que em dado momento a expansão populacional excederia o suprimento de recursos naturais necessários, tendo como consequência uma progressiva competição por meios de subsistência – conceito que se tornou conhecido como "luta pela sobrevivência".[105] O modelo malthusiano, válido dentro de condições bastante específicas,[106] foi aceito por muito tempo como uma descrição eficaz do crescimento populacional.

Um modelo aparentemente mais realista é o chamado crescimento logístico ou senoidal (em forma de S). O matemático belga Pierre François Verhulst (1804-1849) levou em conta a competição interna entre populações enquanto elas crescem dentro de um ambiente fechado. Esta competição representa uma tendência capaz de retardar a taxa de crescimento: para Verhulst, à medida que a população cresce com o tempo, a taxa de crescimento vai ficando menor.[107] O modelo de Verhulst, desenvolvido ainda na primeira metade do século XIX, permaneceu praticamente ignorado até a década de 1920, quando Pearl e Reed utilizaram a equação logística de Verhulst para analisar tendências de crescimento em moscas de frutas (*Drosophila* sp.), protozoários e outros animais.[108] Experiências realizadas com plantas e animais a partir do fim da Primeira Guerra

---

105 Esse conceito malthusiano foi fundamental para Darwin desenvolver sua teoria da evolução baseada na competição entre espécies e na seleção natural.

106 O crescimento de população teria de estar sujeito apenas às taxas de natalidade e de mortalidade, não ocorrendo migração, e com a diferença entre as taxas de natalidade e de mortalidade constante. Além disso, o modelo malthusiano não prevê qualquer espécie de limitação ao crescimento.

107 Na verdade, o modelo de Verhulst prevê três estágios de crescimento populacional. Num primeiro momento, o crescimento de fato tem caráter exponencial. A partir de um ponto, a taxa de crescimento diminui e a população tende a crescer mais lentamente, até atingir o *equilíbrio*. Deste ponto em diante, a população tende a se manter numericamente estável com o passar do tempo.

108 Os experimentos são descritos detalhadamente em Pearl (1925).

Mundial demonstraram que toda população está regulada por fatores internos e externos variáveis, sendo os principais o espaço e a alimentação. Deste modo, a população regularia sua própria fertilidade e o fenômeno temido por Malthus nunca se produziria.

Desde então, o modelo logístico vem sendo adaptado para o tratamento de situações distintas, tais como um ambiente limitado, capaz de sustentar apenas um número máximo de indivíduos, ou uma situação de competição, em que indivíduos de uma mesma população competem por recursos ou então se canibalizam. Em ecologia, esses modelos têm-se tornado cada vez mais sofisticados, derivando inclusive a novos modelos capazes de suprir algumas limitações do modelo logístico.[109] Apenas muito recentemente, as bases conceituais deste modelo foram postas em questão (HALL, 1988: 5-31).

O modelo de Verhulst continuou sendo considerado válido, constituindo-se numa ferramenta estatística poderosa para a projeção estimativa de populações futuras. Com o "aval" científico da ecologia, que já aplicava o modelo logístico para análises na década de 1920, não tardou para que se tentasse aplicar o método para projetar populações *humanas*. Ainda em 1845, o próprio Verhulst usou os dados populacionais dos Estados Unidos no período de 1790-1840 para predizer sua população até o ano de 1930, com relativo êxito. No século XX, o modelo logístico constituiu-se em ferramenta fundamental para o planejamento urbano: a possibilidade de projetar uma população em um horizonte temporal qualquer deu aos planejadores a capacidade de "prever o futuro". Era possível, a partir de então, dimensionar investimentos em melhorias urbanas e infraestruturas tendo em vista a perspectiva de crescimento da população, por exemplo, de uma cidade.

---

109 Por exemplo, populações que dependem de outras, como em uma cadeia alimentar, o efeito das migrações, ou ainda o predatismo, abuso de recursos, mudança climática etc.

Na década de 1940, o modelo senoidal pautou os planos dos engenheiros Mário Lopes Leão e Plínio Penteado Whitaker respectivamente para o transporte metropolitano e para o sistema de abastecimento de água da cidade de São Paulo.[110] A aplicação da equação logística para previsão da população paulistana não logrou o êxito esperado: a projeção de Leão previa que haveria 10 milhões de habitantes no município de São Paulo, mas apenas no ano de 2050. O problema central desta aplicação é que uma das características mais importantes do crescimento populacional de São Paulo no período, a migração, é desconsiderada, tornando o modelo irreal.

Ainda assim, a fórmula de Verhulst permitiu a fixação de uma noção de *projeção populacional* como um instrumento de planejamento urbano. É preciso rever, portanto, em que pressupostos repousa tal concepção.

Em primeiro lugar, vale lembrar que o modelo de Verhulst foi desenvolvido com populações confinadas a um espaço fisicamente limitado (era uma das "falhas" do modelo malthusiano). A aplicação à população das cidades só seria conceitualmente justificável assumindo-se que a cidade é também um espaço fisicamente limitado.[111] Em segundo lugar, o modelo trata de um ambiente não apenas limitado, mas *isolado*; mesmo em ecologia, o modelo é

---

110 Os estudos em referência são: Leão (1945); Whitaker (1946). Ambos se apoiam em um artigo, também de autoria de Leão, no qual são abordados os dois modelos matemáticos fundamentais (exponencial e logístico) de projeção das populações, seguida de uma exposição do modelo logístico de Pearl e Reed, a partir do qual se efetua uma projeção populacional para São Paulo.

111 A insistência em adotar como premissa o fechamento estrutural ou a limitação espacial parece ser mais um aspecto do organicismo: ao tomar a *população* como uma totalidade abstrata independente do conjunto de seus elementos, equipara-se seu crescimento ao de um organismo vivo, como uma célula. O próprio Pearl (1925) mostra como o modelo senoidal é, originalmente, um modelo descritivo/preditivo do crescimento de *indivíduos* (por exemplo, da altura de uma pessoa). É interessante notar que a própria representação gráfica do crescimento urbano, expressa pela expansão da *mancha*

criticado por não considerar as migrações populacionais. Depois, a equação logística supõe um *fator limitante* ao crescimento da população – que, tratando-se de uma cidade, seria muito dificilmente definível: qual seria o principal fator limitante de uma população urbana? Energia, abastecimento de água, fatores estritamente econômicos, uma combinação desses fatores, ou outros ainda?

A última das restrições acima retoma a questão de atribuir caracteres *naturais* à cidade, fundamento de quase todas as críticas dirigidas a uma abordagem biológica das cidades. Tenta-se forçar a interpretação da cidade como um ente limitado no espaço. Atualmente, fotografias aéreas, imagens de satélite e os últimos recursos em cartografia parecem comprovar essa *verdade*. Obscurecem, porém, a percepção de que, se há limites, esses são de ordem fundamentalmente social: questões fundiárias (estrutura de posse da terra), político-administrativas (limites à ocupação humana, como por exemplo as unidades de conservação ambiental) ou infraestruturais, apenas para citar alguns exemplos. Nenhum desses fatores pode ser considerado, do ponto de vista estritamente ecológico, um verdadeiro fator limitante. Historicamente, todos esses fatores puderam ser modificados ou revertidos para poder permitir abrigar uma população maior – ou para restringir o acesso de populações indesejáveis.

A despeito de tais críticas, a ecologia urbana de fato exerceu influência no Brasil, ao menos em certos círculos técnicos e acadêmicos. Até a década de 1970 são bastante esparsos os estudos urbanos que adotam o referencial teórico da ecologia,[112] mas sempre que se

---

urbana, ajuda a reforçar essa metáfora – a ponto de permitir a equivalência deste crescimento a um processo *cancerígeno*.

112 Entre 1945 e 1970, apenas três artigos de autores brasileiros dedicam-se explicitamente ao tema: Mello (1945), Moreira (1960) e Andrade (1966). Há ainda um artigo de interesse, a respeito da estatística demográfica aplicada à cidade de São Paulo: Pagano (1961).

refere a ela no período, fala-se essencialmente da ecologia da Escola de Chicago. A abordagem ecológica das cidades sobreviveu, mas acabou passando por uma inevitável reformulação ao longo das décadas seguintes. Essa reformulação diz respeito antes de tudo à transformação teórico-metodológica da própria ecologia no pós-Segunda Guerra Mundial, com a consolidação do conceito de *ecossistema* e a incorporação dos conceitos termodinâmicos, da Teoria dos Sistemas e da Complexidade,[113] conforme será visto no próximo capítulo.

BIOLOGISMO E CIDADES, CONSIDERAÇÕES FINAIS

Este capítulo buscou vasculhar algumas vertentes do pensamento sobre as cidades apoiadas em concepções biológicas e médicas, vigentes entre o século XIX e a primeira metade do século XX, e o que se revela é uma presença nada desprezível. Em seus primórdios, o Urbanismo parece ter buscado nessas disciplinas muito mais do que metáforas ou analogias meramente ilustrativas, mas sim modelos explicativos de fato – e muito dos esforços de descrição e análise das cidades entre a segunda metade do século XIX e a primeira metade do XX consistiram, realmente, em tentativas de adequar a realidade urbana a esses modelos.

Situá-los historicamente é mais que necessário, ao menos por duas razões. Em primeiro lugar, é preciso reconhecer permanências e mudanças na prática e na teoria que embasam a disciplina do Urbanismo, visando uma contínua avaliação e crítica dos pressupostos que orientam a atuação profissional sobre as cidades. Em segundo lugar, qualquer tentativa séria de avaliar os possíveis e cabíveis intercâmbios entre disciplinas deveria estar pautada por uma

---

[113] As transformações na teoria e nos métodos da ecologia na segunda metade do século XX são expostas de forma acessível em Acot (1990) e Capra (1997).

compreensão acurada de ambas, sob o risco de simplificações que podem comprometer a busca de uma efetiva *multidisciplinaridade* e descambar para julgamentos preconceituosos.

Sob o primeiro aspecto, foi possível verificar que a Medicina e a Biologia, conjuntamente e de forma isolada, concederam vocábulos e conceitos para a descrição e interpretação das cidades, bem como modos de intervenção sobre estas. Uma diferença importante talvez seja a de que os médicos, diferentemente dos biólogos, engajaram-se pessoalmente no trato de questões urbanas e do ordenamento territorial. Através de suas formulações teóricas, mas também de sua atuação profissional, os médicos contribuíram para a formação de uma gama de questões sobre as cidades; ainda hoje, saneamento e abastecimento, higiene, controle de doenças e saúde pública, e mesmo reforma urbana são temas fundamentais no trato do *ambiente urbano*. Já os biólogos, se não tiveram maior atuação profissional sobre o espaço das cidades, adquiriram grande importância como formuladores de modelos interpretativos, principalmente em métodos de análise da questão urbana. Além disso, a contribuição da Biologia, em termos práticos, acabou sendo mediada por outras disciplinas, como Sociologia, Matemática e Demografia.

Sobre o segundo aspecto, ficaram evidentes alguns dos problemas que rondam a tentativa de aplicar às cidades concepções trazidas de disciplinas da área biológica e médica. Um dos principais deles reside na tentativa de aplicar a cidades ou sociedades conceitos e teorias formulados para populações confinadas em um espaço limitado – o que, evidentemente, não é fortuito.

A vasta literatura recente sobre a abordagem sanitarista das cidades vem contribuir, além disso, para a melhor compreensão do conteúdo ideológico dessas formulações. Com relação à contribuição dos biólogos, ainda não está suficientemente claro se as simplificações foram decorrentes de uma interpretação superficial da obra dos primeiros ecólogos, se de uma tentativa apressada e pouco crítica de aplicação de alguns métodos analíticos que encontravam êxito em outras áreas, ou se podem ser verificados aqui traços de uma manipulação ideológica consciente. O que se pode afirmar é que, de fato, tais modos de descrever e interpretar a realidade urbana acabaram por se mostrar convenientes para uma abordagem que se pretendia (ou se representava como) *objetiva, isenta* e *apolítica*.[114] De fato, os modelos estatísticos e a representação cartográfica permitiram legitimar uma forma de interpretar a cidade – e lhe recomendar soluções – sem necessitar do contato com a complexa e desagradável realidade (ou ainda, dito de outra maneira: promovendo um distanciamento que abstrai a materialidade da situação descrita, traduzindo-a em números, mapas etc.).

Desde a "desvinculação" entre sanitarismo e higienismo – dito melhor, entre a intervenção no espaço físico (dado à competência de engenheiros e urbanistas) e o cuidado com a saúde dos indivíduos (assunto para os médicos e educadores), o trato do *meio ambiente urbano* jamais conseguiu se desvencilhar totalmente do estigma sanitarista. Ainda hoje, a questão ambiental nas cidades praticamente se limita à questão dos fluxos e da matéria (água, ar, lixo, solo...) e, portanto, a um assunto cujo domínio cabe aos engenheiros sanitaristas – ou, segundo denominação em voga, *engenheiros ambientais*. Disso trata a *ecologia urbana* entendida como ecologia das cidades. E nesse sentido, uma concepção ecossistêmica só tem a reforçar tal caráter.

Mas a ecologia urbana também pode ser ecologia nas cidades. Então os estudos ecológicos simplesmente adotam a cidade como um ambiente como qualquer outro (poderia ser uma área

---

114 Ao menos no século XX: no século anterior, como observou a Drª Maria Stella Bresciani, era explicitamente política.

de cerrado, uma floresta. Escolheu-se uma área urbana). A pesquisa se volta frequentemente, então, ao convívio conflituoso entre seres humanos e outras formas de vida, especialmente animais. E aqui começa a adoção de concepções altamente temerárias.

Num sentido, busca-se compreender as alterações comportamentais, fisiológicas ou reprodutivas dos animais em ambiente urbano. Facilmente se poderia utilizar politicamente (e com argumentos reacionários) os resultados de tais pesquisas para afirmar novamente o caráter *disgênico* das cidades. Noutro sentido, a continuidade das pesquisas em torno das doenças infecto-contagiosas pode reafirmar a vinculação entre higiene, salubridade e civilidade (como sinônimo de *moralidade*).

Então se percebe que um dos principais argumentos defendidos pela literatura consultada – de que a institucionalização da medicina social no Brasil se insere numa tentativa de dominação e disciplinamento da população (especialmente das camadas mais pobres) – acaba sendo reiterada pelas pesquisas aqui apresentadas. Apenas algumas considerações adicionais mereceriam ser feitas, as quais não visam contestar as importantes questões levantadas pelos autores utilizados, mas ampliar um pouco mais o horizonte de suas indagações em outras direções importantes.

Ao considerar a atuação dos médicos isoladamente no âmbito da saúde pública, tende-se a crer que, a partir de meados da década de 1920, esses profissionais *abrandaram* suas posições e iniciativas, deixando de lado a ação repressora característica das campanhas sanitaristas das primeiras décadas do século XX em prol de uma maior dedicação à educação. Ao colocar lado a lado o higienismo e o eugenismo, a questão pode ser encarada por outra perspectiva: uma parcela da elite brasileira, que via no higienismo sanitarista uma via de controle social, passou a defender intervenções ainda mais autoritárias e radicais – e a adotar um discurso eugenista cada vez mais explícito. À medida que os conflitos sociais e a intensa urbanização não apenas não foram controlados pela *polícia sanitária*, mas, ao contrário, se intensificaram entre as décadas de 1920 e 1930, a tentativa de controle social seguiu os mesmos caminhos da tentativa anterior de controle da doença: do *meio* para o *indivíduo* – embora, talvez, não com o mesmo êxito.

Desde o final da Segunda Guerra Mundial, a eugenia foi desacreditada como ciência, a ponto de se tornar um verdadeiro tabu até recentemente. Entretanto, dificilmente se poderá afirmar que alguns elementos de seu discurso não tenham sobrevivido. As doutrinas raciais não desapareceram de fato, a tentativa de desqualificar ou mascarar conflitos sociais continua tão viva quanto antes, especialmente no trato de questões como da criminalidade, na qual os velhos modelos ainda parecem preservar sua credibilidade.[115] É preciso reconhecer e compreender os aspectos em que o discurso eugênico tenha sobrevivido. As recorrentes tentativas de explicar comportamentos e conflitos sociais em termos de leis biológicas ou "naturais" devem ser encaradas sob essa perspectiva:

> A última década viu o biologismo de uma nova "ciência natural" insinuar-se a passos de lobo no discurso acadêmico (...). À primeira vista, tudo indicava que a pesquisa genética conseguiria desbancar os despropósitos racistas com argumentos científicos. (...) Mas tais constatações curvam-se hoje cada vez mais sob o peso de uma nova "biologização" da conduta social, para a qual, aliás, os próprios geneticistas se aprestam em fornecer a munição. (...) Trata-se sempre, como sói acontecer, de hipóteses não comprovadas que dizem menos da natureza do que da preferência ideológica dos cientistas. Tais estudiosos são muitas vezes ingênuos sob a óptica

---

115 Um exemplo é uma publicação do Instituto Brasileiro de Ciências Criminais dedicada ao tema (FREITAS, 2002).

> social e assim talvez não percebam como suas pesquisas "puramente objetivas" sofrem a influência de correntes ideológicas que solapam a sociedade. (...) Em breve nos brindarão os malfadados cientistas com um "gene de criminalidade" ou um "gene da pobreza" (KURZ, 1996).

Além disso, é preciso reconhecer que tais formas de "ciência" não poderiam ser dissociadas das relações e desígnios sociais que a engendraram – é necessário manter-se sempre atento a novas tentativas de justificação, pelo conhecimento científico, de práticas sociais questionáveis. Nossa época não está imune a essas tentativas, mesmo que a eugenia tenha sido relegada a uma condição de verdadeiro "tabu".

> A descoberta de um destino social com lastros genéticos assenta como uma luva à política neoliberal da redução de custos. A nova disciplina acadêmica da "economia medicinal" fornece aos poucos a carta branca para que, por motivos de custos, os pobres, os enfermos e os incapacitados de países ocidentais sejam agraciados com o "auxílio à morte" (KURZ, 1996).

A constatação de uma íntima relação entre o higienismo e o eugenismo deve servir de alerta. Em outros campos de conhecimento, a influência e os resultados do pensamento eugênico estão sendo discutidos, e a reflexão sobre as cidades – sobre as quais o higienismo republicano atuou com tanta força – não deveria se furtar a esse desafio. Parece claro que há muito que recuperar desse assunto.

Por último, a ecologia, ao ser aplicada à cidade, acaba por reiterar e reformular a "analogia biológica" (a qual, curiosamente, não havia sido lembrada pelos eugenistas). Para isso, representações recorrentes na descrição das grandes cidades no século XIX (como o tema da multidão, por exemplo, e sua equiparação a uma "massa amorfa") são até prescindíveis: há um novo método mais eficiente, que é o de tomar a "totalidade" da cidade, representada por uma entidade abstrata, definida demograficamente: a *população* e seu crescimento.

Os esquemas teóricos da Escola de Chicago, nesse sentido, contribuíram decisivamente para fixar a ideia de que o crescimento da cidade tinha um quê de patologia, e de que seus processos são inevitáveis – *naturais*. Ainda atualmente, não é difícil encontrar uma pessoa que, impressionada com a representação da "mancha urbana" de uma aglomeração como São Paulo (em formas tão *modernas* como uma imagem de satélite), acabe reiterando a imagem de um *câncer*. É preciso lembrar que essas representações são planas: reduzem qualquer relevo (físico ou simbólico) a um esquema simplificado e reduzido.[116]

Atualmente, esse biologismo é por vezes reiterado tacitamente (e, espera-se, ingenuamente), e as heranças deixadas pelo sanitarismo, pela eugenia e pela ecologia das comunidades conformaram um conjunto de representações e modelos dos quais, ainda hoje, o trato das questões urbanas luta para se desvencilhar.

---

116 Uma tentativa bastante recente e instigante de ultrapassar esse reducionismo pode ser verificada na obra do norte-americano Mike Davis, sobre o qual ainda pouco foi escrito no Brasil. Importa destacar, neste ponto, apenas um aspecto da abordagem de Davis no estudo da cidade de Los Angeles: diferentemente das tentativas de aplicação das concepções médico-biológicas à cidade analisadas neste trabalho, o livro do sociólogo norte-americano não abandona a análise da cidade e do "meio ambiente urbano" sob o ponto de vista dos conflitos sociais (a própria "questão ambiental" é mostrada como pano de fundo para manipulações ideológicas, segregação espacial de conteúdo sociorracial, etc.). Assim, Davis chega a uma proposta de redefinição do esquema teórico de Burgess, transformado numa representação de sua "mitografia da cidade" (DAVIS, 2001: 372).

Ambientalismo(s) contemporâneo(s) e a analogia reformulada

> *Quero ver o sol atrás do muro*
> *quero um refúgio que seja seguro*
> *uma nuvem branca sem pó, nem fumaça*
> *quero um mundo feito sem porta ou vidraça*
> *quero uma estrada que leve à verdade*
> *quero a floresta em lugar da cidade*
> *uma estrela pura de ar respirável*
> *quero um lago limpo de água potável*
> (Thomas Roth, "Quero")

A digressão pelos caminhos da Biologia nos séculos XIX e XX, e suas relações com a constituição do Urbanismo como disciplina e "ciência", tratadas no capítulo anterior, foi apresentada num esquema interpretativo que enfocava a *naturalização* das cidades pelos discursos médico-biológico, de um lado, e urbanístico, de outro. Essa naturalização envolveu o enquadramento dos modelos explicativos de cidade em estruturas conceituais e teóricas emprestadas das ciências biológicas; posteriormente, a "metáfora" pareceu se converter em "conceito", e em dado momento teorias originalmente biológicas passaram a ser consideradas *válidas* para o estudo do fenômeno da urbanização.[1] Consequentemente, pode-se dizer que as cidades foram convertidas conceitualmente em "fenômenos biológicos" – naturais – com as implicações sociais e ideológicas já discutidas.

Essa vertente do "naturalismo moderno" está imbricada na constituição de um modo de vida burguês, que vai se tornando hegemônico principalmente a partir de meados do século XVIII, ao qual grande parte do urbanismo nascente se vincula. As tentativas seguintes de imposição de uma "ordem" às cidades parece encontrar um paralelo notável na tentativa de enquadramento da própria "natureza" em termos utilitários (até a consagração, na atualidade, de termos como "recursos naturais", por exemplo): em ambos os casos, interesses de elite ditam os parâmetros pelo qual tanto "cidade" quanto "natureza" passam a ser definidos e tratados.

Neste capítulo, retorna-se a uma questão deixada em aberto no Capítulo 1: a constituição de um dilema, posteriormente um conflito aberto, entre essa visão utilitária e outra reverente da natureza. O Urbanismo, em meio a este conflito, seria incitado a se "naturalizar" ou sofrer o ataque por parte das correntes naturalistas. Suas tentativas de naturalização foram abordadas no capítulo anterior; doravante se tratará dessa relação tensa entre a urbanização e a defesa da natureza expressa na forma do "ambientalismo".

Atualmente, verifica-se o que Acselrad (2001) aponta como um processo de interpenetração entre os discursos do movimento ambientalista e do urbanismo. Assim, o ambientalismo se vê obrigado a incorporar a questão urbana de forma mais cuidadosa, ao mesmo tempo que o urbanismo se vê também na necessidade de responder a questões de preservação/conservação ambiental. Esse processo de mútua penetração (ainda incompleto) suscita

---

[1] Cf. nota # 11 do capítulo "Dos miasmas às moscas", a respeito do uso das "metáforas".

algumas novas e importantes questões: a reabilitação da Biologia (agora sob a forma da ecologia) como um modelo analítico válido para o estudo das cidades, e com ela o debate em torno das implicações da transdisciplinaridade; ou, por outro lado, as mistificações subjacentes à abordagem dualista que põe frente a frente urbanização e meio ambiente, cultura e natureza, questões ambientais e questões sociais. Discutir essas questões é o objetivo fundamental do presente estudo.

Para tanto, será necessário observar as representações de cidade no discurso ambientalista e suas implicações para o Urbanismo e o Planejamento Urbano. Herdeiro de uma tradição essencialmente crítica do processo de urbanização deflagrado pela Revolução Industrial, o ambientalismo com frequência se apropria de um discurso antiurbano que revela, de um lado, sua filiação ao naturalismo em sua forma clássica (estudado no primeiro capítulo) e, de outro, elementos de uma permanência das ideologias burguesas (tratadas no capítulo anterior). Espera-se que tal permanência seja inadvertida, e se assim o for, que este trabalho contribua à sua superação.

Será igualmente importante pôr em questão a própria formulação do problema: colocados como dois elementos em tensão, ambientalismo e urbanismo parecem sugerir uma dicotomia, que, como já dito, deve ser contestada. Trata-se de uma reformulação do velho dualismo campo-cidade, o qual tem por única utilidade, nas palavras de Raymond Williams (1989: 79), "promover comparações superficiais e impedir comparações reais".

A LONGA TRADIÇÃO DO AMBIENTALISMO

O resgate de uma "tradição do ambientalismo" tem sido objeto de numerosos estudos que enfocam a constituição de um ideal (ou ideologia) e um pensamento ambientalista no âmbito da história das ideias, e também num campo que tem buscado se firmar, que é o da História Ambiental. No âmbito da história das ideias, ao menos duas referências fundamentais devem ser destacadas: o influente trabalho de Keith Thomas (1988) e o estudo de Alain Corbin (1989) sobre a mudança de percepções e atitudes para com um ambiente bem particular, a praia. Esses estudos apontam para a preocupação coletiva com o meio ambiente como resultado de mudanças estruturais no repertório de valores da sociedade ocidental.[2]

Logo de início, defronta-se com uma controvérsia a respeito do horizonte histórico do que hoje se denomina *ambientalismo*. Pode-se restringi-lo a um fenômeno emergente no século XX (principalmente na década de 1960), centrado nos Estados Unidos e Europa e baseado em um questionamento da sociedade "urbano-industrial" ocidental; mas também se pode ver o ambientalismo como resultado de um longo processo de transformação das sensibilidades e das mentalidades que ocorreu ao longo do longo e impreciso período denominado "moderno".[3]

Yi-Fu Tuan, nessa segunda vertente, define o ambientalismo como "a tentativa de explicar os traços humanos e sociais pelas propriedades do ambiente físico", que assim teria uma história quase

---

[2] Outros estudos que merecem citação nessa área são os de Marx (1964), Nash (1982) e Turner (1983).

[3] Dependendo do critério adotado, pode-se localizar a origem do período "moderno" no século XIII, ou a partir do Renascimento (séculos XV e XVI), na Revolução Científica (séculos XVI e XVII), no Iluminismo ou em sua filha, a Revolução Francesa (XVIII), ou ainda na guinada conservadora empreendida pela burguesia na segunda metade do século XIX. Sem pretender questionar esses diversos recortes, adotou-se nesta pesquisa a perspectiva de uma série de autores que tomam como ponto de referência inicial a segunda metade do século XVIII, conforme se observou nos capítulos anteriores.

tão longa quanto a da própria humanidade.⁴ A constituição de uma ideia "ambientalista" requer, portanto, uma operação epistemológica fundamental: a separação homem-natureza. Se essa separação permite ao homem desenvolver a ciência como seu olhar externo sobre o mundo,⁵ o ambientalismo, tal qual definido por Tuan, representaria o movimento em sentido contrário: "tendo bifurcado a natureza, ele propõe estudar como a natureza determina ou influencia um de seus elementos isolados – o homem" (TUAN, 1971: 26).

Ao propor a "natureza" como causa ou explicação para os resultados da ação humana e, ao mesmo tempo, como árbitro ou medida última do homem, o ambientalismo encara uma dificuldade essencial: "o indivíduo humano tem um passado e é dirigido para o futuro: em qualquer momento dado, a influência ambiental é filtrada através de suas experiências passadas (...) e através das antecipações que emergem do passado" (TUAN, 1971: 38).

A ideia de uma "longa tradição" por trás do *ambientalismo* assim definido remontaria então à "teoria dos meios"⁶ e à Antiguidade, ao determinismo geográfico dos séculos XVIII e XIX e, posteriormente, a parte da herança darwinista e à ecologia. Sem recuar tanto no tempo, contudo, é possível remontar à herança do pensamento rousseauniano e do movimento romântico na transformação da afetividade originária do ambientalismo.⁷

---

4 No entanto, convém observar que, na acepção contemporânea, o ambientalismo diz respeito muito mais ao inverso: os efeitos da ação do homem sobre a natureza.

5 E nisso consiste o processo básico de *extroversão*, da forma como é utilizada por Lenoble, e que foi observada no primeiro capítulo.

6 Sobre a chamada "teoria dos meios", concepção que remonta à Antiguidade (Hipócrates, Galeno, Vitrúvio) e estaria na origem da concepção sanitarista que orientou a intervenção nas cidades no século XIX até princípios do século XX, vide Andrade (1992).

7 Discutido na Parte I. A ele também se podem acrescentar os chamados "socialismos utópicos", no início do século XIX.

AMBIENTALISMO E SOCIEDADE

Aqui se introduz a ideia do ambientalismo não apenas como concepção ou doutrina, mas também como um movimento social – o qual, como se discutirá na sequência, não deve ser considerado único, mas sim uma pluralidade de movimentos nem sempre coerentes e sinérgicos. Por uma série de razões, que incluem a própria preponderância político-econômica norte-americana no século XX, as atenções acabaram se voltando ao surgimento e ascensão dos movimentos ambientalistas nos Estados Unidos, a ponto de fazer crer que este caso, talvez bastante particular, tenha servido de modelo a todos os demais.

Uma "história oficial" do ambientalismo

Desde as origens dos debates contemporâneos acerca da proteção aos "recursos naturais", ao menos duas tendências marcaram posição clara – que, no caso norte-americano, configuraram uma polêmica de fato. Essas tendências poderiam ser denominadas, seguindo Diegues (2000), como *preservacionistas* e *conservacionistas*. Enquanto a corrente preservacionista defendia o puro e simples isolamento de áreas naturais do contato com o homem,[8] a corrente conservacionista advogava o uso "racional" dos "recursos naturais", para a qual um conceito basilar é o da prevenção do desperdício

---

8   Castells (1976) argumenta que essa tendência tem suas origens claramente marcadas no surgimento das sociedades protetoras da natureza, tais como o Sierra Club (fundada em 1892 por John Muir) ou a Audubon Society, de caráter elitista e conservador, que inicialmente teria tido pouco eco "numa América lançada no máximo da industrialização e na formação de grandes trusts econômicos à escala mundial" (CASTELLS, 1976: 73). Mesmo seu mais famoso inspirador, Henry David Thoreau, teria sido por algum tempo considerado apenas "um rousseauniano de segunda ordem" (*idem, ibidem*).

(DIEGUES, 2000: 29). Outra diferença entre as posições pode ser sintetizada preliminarmente na qualificação de "biocêntricos" aos preservacionistas e "antropocêntricos" aos conservacionistas.[9] A consolidação das "questões ambientais" nos Estados Unidos, em termos teóricos, metodológicos e conceituais, se deu ao longo da primeira metade do século XX, orbitando em redor de uma ou outra dessas posições.

A partir da década de 1960, denúncias dos efeitos nocivos da industrialização ao ambiente, como aquelas encampadas por Rachel Carson (*Silent spring*), Barry Comoner (*The closing circle*), ou a constatação de um crescimento populacional sem precedentes (*The population bomb*, de Paul Ehrlich), alimentam um amplo movimento social contestatório que põe em questão o modo de vida das sociedades capitalistas ocidentais, ou da sociedade "urbano-industrial". Para Castells (1976), porém, os líderes estudantis do final da década de 1960 partem do mote da defesa do meio ambiente para a reorganização de um ativismo social que havia então entrado em crise, e acabam reabilitando a ideologia de uma elite "passadista" que havia parado no tempo.[10] Orientados no sentido da "conserva-

---

9   Pode-se dizer, desde já, que tal dualismo talvez seja uma contraposição apressada e um pouco redutora. Parece sugerir uma oposição entre "ecólogos" e "humanistas" que, de fato, não se demonstra. Válido como um ponto de partida útil, esse contraponto deveria ser refinado em diferenças mais sutis de conteúdo social, político e cultural.

10 O nome destacado por Castells é o de Cliff Humphrey, da Universidade de Berkeley, fundador do grupo Ecology Action, em 1968. O movimento criado por ele se difundiu pela constituição de um núcleo militante que tratava de disseminar o programa e a pauta de reivindicações, baseadas em teses milenaristas de defesa do retorno "às fontes do começo fatídico da destruição do nosso mundo". Diferentemente do que ocorrera com os diversos movimentos sociais anteriores, esse engajamento ambientalista contou com amplo apoio das universidades, que "abriram as suas portas e ofereceram os seus recursos aos defensores da ecologia, organizando cursos e investigações sobre estes temas" (CASTELLS, 1976: 75).

ção da natureza", esses movimentos apontam suas armas para as causas do "desequilíbrio" ambiental, e acabam lançando a questão urbana ao centro do debate, ora acompanhada de outros "vilões", como a sociedade de consumo, a indústria ou o capitalismo, ora amalgamada a esses, ora ainda como um problema autônomo.

> (...) os problemas urbanos não são tratados como tais e as cidades são condenadas globalmente enquanto meio de vida artificiais (e não naturais). Mas se a natureza não tem que se ocupar da cidade, a sua problemática está intimamente ligada à explosão demográfica; o controle rigoroso dos nascimentos passa a ser uma das mais rígidas reivindicações dos defensores do equilíbrio natural (CASTELLS, 1976: 76).[11]

Outro livro-chave, nessa história, é publicado em 1972: *Os limites do crescimento,* na realidade, o primeiro resultado das pesquisas realizadas pelo chamado Clube de Roma[12] em colaboração com o Instituto de Tecnologia de Massachusetts (MIT). O estudo buscava demonstrar, através da modelagem matemática baseada na Dinâmica de Sistemas de Jay Forrester (professor do MIT), que a continuidade do crescimento da economia mundial levaria a catástrofes como fome, escassez de recursos, doenças, resultando em grande mortandade. Como solução, o grupo advogava o

---

11 Note-se aqui a poderosa influência da obra *The population bomb,* de Paul Ehrlich, presidente da Zero Population Growth. Nessa obra, Ehrlich propõe medidas extremas para o controle da natalidade, especialmente nos países "subdesenvolvidos", que incluem até mesmo o lançamento de produtos esterilizantes na água das grandes cidades.

12 O chamado Clube de Roma consistia em uma associação informal criada em 1968, por iniciativa do empresário e economista italiano Aurélio Peccei, ligado à Fiat e Olivetti, e os primeiros trabalhos do grupo contaram com o apoio financeiro da Fundação Volkswagen.

princípio de *crescimento zero*, um estado de *equilíbrio* a ser instaurado de imediato.[13]

As propostas do Clube de Roma, logo tachadas de "neomalthusianas", representam talvez o último momento em que o pensamento ambientalista se pôs em rota de choque com os interesses capitalistas – ainda que de uma perspectiva socialmente bastante questionável, como se verá adiante. Desde os anos de 1970, com a crescente institucionalização das questões ambientais – desde os órgãos governamentais até entidades multilaterais como a ONU e o Banco Mundial –, vai ganhando espaço a ideia de "conciliar desenvolvimento com preservação ambiental", restringindo cada vez mais o espaço à crítica dos modelos sociais e econômicos sobre o qual se assentavam os pressupostos dessa formulação – a própria crítica à noção de *desenvolvimento* ou de *crescimento* acaba se restringindo ao âmbito dos movimentos ditos "contraculturais", "extremistas" ou "obscurantistas".

Desde as reuniões preparatórias para a Conferência de Estocolmo (1972), vinte anos de debates e contribuições levam à consagração da ideia de "sustentabilidade", ou de "desenvolvimento sustentável", cunhado em 1981 pelo fundador do Worldwatch Institute, Lester Brown, em seu livro *Building a sustainable society* (BROWN, 1983).[14] O chamado Relatório Brundtland antevia,

---

13 Destaque-se o método e a proposta: modelagem matemática como ferramenta para "previsão" de tendências futuras e recomendação para que se instaure um estado de *equilíbrio*. O primeiro aspecto remete à questão, tratada no capítulo anterior, sobre o alcance da estatística – questão a ser retomada adiante. O segundo aspecto já foi destacado, neste mesmo capítulo, na seção anterior. Cabe mencionar que uma edição comemorativa dos 30 anos de lançamento desse livro foi publicada recentemente pelos mesmos autores da edição original, à qual foram feitas revisões, atualizações e acréscimos (MEADOWS *et al.*, 2008).

14 O "desenvolvimento sustentável" será discutido adiante, mas pode-se observar desde já uma curiosidade sobre o livro de Brown: no Brasil, a obra foi pu-

em 1987, um novo modelo de crescimento, pautado pelo respeito aos recursos naturais, o combate à pobreza e a melhoria das condições de vida em todo o mundo. Entretanto, como reconhece Franco, admitia que "a solução dos problemas ambientais poderia ser conseguida através de medidas tecnológicas, financeiras e institucionais, sem questionar o modelo vigente de crescimento" (FRANCO, 2000: 159). Em dezembro de 1989, a ONU convocou um encontro global para elaborar estratégias de reversão do quadro de degradação ambiental planetária. O encontro foi realizado em 1992 no Rio de Janeiro, e ficou conhecido como a Cúpula da Terra, ou simplesmente Rio 92 (ou Eco 92). O documento final da reunião foi a Declaração do Rio (ou Agenda 21), um manifesto em 27 princípios que estabelecem as bases para se alcançar o *desenvolvimento sustentável*.

Sustentabilidade e sociedade: seria uma rima...

A ideia de desenvolvimento sustentável constituiu-se, nas duas últimas décadas, numa expressão determinante do debate sobre as questões ambientais, e seu desenvolvimento está intimamente relacionado à emergência de um "ambientalismo global". Sua importância deve ser creditada principalmente à força que as noções de "sustentabilidade" e "desenvolvimento sustentável" adquiriram a partir de sua adoção por parte de organizações multilaterais como as Nações Unidas ou o Banco Mundial. Ao longo da década de 1990, o termo acabou sendo ampliado, incorporando planos para a reforma de instituições e da sociedade. A promoção dessas reformas passou a ser vinculada à de *sustentabilidade* de

---

blicada em 1983 com o título *Por uma sociedade viável*. Viável, não sustentável. O termo ainda não havia se consagrado.

países, regiões ou municipalidades, e assim passaram a ser promovidas pelas agências multilaterais de financiamento, num contexto de globalização econômica e neoliberalismo.[15]

O progressivo comprometimento de organismos internacionais com a causa do desenvolvimento sustentável traz certas implicações que devem ser notadas: acaba-se associando sub-repticiamente a adoção dos preceitos da globalização ao alcance de um "desenvolvimento sustentável"; corre-se o risco de aceitação sem questionamento dos processos dominantes de globalização, da forma como vêm sendo promovidos por esses órgãos (BID, Banco Mundial, OMC, FMI etc.). Como observam Brand e Görg (2003), a institucionalização do desenvolvimento sustentável ao longo da última década também se deu "de cima", com países hegemônicos fazendo prevalecer seus interesses em acordos internacionais como as convenções sobre o clima e a biodiversidade,[16] e promovendo uma verdadeira "mercantilização da natureza" (BRAND e GÖRG, 2003: 47).

A principal questão colocada é a respeito do papel da sustentabilidade: ponto de partida para uma remodelação ou reafirmação do capitalismo, num contexto de globalização neoliberal e transição para o "pós-fordismo",[17] ao invés de um projeto emancipador

---

15 O tema é bastante explorado por autores da compilação organizada por Henri Acselrad (2001), em especial por Lynch (ACSELRAD, 2001: 57-82), Compans (p. 105-138) e Oliveira (p. 177-202). A imposição de uma agenda de competitividade entre as cidades por parte dos promotores da globalização neoliberal é também analisada em profundidade por Arantes *et al.* (2000).

16 Sem falar no longo processo de adoção do chamado Protocolo de Quioto, para redução das emissões de poluentes atmosféricos.

17 E nesse caso, a ecologia atual fornece uma série de imagens convenientes a analogias, ao sublinhar a importância da flexibilidade, da complexidade, da eficiência etc. Um dos conceitos que vem ganhando força, dentro desta linha, é a do "biomimetismo" em desenho industrial, gestão e logística. Vide, por exemplo, Hawken *et al* (2000).

e visando à superação desse mesmo contexto. Indo de encontro a esse aparente consenso, Acselrad (2001: 27-55) cita distintas matrizes discursivas que se apropriam da noção de sustentabilidade e, com abordagens e proposições diferentes e não inteiramente compatíveis, competem pela hegemonia no uso do termo. A disputa não é prosaica, já que se trata de um conceito a partir do qual se pretende discriminar, "em seu nome, as boas práticas, das ruins" (ACSELRAD, 2001: 27-55), o que leva a uma disputa por legitimação e, consequentemente, deslegitimação do "oponente".

Talvez a principal matriz do discurso da sustentabilidade seja o discurso do "equilíbrio" ecossistêmico, e está pautada pela *eficiência na utilização dos recursos naturais*. Pela lógica da eficiência, sustentabilidade é motivada por "combate ao desperdício da base material do desenvolvimento, a instauração da racionalidade econômica na escala do planeta, a sustentação, enfim, do mercado como instância reguladora do bem-estar dos indivíduos na sociedade" (ACSELRAD, 2001: 32). De outro lado, tem-se a matriz que se preocupa em vincular a noção de sustentabilidade à de *suficiência* (ou seja, de limites ao crescimento). Buscando conceber o desenvolvimento como um processo regulado e interno a um sistema fechado (e, nesse caso, o fechamento só é concebível, de fato, na escala planetária), defende-se o estabelecimento de meios para garantir a redução do consumo global. Se na década de 1970 a ênfase dada era para a redução populacional, contemporaneamente verifica-se uma mudança de orientação[18] para a busca pela redução do consumo individual.[19]

---

18 Talvez pelo fato de, nas últimas décadas, os órgãos internacionais terem detectado uma tendência de estabilização demográfica da população mundial, inclusive com retração em certas regiões do globo.

19 A edição de 2003 da publicação *Estado do Mundo*, do Worldwatch Institute, é dedicada inteiramente ao tema. Numerosos outros artigos são publicados pela mesma organização.

Tal argumentação reaviva o debate, travado já na década de 1970, entre redução do consumo/contenção do crescimento *versus* equidade na distribuição dos recursos. Em outras palavras, a justiça "intergeracional" subjacente ao discurso da sustentabilidade "não pode, por certo, se sustentar legitimamente se não for apresentada de forma subordinada à muito palpável questão da injustiça intrageracional" (ACSELRAD, 2001: 35).

Nos últimos anos, movimentos de contestação da ordem econômica predominante, como os protestos de Seattle (1999) e os Fóruns Sociais Mundiais (em Porto Alegre e Mumbai), têm contribuído também para a formulação de um debate no qual o próprio conceito de desenvolvimento sustentável se configura um terreno específico de conflito.[20] As diversas vertentes do ambientalismo, como diferentes abordagens teóricas, implicam numa multiplicidade de interpretações e apreciações da "sustentabilidade", de modo que a literatura pode ir de uma produção inteiramente comprometida com o ideal de "desenvolvimento sustentável" até uma que lhe é abertamente crítica.[21]

Essas diversas vertentes veem-se obrigadas a dialogar com as teses do desenvolvimento sustentável e seus termos, e a necessidade de estabelecer um diálogo se sobrepõe às tentativas de revisão ou crítica. Em parte porque a noção de desenvolvimento sustentável corresponderia ao "denominador comum" que permite avançar no estabelecimento e incorporação de valores e práticas

---

20 A pergunta mais frequente é: "sustentável o quê e para quem?", na medida em que se tem verificado que, longe de produzir a supcração das desigualdades sociais, o modelo vigente de globalização tem aguçado essas desigualdades.

21 A diferença reside, de forma geral, no papel a que se atribui o próprio ambientalismo. Movimentos mais comprometidos com o preservacionismo/conservacionismo e de atuação mais "pragmática" tendem a se alinhar mais facilmente ao sustentabilismo; movimentos emancipatórios e contraculturais, por sua vez, podem adotar o discurso da sustentabilidade com reservas, ou mesmo questionar suas premissas.

alinhados com os princípios do equilíbrio ecológico planetário (ou em cada localidade). Deve-se contudo precaver da interpretação segundo a qual essa necessidade de um diálogo em bases comuns se confundiria com uma "unanimidade". Neste sentido, talvez o emprego cada vez mais difundido da terminologia da "sustentabilidade" sirva mais para ocultar do que revelar um debate ainda não resolvido sobre os rumos desejados para a sociedade global.

Atualmente, há uma disputa particular em torno da ideia de *sustentabilidade* e dos rumos que o debate ambientalista tomará em seu nome. Com a crescente difusão de tal ideia no meio empresarial, percebe-se que o termo vem tendo seu uso pendido cada vez mais para suas acepções "pragmáticas" e "realistas" – o que significa, primordialmente, uma desqualificação do ambientalismo "radical" e "utópico" daqueles que se propõem a, em nome da conservação e preservação ambiental, reformular as bases do sistema produtivo em função dos princípios da sustentabilidade.

Perdendo o conteúdo mais explicitamente crítico do sistema capitalista, a noção de desenvolvimento sustentável acaba se reduzindo a um novo instrumento dos empresários para "agregar valor" (vide a publicidade promovida em torno das certificações como ISO 14000 ou a implantação de *Sistemas de Gestão Ambiental*), "conquistar novos mercados" ou simplesmente "melhorar a imagem corporativa" perante uma comunidade que se mostra cada vez mais atenta. Essa nova orientação tem também implicações no campo profissional: reduzida cada vez mais a uma questão de *gestão*, os profissionais destacados para os setores ligados a meio ambiente nas empresas passam a ser cada vez mais cobrados por qualificações ligadas à gestão de processos, atividades e os fluxos matéria-prima/produto/resíduos, num esvaziamento de qualquer conteúdo territorial ou mesmo sociocultural ligado à ideia de "ambiente". Radicaliza-se, portanto, uma visão integralmente tecnocrática e apolítica das questões ambientais. Assim os empresários respondem, a seu modo, de qual *sustentabilidade* se trata.

Ambientalismo como movimento... único?

Permeando essa história "oficial", há que reconhecer a diversidade de interesses sociais dos diversos atores envolvidos, suas diferentes formas de discurso e manifestação e observar com cuidado o aparente consenso em torno da ciência da ecologia como base conceitual e teórica.[22] Do ponto de vista da Sociologia, o ambientalismo contemporâneo despertou considerável interesse, e um dos temas que logo chamou a atenção dos pesquisadores foi esse aspecto diversificado dos movimentos de inspiração ambientalista, motivando algumas tentativas de estabelecimento de uma espécie de *tipologia* destes movimentos. Dessas tentativas, duas são aqui destacadas: a primeira, uma tentativa de interpretar o "ambientalismo global", ou as diversas manifestações ambientalistas em escala mundial; a segunda, em contraste, atém-se à realidade brasileira tentando observar a trajetória do ambientalismo nesse contexto particular.

Manuel Castells dedica-se à questão do movimento ambientalista em duas ocasiões diferentes em um período de cerca de vinte anos. Na primeira ocasião (CASTELLS, 1976), atenta para o movimento ambientalista nos EUA a partir do final da década de 1960.

---

22 Embora seja forçoso reconhecer a primazia conceitual que hoje goza o conceito de ecossistema e todas as análises dele decorrentes, é igualmente importante ter em mente que a ecologia é uma ciência que também apresenta suas "correntes teóricas" diversificadas, distintas, e não inteiramente harmoniosas. Aos ouvidos de um ecólogo, a expressão "paradigma ecológico" talvez pareça, portanto, uma indevida simplificação. Agradecimentos devem aqui ser prestados aos professores do Instituto de Biociências da USP, Wellington Delitti e Gisela Yuka Shimizu, por me apresentarem esse debate.

Nessa primeira abordagem, o autor considera que o movimento tem como base social definida uma vanguarda de estudantes e clubes de jovens, com o apoio de uma grande fração da classe média branca, até então afastada dos movimentos sociais e ideológicos. Inicialmente, suas reivindicações pouco teriam avançado além daquelas reconhecidas e legitimadas pelos meios dirigentes, praticamente sem eco nas minorias (negros, "chicanos", índios) – talvez porque justamente então essas minorias se mostravam em crescente radicalização política, e o movimento de proteção à natureza buscasse justamente a "superação das fronteiras ideológicas".

Nesse estudo, Castells propõe uma primeira "tipologia do movimento", apontando para quatro segmentos expressivos: o "eco-establishment" que opunha ao comunismo o "retorno à comunidade primitiva, no interior de um sistema apoiado na livre empresa" (CASTELLS, 1976: 79);[23] o grupo ligado àqueles protagonistas já mencionados, membros de uma elite de classe média, a qual se concentrou em temas de menor repercussão social e, justamente por isso, mais fáceis de alcançar popularidade; mobilizações sociais de caráter mais contestador e de inclinações revolucionárias, como certos movimentos estudantis que se propunham contrapor ao modelo da sociedade de consumo ou, mais ainda, mobilizações de minorias, como as dos *ghettos* negros norte-americanos (cujas reivindicações e objetivos eram especificamente urbanos). A maior parte desses movimentos retoma, renova e

---

23 É justamente essa vertente a que sofreu severa crítica da esquerda norte-americana, pois a ênfase no meio ambiente "naturaliza as contradições sociais, reduzindo a História a uma relação entre o homem e a Natureza (...). Apolítica, humanitária, universalista e cientista, a ideologia do meio ambiente transforma a desigualdade social em danos físicos e funde as classes sociais num único exército de escudeiros" (CASTELLS, 1976: 80-1). É preciso estar atento a tais críticas, já que um segmento importante daqueles que debatem a *sustentabilidade* atualmente apoiam-se nas mesmas premissas de "eficiência ecológica" desvinculada das questões sociais, como será visto adiante.

amplia o modelo de participação "comunitária" fundamental da vida política americana, "com um grande tema partilhado e apreciações diferentes que se afrontam delicadamente através do *lobbying*, em instituições que não são postas em causa" (CASTELLS, 1976: 89). Para Castells (1976: 90),

> Assim, a luta pelo meio ambiente nos EUA será uma vasta empresa de mistificação ou uma poderosa mola de transformação, conforme a capacidade dos movimentos políticos em reconhecer e orientar os novos movimentos sociais e urbanos.

Já em 1999, com uma nova tentativa de tipificação do ambientalismo, agora em escala mundial, Castells distingue cinco diferentes movimentos de caráter ambientalista: (i) movimentos de *preservação da natureza* que, nos Estados Unidos, uniram-se no início da década de 1980 para formar a aliança conhecida como o Grupo dos Dez[24] – movimento que acabou por se tornar uma grande força por trás do *sustentabilismo* que se tornou hegemônico no pensamento ambientalista; (ii) a *mobilização das comunidades locais em defesa de seu espaço* "contra o grau excessivo de desenvolvimento, a construção de autoestradas, e de instalações que processam e manipulam subs-

---

24 Formado por: (i) Sierra Club, (ii) Audubon Society, (iii) Wilderness Society, (iv) National Parks and Conservation Association, (v) National Wildlife Federation, (vi) Natural Resources Defense Council, (vii) Izaak Walton League, (viii) Defenders of Wildlife, (ix) Environmental Defense Fund e (x) Environmental Policy Institute. Segundo Castells, o grupo mantém a "defesa pragmática das causas voltadas à preservação da natureza mediante o sistema institucional (...), dentro dos parâmetros razoáveis sobre o que pode ser conquistado no atual sistema econômico e institucional" (1999: 145). A causa da preservação da natureza, para esses ambientalistas, continua acima das diferenças sociais e ideológicas, e sua luta se dá por meio das instituições (e em nome delas), através de *lobbies* organizados e influentes, contando com doações de membros da elite, de empresas, além de grande apoio popular.

tâncias tóxicas nas proximidades de suas residências" (CASTELLS, 1999: 146), razão por que foram apelidados de *movimentos NIMBY* (*not in my back yard*, ou Não no meu quintal); (iii) o "ambientalismo contracultural", na realidade, uma gama de movimentos, originados nas décadas de 1960 e 70, e que têm como base ideológica comum a "ecologia profunda", de Arne Naess, sobre a qual se tratará adiante, e o estabelecimento de um elo entre ação ambiental e revolução cultural; (iv) o chamado ecofeminismo, que defende o "princípio de respeito absoluto pela natureza como fundamento da libertação tanto do patriarcalismo quanto do industrialismo", e considera as mulheres "vítimas da mesma violência patriarcal infligida à natureza" (CASTELLS, 1999: 149); e por fim (v) o *ambientalismo internacionalista*, cujo exemplo mais proeminente é o Greenpeace, talvez o principal responsável pela popularização das questões ambientais globais,[25] através da ação direta e não violenta com grande repercussão da mídia.[26]

---

25 Mobilizado em torno do princípio da sustentabilidade, o Greenpeace tem como características essenciais: advogar a premência da proteção da vida no planeta; a atitude de "testemunha dos fatos" em termos de ação e de estratégia de comunicação; e um pragmatismo de feição empresarial. "Nessa linha de raciocínio", diz Castells (1999: 150), "não há tempo para discussões filosóficas", o que significa que a organização não se dispõe a participar de discussões com outros grupos ambientalistas, nem se envolver com ideias contraculturais. Merece destaque seu compromisso internacionalista, por vezes até vendo o Estado-nação como obstáculo ao estabelecimento de controles ao desenvolvimento "desenfreado e destrutivo" atual.

26 Um último dos tipos definidos por Castells é o da "política verde", cujo modelo é o Partido Verde alemão. Fundado em 13 de janeiro de 1970 a partir de mobilizações contra armas nucleares, e segundo um conceito de poder "natural e comum a todos, compartilhado por todos, e usado por todos para o bem de todos" (Petra Kelly *apud* CASTELLS, 1999: 152), o Partido Verde acabou se reestruturando na década de 1990. Setores mais pragmáticos e adeptos à difusão das ideias do partido por meio das instituições assumiram o controle do partido, em detrimento daqueles mais fiéis aos princípios da democracia popular e da ecologia.

No Brasil, as tentativas de análise sociológica dos movimentos ambientalistas têm na figura de Eduardo Viola seu principal nome e em sua tese do multissetorialismo do movimento ambientalista uma referência quase inescapável, num campo de estudos relativamente recente.[27] Em uma série de artigos, sozinho ou em coautoria, Viola interpreta o movimento ambientalista brasileiro em termos de setores e atores sociais; mais recentemente, tem defendido a ideia de ambientalismo como "ideia-força" que perpassa os diversos setores da sociedade, num processo de disseminação progressiva promovida por diferentes tipos de elite – trata-se, portanto, de um processo incremental.[28]

A expansão do movimento ambientalista corresponderia assim a uma diversificação social dos atores engajados, incorporando progressivamente novos setores da sociedade. Se num primeiro momento (década de 1970) o ambientalismo é promovido principalmente por órgãos ambientais estatais[29] em diálogo com

---

27 Na opinião de Alonso e Costa (2002), o campo teve que esperar a redemocratização, em meados da década de 1980, para se constituir. Desde então, uma "literatura verde" oriunda de diversas especialidades, engajada politicamente e comprometida com a ideia de "desenvolvimento sustentável", vem dando o tom do debate em torno das questões ambientais. Apenas a partir da segunda metade da década de 1990 verifica-se um maior grau de profissionalização, diversificação e especialização das abordagens teóricas.

28 Essa abordagem é um dos aspectos mais comumente criticados na abordagem de Viola. Para Alonso e Costa (2002: 43), por exemplo, "a teoria multissetorial dá uma explicação linear para as mobilizações ambientalistas. Vê a 'ambientalização' como progressiva e cumulativa. Daí sua dificuldade para explicar refluxos". Outra crítica feita diz respeito ao fato de que "Viola não avançou por uma análise das práticas do movimento. Seu universo empírico ficou limitado às instituições e leis ambientalistas" (ALONSO e COSTA, 2002: 41).

29 Os quais teriam sido criados como uma forma de atender à pressão internacional e atenuar a má impressão causada na Conferência de Estocolmo (1972), quando o Brasil se opôs à ideia de impor "limites de crescimento" também aos países subdesenvolvidos, alegando que isto condenaria suas populações à miséria permanente.

ativistas da sociedade civil, após a redemocratização configura-se um "ambientalismo multissetorial", que teria convergido, após a Conferência das Nações Unidas para o Meio Ambiente e Desenvolvimento (a "Eco-92" ou "Rio-92"), para o ideal de "desenvolvimento sustentável". Os setores que sempre aparecem nas análises de Viola são as ONGs ambientalistas, agências estatais de meio ambiente; movimentos sociais, instituições científicas e o empresariado.[30]

O movimento ambientalista brasileiro seria fundamentalmente tributário das vertentes que Castells denominou "ambientalismo internacionalista" e dos "protetores da natureza", com pouca penetração de movimentos como o ambientalismo contracultural, os NIMBYs ou a política verde. Levando-se em conta os resultados institucionais do movimento ambientalista (órgãos estatais e legislação), que são de fato o foco central das análises de Viola, tal conclusão se sustenta: a ideia de desenvolvimento sustentável está presente nos alicerces de toda a legislação ambiental brasileira, bem como das políticas públicas dirigidas à lida das questões ambientais, e condiciona o discurso das diversas organizações ambientais, sejam elas do governo ou não.

Entretanto, uma pronunciada ênfase é colocada sobre certas vertentes do ambientalismo (as mais comprometidas com o ideal

---

30 Com a globalização, Viola (1996) acabou dando atenção também às agências internacionais e redes multissetoriais e, em balanço da Rio-92 (VIOLA, 1995a), acrescenta também políticos profissionais, religiosos, educadores, jornalistas e artistas. Outros setores reconhecidos (VIOLA e BOEIRA, 1990) incluem os "ambientalistas do potencial humano" (que incluem setores medicinais e educacionais "alternativos", praticantes de exercícios físicos "holísticos" como yoga, t'ai-chi-chuan ou massagem, estudiosos de parapsicologia); populações rurais (e pescadores); dissidentes de macroestruturas como: meios de comunicação, igrejas, agências e empresas estatais, partidos políticos, sindicatos, poder judiciário, escolas e empresas privadas; formadores de opinião ligados, principalmente, aos meios de comunicação; e o Partido Verde.

de sustentabilidade), ofuscando outros movimentos de natureza distinta. Parece razoável supor que haja também movimentos não inteiramente alinhados com o ideal de desenvolvimento sustentável, particularmente aqueles ligados a mobilizações sociais de cunho marcadamente político. Assim, é possível presumir uma gradação de comprometimento com o ideal de sustentabilidade. Isso explica, por exemplo, o fato, constatado pelo próprio Viola, de que a incorporação do ideal e do discurso do desenvolvimento sustentável tem ainda pouco rebatimento nas práticas cotidianas dos diversos atores. Ou seja, falar em "minimização de impactos ambientais" é sempre mais fácil do que "mudanças de atitude". Mas mesmo em nível analítico, o privilégio à observação de instituições e associações, sem cruzar outras nuances que permitiriam enriquecer a consideração das motivações pessoais ao engajamento no ambientalismo, dificulta também a compreensão dos principais problemas enfrentados pelos movimentos ambientalistas em conseguir a adesão de certos setores sociais, ou de convencê-los a se engajar em práticas individuais e movimentos coletivos de inspiração ambientalista.[31]

Na construção de uma ideia de "consenso" implícita na noção de um *novo paradigma*, um elemento fundamental é a admissão de que todas as correntes dentro do ambientalismo se reconhecem como tributárias de uma mesma disciplina, que é a ecologia. Ainda assim, seria difícil dizer que todas compartilham de uma mesma "cultura científica",[32] uma vez que,

---

31   Uma tentativa recente nesse sentido, num âmbito particular que é a sociedade norte-americana, avança certas considerações a respeito, apontando para a "arrogância" com que as lideranças ambientalistas definem o que deve e o que não deve ser enquadrado como uma "questão ambiental" (SHELLENBERGER e NORDHAUS, 2004).

32   Holling (1998) reconhece pelo menos "duas culturas da ecologia", uma que denomina "analítica" e outra "integrativa". Embora defenda a transição rumo

como já se observou, é difícil se referir, atualmente, a uma ecologia – única ou homogênea – mas, em vez disso, caberia mais propriamente falar de "ecologias".[33] Levanta-se então um problema: se a ecologia fornece o fundamento do ambientalismo, a diversidade de movimentos ambientalistas poderia ser também explicada pela diversidade conceitual que cada um desses movimentos toma como base, tema que mereceria um estudo mais aprofundado.

De qualquer forma, assim como a diversidade social é por vezes mascarada por um aparente consenso em torno da ideia de sustentabilidade, também a riqueza de abordagens e métodos ecológicos corre o risco de ser reduzida sob o peso de uma concepção que se tornou poderosamente hegemônica, que é a noção de *ecossistema*. Trata-se, na realidade, de um aspecto particular de um processo muito mais amplo que se desenrolou durante a segunda metade do século XX, que é a ascensão do chamado "paradigma sistêmico", o qual vem tomar lugar do paradigma darwiniano do início do século como um dos principais (se não o principal) modelo teórico oriundo da Biologia capaz de ser extrapolado ao âmbito do social. As condições de ascensão desse paradigma sistêmico, bem como suas implicações, são o objeto da próxima sessão.

---

a uma ecologia cada vez mais integrativa, Holling admite que tal transição ainda não se efetuou.

33 O número de "ecologias", porém, permanece indefinido. Diferenças de método, de aplicações ou de objeto podem levar a diferentes separações: mega/macro/microecologia, auto/sinecologia, animal/botânica, aquática/terrestre (essas ainda passíveis de novas subdivisões segundo diferentes ambientes: marinha, lacustre, florestal, agroecologia, e até mesmo, em um sentido muito particular, *ecologia urbana*) são apenas alguns exemplos das múltiplas possibilidades de diversificação do campo de pesquisas dessa ciência.

ECOLOGIA NO PÓS-GUERRA E A ASCENSÃO DO PARADIGMA SISTÊMICO

Para tanto, é necessário retomar aos primórdios dos dois conceitos centrais a essa discussão, exatamente o termo ecossistema, de autoria creditada a Arthur George Tansley (1871-1955), e a teoria de Ludwig von Bertalanffy (1901-1972) – ou seja, às décadas de 1930 e 1940 e às discussões no campo das ciências biológicas. Uma das mais intensas polêmicas nessa área, no início do século XX, envolveu as concepções a respeito da origem da vida, opondo "mecanicistas" e "vitalistas".[34] A concepção "organísmica" ou "organicista" em biologia surge como uma espécie de síntese entre as duas correntes: se por um lado aceitava o argumento vitalista que denunciava as limitações do mecanicismo, por outro recusava que se creditasse a vida a causas externas aos próprios seres vivos, como aqueles faziam. Assim, os biólogos organísmicos passam a trabalhar no desenvolvimento do que veio a ser chamado de "pensamento sistêmico".[35] Com um aparato conceitual já consolidado,[36] os biólogos organísmicos passaram a se dedicar ao estudo dos fenômenos de "complexidade organizada", ou as "hierarquias da natureza".

Um nome importante que pode ser vinculado a essa vertente organísmica e que pode ser apontado como um precursor da

---

34 Conforme visto no capítulo anterior.

35 Para Capra (1997), ao menos duas outras contribuições importantes criaram o contexto para emergência do que denomina o "paradigma sistêmico": a Física Quântica e a Psicologia da Gestalt.

36 Dois nomes merecem citação neste ponto: o de Ross Harrison, que desenvolveu o conceito de organização dos seres vivos, e o do bioquímico Lawrence Henderson, responsável pela fixação do conceito de sistema a um "todo integrado cujas propriedades essenciais surgem das relações entre suas partes" e pela popularização da ideia de pensamento sistêmico como "a compreensão de um fenômeno dentro do contexto de um todo maior" (CAPRA, 1997: 39).

concepção ecossistêmica é o de Vladimir Vernadsky, atualmente reconhecido por ter desenvolvido plenamente o conceito de *biosfera* cunhado no final do século XIX por um geólogo austríaco (Eduard Suess). Biosfera, também o título de seu livro de 1926, refere-se à "camada viva" do planeta Terra, ou seja, toda a extensão ocupada pelas diversas formas de vida. Vernadsky postula a ideia de que a vida terrestre representa uma "força geológica" que, "parcialmente, cria e controla o meio ambiente planetário" (CAPRA, 1997: 43).[37] Da biosfera Vernadsky ainda destaca a parcela ocupada e transformada pelo homem e pela cultura humana – que designou como *noosfera*[38] (ou esfera da inteligência).

Outro nome, o de Alexander Bogdanov, é aparentemente menos conhecido ainda.[39] Entretanto, esse autor antecipou em pelo menos duas décadas a formulação da Teoria Geral dos Sistemas de Bertalanffy – o que nem mesmo este chegou a reconhecer. Bogdanov deu à sua teoria o nome de *Tectologia* (do grego *tekton*, construtor), que poderia ser traduzida por "ciência das estruturas". Seu objetivo era o de explicar e generalizar os princípios organizativos das estruturas, vivas ou não, e acaba antecipando também uma série de conceitos que serão elaborados, em outros termos, pelos fundadores da cibernética (Norbert Wiener e Ross Ashby).[40]

---

37 Os postulados desse cientista russo aproximam-se bastante (talvez o mais adequado seria dizer antecipam) da ideia de um "planeta vivo" defendida posteriormente por James Lovelock e sua teoria de Gaia.

38 O termo noosfera também é por vezes creditado ao filósofo francês Teilhard de Chardin, que o teria criado na década de 1920.

39 As observações a seu respeito têm por base as referências dadas por Capra (1997: 51-3), que lamenta o fato de a obra de Bogdanov permanecer largamente desconhecida fora da Rússia. Felizmente, uma rápida pesquisa na internet dá indicações que podem ajudar a ampliar o conhecimento a respeito desse autor.

40 Sua obra principal, *Tectologia*, foi publicada em três volumes entre 1912 e 1917. Depois, tendo estado em atritos com o sistema político instaurado na

O advento da cibernética constitui a verdadeira "virada da maré" em direção a uma ecologia sistêmica. Desenvolvida por matemáticos, neurocientistas, engenheiros e cientistas sociais desde 1946, a cibernética propõe conceitos que exerceram poderosa influência em outras ciências nas décadas seguintes. Realimentação, autorregulação (originário do conceito atual de auto-organização), entre outros, podem ser qualificados como importantes ferramentas teóricas para o desenvolvimento da teoria ecossistêmica. Para isso, Norbert Wiener forneceu uma convincente associação entre *informação* e *entropia*, através da qual os modelos informacionais cibernéticos puderam ser aplicados como modelos descritivos de ecossistemas:

> A noção de quantidade de informação está muito naturalmente ligada a uma noção clássica da mecânica estatística, a de entropia. Da mesma maneira que a quantidade de informação num sistema é uma medida do seu grau de organização, a entropia de um sistema é uma medida do seu grau de desorganização; e um é simplesmente o negativo do outro (Wiener *apud* ACOT, 1900: 101).

Com a associação entre informação e entropia e os desenvolvimentos posteriores da cibernética em uma Teoria da Informação, os ecossistemas passaram também a ser descritíveis em termos de fluxos informacionais, o que seria particularmente útil para a análise dos "ecossistemas humanos".[41] Outra possibilidade que se

---

Rússia, acabou relegado mesmo dentro de seu país, até ser recuperado às vésperas da Perestroika. A censura a que foi submetido durante grande parte do regime socialista soviético ajuda a entender por que o pensamento de Bogdanov, aparentemente inovador em muitos aspectos, permanece ainda muito pouco conhecido no Ocidente.

41 A Teoria da Informação estabeleceu também uma nova elaboração da velha analogia mecanicista, interpretando o funcionamento do cérebro através do

abriu definitivamente foi a de aplicação de modelos matemáticos e computacionais na análise de sistemas ecológicos, levando a ecologia de uma ciência "suave" para uma ciência "dura" (WILLIS, 1997: 270) e proporcionando uma nova abordagem, calcada na predição, em vez da original, mais descritiva. A ecologia ecossistêmica praticada desde a década de 1960 pode, desta forma, ser sintetizada nas seguintes características: "aspirações a uma abordagem cada vez mais sintética das relações ser vivo-meio externo, modelização matemática, empréstimos tomados da cibernética e tratamento dos dados pela informática" (ACOT, 1990: 102).

Outra contribuição útil à ecologia no pós-guerra foi a Termodinâmica.[42] Erwin Schrödinger, em livro de 1944 – *What is life?* –, discute a estrutura molecular dos genes e aborda o intrigante fato de os organismos vivos aparentemente desobedecerem ao segundo princípio da termodinâmica e se conservarem longe do equilíbrio homeostático graças aos processos metabólicos. Como diz Acot (1990: 99): "Essa análise célebre não teria tido seu lugar na história da ecologia se bem depressa não tivesse ocorrido ao

---

"processamento de informações", constituindo-se num verdadeiro dogma da neurociência, influenciando teorias sobre a educação, entre outras consequências. Gunn e Correia (2001), por exemplo, notam o recente advento da ideia de "edifícios inteligentes" – na realidade, apenas edifícios capazes de processar dados e controlar seus sistemas eletronicamente, por meio de computadores.

42 Outras contribuições importantes devem ser mencionadas: os modelos auto--organizadores de Prigogine, Maturana e Varela, entre outros, a teoria do Caos e a matemática fractal. Tais contribuições, ainda relativamente recentes, mereceriam uma análise que ultrapassa o escopo deste trabalho, uma vez que não foram constitutivas da teoria ecossistêmica, mas sim ampliam e aprofundam suas implicações – constituindo o que parece ser uma vertente inovadora da biologia atual. Para uma apreciação extensiva do assunto, cf. Capra (1997, 2002).

espírito dos ecólogos que todo ecossistema se comporta no plano termodinâmico como um organismo vivo".[43]

O primeiro livro a adotar expressamente a abordagem termodinâmica dos ecossistemas é *Fundamentals of Ecology*, de Eugene Odum, publicado originalmente em 1953. Considerando o ecossistema como a unidade básica fundamental da ecologia, Odum reconhece dois componentes funcionais dos ecossistemas – autotrófico e heterotrófico – e quatro constituintes – abiótico, produtores, consumidores e decompositores. Com essa conceituação, Odum acreditava destacar as relações obrigatórias, a interdependência e as relações causais entre os diversos membros de um dado ecossistema (WILLIS, 1997: 269).

A obra de Odum é revestida de grande importância na história da ecologia: é esse o responsável pela recuperação da abordagem teórica de Raymond Lindeman, obscurecida desde a morte prematura do autor em 1942, e que a partir desse resgate vai exercer influência decisiva sobre todos os desenvolvimentos posteriores da disciplina. Em segundo lugar, ajudou a formar sucessivas gerações de ecólogos desde sua primeira publicação, sendo até hoje um dos livros básicos de qualquer estudante de ecologia. Em terceiro lugar, o livro de Odum forneceu o modelo para uma abordagem técnica de questões relativas aos ecossistemas, quaisquer que fossem, reduzindo-os a fatores elementares (a água, o solo, o ar, os seres vivos e suas inter-relações tróficas, seus ciclos de matéria e fluxos energéticos).[44]

---

43 Acot também observa o recorrente organicismo marcando presença também nessa ideia, o que era bastante comum na década de 1940, e teria contribuído para a rápida disseminação da abordagem termodinâmica dos ecossistemas.

44 O irmão de Eugene, Howard Odum, encarregou-se de transpor essas considerações ecossistêmicas para o âmbito da economia e de uma renovada "ecologia humana", e que terá ampla influência na constituição de um novo ramo do planejamento, o planejamento ambiental.

"Ecossistema"

A ainda jovem ciência da ecologia beneficia-se enormemente das contribuições propostas pela biologia organicista – o estudo das comunidades vegetais até a década de 1930 se encontrava então sob influência da concepção de Clements, a qual "propunha a natureza holística das comunidades como um organismo e a formação vegetal como um superorganismo que progredia para um estado climáxico" (WILLIS, 1997: 268). O desenvolvimento da ecologia de ecossistemas vai tentar ultrapassar essa metáfora, oferecendo uma explicação requintada da estrutura das comunidades bióticas. Deverá incorporar e expandir uma série de conquistas da ciência ecológica antes que Tansley possa vir a contestar essa ideia organicista.[45]

Primeiramente, datam apenas da década de 1930 as tentativas sistemáticas de integração do estudo das comunidades vegetais e animais com seus ambientes físicos. Essa mudança se deve aos êxitos, desde o final da I Guerra Mundial, nos estudos das dinâmicas populacionais, mencionadas no capítulo anterior. Somente a partir do final da década de 1920 surgem os primeiros trabalhos que procuram lidar com as variações quantitativas das espécies animais em uma dada comunidade, ainda lidando essencialmente com relações entre espécies animais. Os primeiros modelos matemáticos tratam de relações bastante simples entre predadores e presas.[46]

---

45   Cabe aqui um comentário: com frequência, se criticam as abordagens organicistas em ciências humanas e sociais por representar tentativas de "naturalizar o social", sem considerar que o organicismo é polêmico também onde aparentemente seria aceito com facilidade, isto é, na Biologia. Pode-se argumentar que a tentativa de modelar o "macrocosmo" como uma projeção do "microcosmo" será uma operação epistemológica complicada em qualquer situação, não apenas em humanidades.

46   Os chamados modelos predador-presa, como os de Lotka-Volterra, são formulados no final da década de 1920 por matemáticos (não biólogos), o que

Com os estudos de Clements e outros biólogos norte-americanos, nessa mesma época, fixa-se a noção de que o caráter definidor de uma "biocenose" é a estrutura de sua cadeia alimentar (trófica). Dois elementos essenciais do conceito de ecossistema estão consagrados nesse momento: o de estrutura organizada (inclusive quantificável) e o de unidade funcional. A busca de uma definição mais precisa e abrangente da estrutura desta unidade é o objeto central da proposta de Tansley. O termo, cunhado no início da década de 1930 por A. R. Clapham,[47] é tornado público por Tansley em 1935, em artigo que se propõe contestar as ideias organicistas em voga. O termo é sugerido como designador de uma unidade capaz de integrar, em uma "entidade autocontida reconhecível" (Tansley apud WILLIS, 1997: 268), os componentes físicos e bióticos de um dado ambiente. Até a década de 1950, entretanto, são poucas as referências ao termo na literatura.

O grande salto no desenvolvimento da ecologia ecossistêmica é dado pelo americano Raymond Lindeman, que define, em 1942, o ecossistema como a unidade ecológica fundamental, chamando a atenção para a transferência de energia entre diferentes níveis tróficos (produtores, consumidores e decompositores) a partir da fonte solar, sendo cada nível dependente do nível que o precede. A morte prematura de Lindeman, no mesmo ano da publicação do artigo que o celebrizou, contribuiu para que sua teoria tivesse pequena repercussão durante a década de 1940.

---

revela, segundo Acot (1990), uma demanda social precisa: a possibilidade de quantificação saudada como um avanço em direção à solidez científica.

47 Willis (1997) afirma que o termo teria sido sugerido por Clapham, "então um principiante no Departamento de Botânica da Oxford", quando Tansley lhe pediu que criasse uma palavra capaz de designar de forma unificada os componentes físicos e biológicos de um ambiente. Clapham sugeriu o termo "ecossistema", aprovado por Tansley e utilizado em seu célebre artigo sem dar crédito ao discípulo.

Seu trabalho será recuperado a partir da década de 1950, quando o conjunto de novas circunstâncias já mencionadas favorece a apreciação e reconhecimento de suas proposições. As novas condições incluem, de um lado, o desenvolvimento das teorias sistêmicas (Teoria Geral dos Sistemas, Termodinâmica e Cibernética), amplamente notado na literatura; de outro, uma alteração profunda resultante da Segunda Guerra Mundial e que raramente é lembrada, a derrocada da eugenia, prima-irmã da ecologia durante toda a primeira metade do século XX.[48] A partir de então, a ecologia se torna quase que inteiramente tributária da abordagem teórica de Lindeman, a qual "contribuiu para fixar a ciência ecológica na corrente reducionista em biologia" (ACOT, 1990: 89).[49]

De Bertalanffy ao "Paradigma Sistêmico"

O austríaco Karl Ludwig von Bertalanffy iniciou sua carreira em Viena na década de 1920. Oriundo da corrente organísmica da

---

48 Com a Segunda Guerra Mundial, a ecologia desvincula-se da eugenia ao ponto de, hoje em dia, enxergar na engenharia genética o retorno de um fantasma que ela própria quer esquecer. Essa ruptura é apontada por Gunn (2001), que sugere a imposição de um ostracismo à eugenia, enquanto a ecologia busca se apoiar em novos instrumentos teóricos – para isso, as teorias sistêmicas teriam representado uma contribuição, mais do que importante, muito conveniente.

49 Tal reducionismo é raramente reconhecido na literatura ambientalista, que credita ao conceito de ecossistema uma qualidade intrinsecamente "holística". Argumento admissível considerando que, ao contrário da formulação dada por Tansley, o ecossistema lindemaniano é de fato uma totalidade, não apenas a integração de uma *biocenose* a um *biótopo*. O dito reducionismo se refere à tendência de analisar ecossistemas sob conceitos mecânicos ("estrutura", "fluxo", "dinâmica" etc.) e ao forte alinhamento com as modelagens matemáticas. Deve-se observar novamente que essa ecologia não é senão uma das abordagens em que a ecologia se dividiu. Mesmo tendências anteriores à conceituação de ecossistema mantiveram-se como linhas de pesquisa relativamente autônomas e mostraram desenvolvimentos específicos.

biologia, Bertalanffy busca a superação dos métodos tradicionais das ciências físicas, enfatizando a diferença fundamental entre sistemas físicos e biológicos e buscando estabelecer sua teoria dos sistemas sobre uma base biológica sólida – embora a teoria tenha sido formulada em termos essencialmente matemáticos. Ao introduzir sua *Teoria Geral dos Sistemas* em 1947, Bertalanffy trouxe ao menos duas contribuições importantes.

Em primeiro lugar, seu conceito de "sistema aberto" para designar os organismos vivos abriu caminho para a solução de um dilema que marcou o final do século XIX: de um lado, a física e as leis da termodinâmica indicavam uma "seta do tempo" inexorável do universo, em direção à *entropia* (desordem) máxima e dispersão total de energia; de outro lado, a biologia evolucionista, indicando uma evolução em sentido contrário, rumo a complexidade e ordem crescentes. Bertalanffy permite a interpretação dos organismos vivos como sistemas que, mantendo-se abertos ao ambiente e trocas de energia e matéria, mantêm em andamento processos metabólicos através dos quais o estado de entropia total é adiado até a morte do organismo.

Sua Teoria Geral dos Sistemas visava estabelecer uma "ciência da totalidade", através do estabelecimento de conceitos e "leis" que pudessem transitar entre diferentes campos de estudo – esse era o papel, a seu ver, do conceito de *sistema*. Uma vez que o conceito de sistema é bastante generalizável, os princípios aplicáveis a um sistema genérico devem ser aplicáveis a qualquer sistema, independentemente de sua natureza. Essa abordagem teve ampla repercussão durante as décadas de 1950 e 1960.

Em seu livro de 1968 (publicado no Brasil em 1973), Bertalanffy mostra-se cauteloso ao tratar da aplicação da Teoria dos Sistemas aos chamados "sistemas sociais" (termo cunhado por Talcott Parsons sob a própria influência da Teoria dos

Sistemas, e que Bertalanffy justamente por isso adota de bom grado), buscando dialogar com as principais tradições sociológicas e buscando evitar armadilhas reducionistas e mecanicistas (contra as quais sempre orientou suas pesquisas). Mas ao postular uma abordagem unificadora, Bertalanffy não pôde evitar o processo que ele mesmo denuncia, reconhecendo-o como decorrente de sua abordagem: a recuperação de modelos mecanicistas do próprio homem (BERTALANFFY, 1973: 26-7).

O "paradigma sistêmico" se estende também às ciências humanas e sociais. Um exemplo é a ascensão do estruturalismo em teoria social, em contraposição a outras correntes contemporâneas, como a fenomenologia e o existencialismo.[50] Embora não se possa dizer que o estruturalismo seja tributário das teorias descritas acima, há pelo menos um traço comum entre as concepções: o propósito integrador e generalizante. A interpretação estrutural do marxismo, feita por Althusser e Balibar na passagem da década de 1960 para 1970, marcou profundamente o pensamento social ao trazer ao centro da análise os "modos de produção" como forma de evitar o que consideraram um excessivo subjetivismo do humanismo de Lefebvre e Sartre.[51] Como será mostrado adiante, as concepções sistêmicas sofrerão um ataque contundente por parte do historiador britânico Edward Palmer Thompson, que formula os termos principais da crítica ao "paradigma sistêmico" que se buscará recuperar.

---

50 Sobre o assunto, vide Gunn (2001).

51 A questão não poderia ser ignorada, porém, como afirma Carnoy (1989: 119), o debate sobre o estruturalismo "foi longo e envolvente; fazer-lhe justiça, em poucas páginas, é difícil". A abordagem neste trabalho preferirá se ater aos pontos de contato entre as teorias sistêmicas e o planejamento urbano. A influência estruturalista, que de Althusser passa por Poulantzas até Castells, Lojkine e outros autores a partir da década de 1970, mereceria um estudo mais aprofundado que não cabe neste momento.

Um planejamento sistêmico

A influência sistêmica no planejamento oficial deve ser destacada primeiramente a partir da aplicação direta da Teoria dos Sistemas ao planejamento urbano e regional. Neste caso, o planejamento passa a incorporar cada vez mais, a partir da década de 1970, modelos matemáticos/computacionais e econométricos como ferramentas de análise, numa clara opção pela quantificação em detrimento de quaisquer análises qualitativas, e adoção da máxima do "planejamento como processo".[52]

Numa linha diretamente ligada à teoria geral dos sistemas, encontram-se trabalhos como os de George F. Chadwick, *A systems view of planning* (1973), ou ainda de J. Brian McLoughlin, *Urban and regional planning, a systems approach* (1970). Nestes livros, é possível verificar inicialmente que a abordagem sistêmica se liga claramente à ecológica: nos dois livros, considerações sobre a relação entre ecologia e o homem estão no capítulo inicial.[53]

---

52 Notas de aula do curso "Processos do Projeto e do Planejamento urbano", ministrado pelo Dr. Philip Gunn na FAU-USP (Pós-Graduação), no primeiro semestre de 2003. Como ilustrativo exemplo da ascensão dos métodos baseados nas teorias de sistemas, Gunn observa as marcantes diferenças formais no trato e apresentação das informações entre o Plano Urbanístico Básico (PUB) para São Paulo, de 1968, e o Plano Diretor de Desenvolvimento Integrado (PDDI), de 1971. Impossível não pensar também como o contexto político pode ter contribuído para que o plano se tornasse cada vez mais árido e inacessível ao leitor comum, e cada vez mais burocratizado. De qualquer maneira, é o PDDI que, para Gunn, inaugura uma abordagem do planejamento extremamente voltada para os "instrumentos de gestão" e o "processo", abordagem em que o próprio arquiteto urbanista tende a ser cada vez mais uma figura prescindível.

53 Curioso notar que não há, inicialmente, referência a *ecossistemas*, mas ao *habitat humano*. Ou seja: a adoção de um vocabulário sistêmico em planejamento é mais antigo do que a orientação mais particularmente ecossistêmica. Ainda assim, é forçoso reconhecer o legado a essa abordagem da Biologia, em cujo âmbito foi engendrada a Teoria dos Sistemas.

McLoughlin deriva sua abordagem primeiro da Teoria da Localização (incluindo um levantamento bibliográfico dos desenvolvimentos da teoria), para então introduzir os trabalhos de Bertalanffy e dos ciberneticistas. Quando discute o "planejamento como um processo cíclico" (McLOUGHLIN, 1970: 92-103), este ciclo corresponde a uma analogia com o ecossistema – com a ressalva de que o planejamento tem por fim *controlar* tal sistema. Introduz-se em seguida uma nova analogia, relacionando a ideia de processo aos passos de um padrão comportamental: análise da situação, eleição de objetivos, formulação de cursos para a ação, avaliação de consequências e ação propriamente dita, a qual é enfim submetida a revisão, para dar início novamente ao processo. As analogias organicistas evidenciadas aqui acabam, no restante do livro, obscurecidas por uma linguagem cada vez mais matemática e econométrica.O mesmo caminho é seguido por Chadwick, que se pauta pela cibernética, Teoria Geral dos Sistemas, pelos modelos cognitivos da Teoria da Informação e da neurociência, e ainda por pesquisas de grande repercussão na década de 1970, como é o caso das de Jay Forrester[54] e Christopher Alexander.[55]

A abordagem ecossistêmica das cidades corresponde a uma reelaboração, a partir do final da década de 1960, da ideia de ecologia urbana (agora bastante desvinculada da Escola de Chicago), e uma

---

54 Forrester (1969, 1969a, 1971). Como já observado, a análise sistêmica de Forrester é fundamental, também, para as pesquisas que resultaram no manifesto do Clube de Roma, mostrando um caminho através do qual planejamento começa a se aproximar do ambientalismo, ao menos de uma parcela "mainstream" desse movimento.

55 Alexander (1971). Através de uma abordagem também vinculada à teoria dos sistemas, menos que na termodinâmica, Alexander defende que a cidade não pode ser interpretada apenas como um sistema hierárquico (ou uma "árvore"), mas como uma "semirrede". Note-se que o objetivo de seu texto, diferentemente do que sugere o título, não é questionar a analogia biológica das cidades, mas analisá-las enquanto um "sistema".

síntese de dois desdobramentos paralelos do pensamento sistêmico do século XX – a concepção de ecossistema e a cibernética/teoria da cognição ou da informação. A abordagem é decisivamente influenciada pela ecologia ecossistêmica dos irmãos Odum, e cabe a Howard Odum a transposição mais explícita da teoria ecológica aos sistemas econômicos e às cidades (ODUM, 1988).

Odum interpreta as cidades como ecossistemas considerando principalmente fluxos de matéria e energia, argumentando que as cidades apresentam características observáveis em diversos outros ecossistemas, tais como: produção, consumo, concentração de energia, decomposição e ciclo de materiais. Observando a organização espacial das cidades numa região, Odum percebe hierarquias, "de forma que as menores dão suporte às maiores" (ODUM, 1988). Uma das razões apontadas é a distribuição de bens e serviços. A outra é a convergência de energia: "Muitas populações pequenas sustentam uma cidade grande; exatamente como pequenos roedores e insetos sustentam uma ave de rapina. De fato pode-se visualizar a organização hierárquica das cidades em uma região, como um ecossistema de rede alimentar" (ODUM, 1988). Na escala intraurbana, o modelo hierárquico também se aplica (contrariando a formulação de Alexander), e aqui convém observar como a descrição de Odum parece ainda inteiramente subsidiária do modelo dos círculos concêntricos de Burgess:

> O centro da cidade é mais concentrado, tem grandes construções, maior densidade de pessoas, e grande fluxo de energia. Ao redor da área central há anéis que, à medida que se afastam, tem cada vez menor concentração de atividades. Há pontos de intensa atividade nesses anéis, como shoppings e parques industriais, mas são poucos e afastados. As ruas que se afastam do centro tornam-se menores e com menos tráfico.

Frequentemente, elas conectam pontos de intensa atividade com outros, e com o centro da cidade. Este arranjo se vê facilmente na noite, as luzes da cidade tomam a forma de uma estrela com o centro no vértice e as luzes das ruas principais como os braços (ODUM, 1988).

O "diagrama de energia" de uma cidade – genérica – descreve os processos urbanos de forma mecânica: de fato, o diagrama ilustrativo de Odum não diferencia essencialmente uma cidade de outra máquina qualquer. No esquema de Odum, a população aparece como não muito mais do que o meio através dos quais se realiza a *circulação* de dinheiro e de energia, ou então como um fluxo ela mesma – fluxo migratório: "Este fluxo de entrada pressiona todas as partes da cidade: o governo deve prover maior proteção policial, caminhos, bibliotecas e escolas; áreas restantes de terra livre são usualmente pavimentadas ou se constroem casas ou parques" (ODUM, 1988).[56] Tal análise por fluxos de energia e matéria não oferece nenhuma explicação para a migração ou para as condições a que os migrantes são submetidos, mas oferece fáceis e ilustrativos exemplos de sua "insustentabilidade".[57]

Odum enfatiza ainda mais a analogia biológica ao associar as zonas residenciais das cidades a sistemas essencialmente "consumidores"[58] – de eletricidade, água, bens e serviços –, que

---

56 A migração é responsabilizada pelos aumentos de impostos, destinados aos serviços adicionais requeridos pela crescente população, "já que os que são arrecadados não conseguem acompanhar a demanda de serviços" (ODUM, 1988). Assim, um extenso e, aparentemente, inexorável processo de encarecimento dos serviços públicos, dos combustíveis, acompanhado de um decréscimo do orçamento das cidades, descentralização residencial etc. é creditado exclusivamente ao "afluxo" de migrantes às cidades.

57 Em argumentos nitidamente semelhantes se baseia a condenação da "ocupação desordenada" das áreas de mananciais na Região Metropolitana de São Paulo.

58 Na linguagem generalizante da teoria de sistemas aplicada à ecologia, a cidade passa a ser descrita como um sistema heterotrófico (isto é, que não

devolvem ao sistema o pagamento em dinheiro e a mão de obra para outros processos produtivos. As "saídas" (*outputs*) do sistema urbano são as águas servidas, o lixo – produtos esses que se convertem em poluentes devido à grande concentração urbana e os volumes de detritos produzidos num único local. Assim, as propostas de Odum para as cidades ressaltam a necessidade de "desconcentração urbana".

Eugene Odum também tece comentários à questão da urbanização em seu manual *Ecologia*, enfatizando o papel da industrialização na geração de poluentes pelo ponto de vista do impacto que causam aos ecossistemas locais e à biosfera terrestre. Menos economista e mais "ambientalista" que o irmão nessa abordagem, Eugene reitera críticas dos ecólogos ao processo contemporâneo de urbanização, sem tratar diretamente de uma concepção ou proposta de cidade. Suas análises, porém, embasam o desenvolvimento de um "desenho ambiental" de fluxos de matéria e energia que se desenvolve principalmente a partir da década de 1970.[59]

Em 1969, Ian McHarg publica o livro que inaugura, do ponto de vista teórico, a abordagem ecológica do planejamento urbano-regional, *Design with nature*. A influência da obra de McHarg pode ser percebida nos numerosos desdobramentos posteriores da abordagem ecossistêmica do planejamento. Nos anos seguintes, essa abordagem projetiva estreita a colaboração entre arquitetos e ecólogos, promovendo um intercâmbio que leva à prática

---

produz seus próprios "alimentos") e consumidor (portanto, dependente dos sistemas produtores que, supõe-se, sejam os sistemas rurais).

59 O pioneiro dessa abordagem foi, não por acaso, um biólogo (e paisagista), Lawrence Halprin. Um dos aspectos de sua obra é justamente a aplicação de conceitos da ecologia no desenvolvimento de uma abordagem do planejamento baseada na eficiência de uso dos recursos naturais. A preocupação com os ciclos de matéria (ar, água e solo) e os fluxos energéticos levou a um desenho em que as condições ambientais determinam não apenas a disposição das construções, mas também a forma arquitetônica (FRANCO, 1997: 32).

"paisagista" conceitos da geografia e ecologia de paisagens, da biologia da conservação, entre outras contribuições importantes.⁶⁰ Além dessa concepção ecológica, deve-se também citar a ideia de *metabolismo urbano*, termo cunhado por Abel Wolman em artigo publicado em 1965 na revista *Scientific American*, e foi utilizado no Brasil por Aziz Ab'Sáber, com sentido ligeiramente diverso.⁶¹ Dessas diversas contribuições, constituiu-se uma nova *ecologia urbana* que, embora fundamentalmente distinta daquela desenvolvida por Park, Burguess e McKenzie na década de 1920, guarda com ela a semelhança de manter como válida a analogia – agora reformulada em novos termos – entre cidades e entidades biológicas. A nova formulação organicista, porém, apresenta novos problemas aos já discutidos, e algumas críticas a ela merecem ser citadas.

AMBIENTALISMOS E O URBANO

O choque entre as diferentes perspectivas tem apresentado implicações na teoria e nas ações ambientalistas. No plano acadêmico, há ainda certa polarização entre as abordagens mais claramente biocêntricas e outras, geralmente oriundas das ciências sociais, mais afeitas a uma linguagem marxista e acusadas pelos primeiros de serem antropocentristas. No ambientalismo enquanto movimento social, por sua vez, o predomínio parece ser o da tendência biocêntrica, ligada ainda à "conservação da natureza"

---

60 Algumas obras nessa linha que têm alcançado grande projeção e merecem ser citadas: Lyle (1985); Hough (1989); Spirn (1995).

61 Wolman (1965). No Brasil, uma coletânea de 1970 traz o artigo traduzido (Wolman, A. "O metabolismo das cidades". In: *Cidades, a Urbanização da Humanidade*. Rio de Janeiro: Zahar, 1970). O conceito é retomado pelo australiano Peter Newman, professor de política urbana da Murdoch University (NEWMAN, 1999). Sobre a abordagem de Ab'Sáber, vide, por exemplo, Ab'Sáber (1995).

o que ainda dificulta uma avaliação mais atenta das questões urbanas pelo enfoque ambiental.

Além disso, essas vertentes vêm sendo obrigadas a dialogar (aceitando ou não) com o discurso da "sustentabilidade", que, por uma série de razões, acabou se tornando o referencial quase absoluto para discussão dos temas ambientais. Entretanto, vem-se aqui argumentando que esta não é a única possibilidade aberta pelos ambientalismos à discussão das cidades. Algumas dessas abordagens são tratadas a seguir.

Ambientalismos antiurbanos

Uma das doutrinas ambientalistas mais conhecidas trata a questão urbana com um desdém quase indisfarçável. A *Deep Ecology* proposta pelo filósofo norueguês Arne Naess no início dos anos 1970 tem como propósito expandir a ideia de ecologia ao nível da consciência e da ética.[62] O criador do conceito de ecologia profunda, explica Harding (s/d), foi profundamente influenciado pela obra de Rachel Carson, *Silent spring,* além de sua própria experiência de vida nas montanhas da região central da Noruega, onde construiu uma cabana em 1937 e a chamou Tvergastein (pedras cruzadas). A vida nessa cabana é um elemento capital para o desenvolvimento da filosofia de Naess. Harding assim descreve Tvergastein:

> (...) no alto, totalmente isolada, com visões poderosas da paisagem abaixo. Lá ele viveu observando aquele panorama vasto, selvagem, lendo Gandhi ou Spinoza e estudando sânscrito. Nesse retiro inóspito, sob a neve

---

62 Desta forma, talvez tenha sido um dos pioneiros na proposição do ambientalismo como um tema válido para reflexão filosófica. Vide Light (2001), onde é discutida a constituição do que hoje se denomina "Ética Ambiental".

e o gelo a maior parte do ano, onde apenas líquen e pequenas flores alpinas crescem, Arne Naess passou um total de mais de dez anos, observando, escalando, pensando, escrevendo e adorando a montanha. É em Tvergastein, com tempestades árticas ameaçando remover seu teto, que a maior parte de sua obra importante em ecologia profunda foi feita (HARDING, s/d).

Assim, a teoria desenvolvida por Naess traduz as condições em que foi engendrada: afastado de todo e qualquer convívio humano (e, claro, da cidade), dedicado inteiramente à adoração da natureza e à meditação individual (diga-se, em moldes tipicamente românticos), Naess concebeu uma ecologia biocêntrica, individualista (no sentido de privilegiar a ética individual à ação social) e, em certa medida, ruralista. Desde sua primeira defesa, em 1972, Naess se deparou com numerosos críticos e questionamentos, sendo obrigado a responder e contemporizar. Seus escritos mais recentes já são capazes de admitir alguma virtude na ação humana:

> Eu imagino grandes, mas não dominantes, centros de comércio, aprendizado e das artes. Grandes edifícios, vasto maquinário para contínua exploração física e cosmológica. (...) Nós deveremos precisar de entusiastas do extravagante, o abundante, o grande. Mas eles não devem dominar. (...) Uma sociedade verde em minha terminologia é uma que em certa medida resolveu não apenas os problemas de alcançar sustentabilidade ecológica, mas também assegurou a paz e uma grande medida de justiça social (NAESS, 1992).

Pelo curto extrato, pode-se deduzir que Naess tenha assumido certa complacência para com os valores ditos antropocêntricos. O problema não reside na existência, mas na *dominância* de tais valores. À medida que estes se submetam às limitantes ecológicas (sustentabilidade), sociais (justiça) e éticas (paz), tais valores são, portanto, aceitáveis. Tudo se resumiria, desta forma, a impor limites e assumir novos valores.

Estritamente biocêntricos[63] e grandemente influenciados por doutrinas religiosas cristãs ou orientais, os partidários da ecologia profunda consideram que qualquer tentativa de conciliação da preservação da natureza aos interesses humanos revela resquícios de uma mentalidade instrumentalista que ainda domina a sociedade (uma "ecologia rasa"). A humanidade deveria se subordinar aos limites impostos pelo imperativo da conservação da natureza – subordinação que inclui, evidentemente, a sensível diminuição populacional e minimização do rastro humano sobre o planeta.[64] Bill Devall (1994) faz um balanço do que considera as mais importantes lições de nossa época:

---

63 *Biocentrismo* (ou *ecocentrismo*) se opõe ao chamado *antropocentrismo* no sentido de que, para os primeiros, os homens são somente mais uma espécie animal como outras e, desta forma, não dispõem do direito de dominação ou posse sobre as demais. Tal debate revela a permanência do conflito ético do homem moderno perante o "mundo natural" amplamente analisado por Thomas (1988).

64 Os princípios basilares do movimento são, segundo definição de Devall e Sessions (*apud* DRENGSON, 1996): o bem-estar e florescimento da vida não humana na Terra têm valor intrínseco, independentemente da utilidade para propósitos humanos; riqueza e diversidade das formas de vida contribuem para a concretização desses valores e são também valores em si mesmos, e o homem só tem direito de reduzir essa riqueza e diversidade para satisfazer necessidades vitais; o florescimento da vida e culturas humanas é compatível com a substancial diminuição da população humana; o florescimento da vida não humana *exige* tal diminuição; a presente interferência humana com o mundo não humano é excessiva e a situação está piorando rapidamente; a mudança ideológica principal é apreciar a qualidade de vida em vez de aderir a um padrão cada vez mais alto de vida; haverá uma profunda conscientização das diferenças entre o grande e o ótimo; quem subscrever a esses princípios tem obrigação de tentar implementar direta ou indiretamente essas mudanças necessárias.

> Grandeza nem sempre é melhor. Populações maiores nem sempre produzem civilização de alta qualidade nem relações harmoniosas entre as pessoas ou entre as pessoas e o resto da natureza. (...) O que nós chamamos um padrão "elevado" de vida ameaçou não apenas a qualidade das vidas humanas, mas a qualidade da vida da Terra como um todo. (...) Aprendemos alguns dos perigos do vício do crescimento – crescimento econômico, crescimento da informação, crescimento do nível de mudança tecnológica. (...) Aprendemos que comunidade é mais importante para nosso bem-estar do que sociedade e que nossa comunidade inclui a natureza não humana.

E, por último,

> humanos, como uma espécie, deveriam assumir uma posição modesta no fluxo de energia na biosfera em vez de tentar sempre dominar, controlar e fixar a natureza para atender nossos caprichos, nossos desejos, nossas demandas por linhas retas, por uso eficiente de água e madeira para alimentar nossa civilização industrializada e a máquina de crescimento de nossa economia (DEVALL, 1994).

Encontram-se aqui os elementos mais recorrentes da Deep Ecology: a ênfase nos limites e na contenção, a posição do homem como uma (e simplesmente uma) espécie dentre as demais, a subordinação das questões humanas às necessidades da natureza, ou do mundo "como um todo", a solução pela mudança de valores. Outros elementos interessantes nesse trecho merecem menção: a evidente apropriação da linguagem ecossistêmica ("fluxo de energia na biosfera") e uma tonnesiana dicotomia entre sociedade e comunidade, favorável à segunda.

Uma outra vertente ambientalista vincula "qualidade de vida" à *sustentabilidade*. De um lado, pode-se associar essa representação à "modelos de ascetismo e de pureza (...) – o urbano crescentemente impregnaria os habitantes das cidades com substâncias nocivas e tóxicas por sua artificialidade" (ACSELRAD, 2001: 43). Tal representação permitiria certo nível de politização, buscando favorecer o diálogo e a negociação de interesses, ou o debate em torno de questões ligadas ao patrimônio urbano, mas está associada sobretudo ao discurso da autossuficiência. Sem se resolver quanto à forma ideal de cidade, a perspectiva da "qualidade de vida" tende a recorrer a modelos de mescla de usos (residência, trabalho, lazer), redução de distâncias, "pedestrianização", entre outros. Aqui, a palavra-chave é "comunidade".

Embora Acselrad considere que tal representação remeta à crítica do livre mercado e da globalização, é necessário considerar que a associação entre sustentabilidade e qualidade de vida frequentemente leva à transformação de "sustentabilidade" em valor: as comunidades "ecologicamente projetadas", como as "eco-villages", ou as "edge-cities", incorporam sua "sustentabilidade" como valor de troca, produzindo espaços socialmente homogêneos e excludentes.[65]

Criador do conceito de desenvolvimento sustentável, Lester Brown também se dedicou ao tema das cidades em ao menos dois momentos. Em seu livro de 1981, *Building a sustainable society*, Brown expõe opiniões ainda bastante tributárias do "malthusianismo" do Clube de Roma. A questão central do livro é, em última análise, a crescente discrepância entre o aumento populacional e

---

[65] Cabe lembrar, neste ponto, que a abordagem da "qualidade de vida" possibilitou um grande reconhecimento do ambientalismo à autora Jane Jacobs, frequentemente citada como referência para os debates sobre as questões ambientais urbanas.

as limitações de suprimento e o problema da "capacidade de suporte" do ecossistema Terra.

Além de advogar as práticas que possibilitem a limitação do crescimento populacional no planeta, Brown analisa os processos que levam, por exemplo, à "conversão da gleba a usos estranhos à agricultura", que contribuiria para a limitação do aumento da produção de alimentos e suprimento humano. Facilmente se deduz que um dos "usos estranhos" é a urbanização. Brown declara textualmente que "o crescimento das cidades está sendo uma das maiores causas de destruição das glebas" (BROWN, 1983: 28), e que essa destruição afeta drasticamente a produção de alimentos, já que "as cidades são situadas nos solos mais férteis" (BROWN, 1983: 29).

Uma das medidas prementes preconizadas por Brown com relação a esse "problema" é o planejamento do uso do solo, visando equacionar os conflitos pela terra causados pelo crescimento populacional e a preservação das terras de plantio. Aqui se retoma o modelo da "eficiência" termodinâmica do sistema: "Os subúrbios em expansão e os loteamentos que se processam sem discriminação não apenas engolem as glebas, mas também tornam os transportes e a prestação de serviços ineficientes e desperdiçadores de energia" (BROWN, 1983: 186).

No capitulo que dedica à "Forma da sociedade perdurável",[66] Brown propõe um "futuro da urbanização" (BROWN, 1983: 307-10). Considerando que "as projeções da ONU mostram que as tendências para a urbanização vão continuar sem diminuição, pelo restante do século" (BROWN, 1983: 307), Brown coloca em questão o

---

66 Por uma questão de tradução, denominou-se perdurável, nessa versão brasileira, o que hoje se denominaria mais comumente como sustentável – ambos os termos se referindo ao original "sustainable". Optou-se aqui por preservar a linguagem da tradução em vez de seu sentido hoje mais comum.

pressuposto de que esse crescimento deverá continuar concentrado nas grandes cidades. Esse pressuposto repousaria em presunções que o autor considera pouco prováveis de se concretizar:

> (...) de que os excedentes de alimentos, produzidos nas zonas rurais circunvizinhas ou importados de fora, poderão sustentar a expansão urbana, de que a energia estará disponível para garantir os mais altos custos energéticos da vida urbana, e de que, sempre, maior número de pessoas poderá achar emprego produtivo nas cidades (BROWN, 1983: 308).

O deslocamento de população do campo para as cidades, além de provocar aumento na demanda de energia para a produção de alimentos, obriga as populações remanescentes na zona rural a produzir mais e a processar e transportar maiores quantidades a maiores distâncias. Ao mesmo tempo, a urbanização provoca o aumento da energia necessária para dar destinação adequada ao lixo produzido. Por último, o êxodo rural contribui para o agravamento da crise de empregos nas cidades. O processo, entretanto, tem contado sempre com o apoio das políticas de governo (BROWN, 1983: 309). E conclui em tom profético:

> As disponibilidades de recurso e as tendências econômicas que estimularam o movimento maciço do campo para as cidades, no decorrer do último quarto de século, estão agora mudando, e essas mudanças podem ajudar a convencer os governos de que chegou a hora de abandonarem suas inclinações urbanas. Entre outras facetas das mudanças em andamento, a transição energética afetará, inevitavelmente, os estabelecimentos humanos, favorecendo o desenvolvimento de comunidades relativamente menores, mais amplamente disseminadas, em lugar da continuada

aglomeração de gente em grandes megalópoles. Em suma, o tamanho ótimo dos estabelecimentos humanos, provavelmente, é bem menor, numa sociedade perdurável (BROWN, 1983: 310).

Em seu livro de 2003,[67] Brown centra fogo nas "cidades planejadas para o automóvel". Já de início, declara sua posição em relação às cidades: do ponto de vista ecológico, "cidades são desnaturais. Exigem uma concentração de alimentos, água, energia e materiais que a natureza não pode prover. Essas massas de materiais são, então, disseminadas sob a forma de lixo, resíduos humanos e poluentes atmosféricos e hídricos". Porém, ao discurso da "eficiência ecossistêmica" numa escala coletiva, Brown acresce também a abordagem da eficiência termodinâmica de seus habitantes individualmente, ao afirmar que as cidades "privam as pessoas do exercício necessário, criando um desequilíbrio entre a absorção e dispêndio de calorias. Consequentemente, há um crescimento acelerado da obesidade".[68]

O fundador do Worldwatch Institute aponta ainda outro custo das cidades dedicadas aos automóveis: o custo psicológico decorrente da privação de contato com o mundo natural, ou aquilo que denomina "a neurose do asfalto". Brown afirma haver "um acúmulo de evidências que indica uma necessidade inata do contato humano com a natureza", baseado nos estudos de ecólogos como Edmund O. Wilson e seguidores, que formularam a "hipótese da

---

67 As citações desta obra são extraídas da edição eletrônica do livro de Brown, distribuída via internet pela Universidade Livre da Mata Atlântica, sem paginação. O capítulo correspondente às cidades é o nono, "Planejando cidades para as pessoas".

68 Nota-se aqui um resquício do discurso que liga a vida nas cidades à "degenerescência" que havia incomodado tanto os eugenistas do início do século XX.

biofilia" e sustentam que a privação de contato com a natureza leva a um declínio mensurável do bem-estar.[69]

Brown reconhece o papel das cidades na "evolução da civilização moderna", mas rapidamente afirma que as populações urbanas "impõem um ônus desproporcionalmente pesado aos ecossistemas da Terra, simplesmente pela necessidade de concentração de tantos recursos em áreas urbanas para atenderem à demanda diária dos habitantes".[70] Mais uma vez, profetiza uma crise da viabilidade da urbanização, com a premente escassez hídrica favorecendo a reversão do processo que teria se iniciado na Revolução Industrial. Brown elenca ainda outras transformações que poderão "diminuir as vantagens de viver numa cidade", tais como a disponibilidade do e-mail e o potencial do teletransporte e da internet. Mas, exceto pelo caráter "desnatural" das cidades, não deixa claro por que razões as pessoas deveriam abandonar a vida urbana, muito menos quem se beneficiaria com isso. Mais ainda, não parece se lembrar que as maravilhas tecnológicas mencionadas são um privilégio ainda de uma reduzida parcela da população mundial.

Os desafios colocados por Brown às cidades são, portanto, os de "replanejar comunidades, transformando o transporte público na peça central dos transportes urbanos, incrementando-o com calçadas, vias para caminhadas e ciclovias", e também substituir estacionamentos por parques, playgrounds e quadras esportivas. Para ele, sistemas de transportes urbanos baseados numa combinação de vias férreas, ciclovias e calçadas para pedestres "proporcionam o melhor de todos os mundos possíveis, no fornecimento de transportes de baixo custo e de um meio

---

69 Para uma exposição e crítica à biofilia de Wilson, vide Light (2001)

70 Aqui se verifica um dos termos da polêmica ambientalista em torno da boa forma urbana. O outro é aquele que afirma o "ganho de escala" proporcionado pela concentração urbana, e a consequente eficiência no uso dos recursos.

ambiente urbano sadio". Por fim, Brown lista uma série de medidas que poderiam ser tomadas para reverter o sistema de transportes voltado para o automóvel para um mais "sustentável", dentre as quais destacam-se: instituir impostos sobre estacionamentos; instituir áreas livres de automóveis; compartilhamento de veículos; tornar as estações de metrô centros atraentes e até mesmo culturais; disponibilizar doações ao sistema local de transporte público, em troca de passagens grátis para o corpo funcional de uma empresa; conceder hipotecas para áreas consideradas eficientes em termos de localização.

Comparando as duas obras, percebe-se mais uma mudança de enfoque do que de pressupostos. Se antes o discurso parecia mais preocupado em demonstrar a urgência e necessidade de colocar em cena o debate sobre limites e sustentabilidade, essa já não parece ser a ênfase no livro mais recente. A urgência agora parece estar mais em apresentar "propostas", sair do nível da denúncia e da formulação genérica para um programa pragmático de transformações da sociedade. Entretanto, ao enfatizar o lado "prático" e a "exequibilidade" do projeto sustentável, Brown abre mão de uma reflexão sobre seus próprios conceitos: manteve-se nitidamente seu preconceito para com as cidades e a vida urbana, embora em nenhum momento esboce críticas ao sistema de produção capitalista que engendra o processo que Brown se dedica a descrever; preserva-se a premissa de que os modelos de eficiência termodinâmica do paradigma ecossistêmico são adequados e diretamente aplicáveis à discussão da temática urbana; acrescentou-se o tema da qualidade de vida, mas essa é olhada sob o prisma da saúde e dos efeitos da urbanização sobre o indivíduo – que acaba apenas reiterando velhos estigmas da "cidade insabubre", ou, o que é pior, "disgênica".

Ecologia e utopia urbana

As posições defendidas pelos partidários da ecologia profunda revelaram-se, desde o início, bastante controversas e foram, já na década de 1970, criticadas por ignorar a origem eminentemente social dos problemas ecológicos. Além disso, a visão social desse movimento revela-se redutora, ao postular uma organização da sociedade segundo princípios característicos do mundo natural – espécie de biologismo que sempre corre o sério risco de descambar para a justificação de posturas totalitárias ou fascistas. Analisando a questão, Philippe Pelletier (2002) faz observações contundentes, que merecem ser abordadas.

> É evidente que diversas correntes ideológicas, diferentes do naturalismo integrista, deram forma à ecologia científica e ao movimento ecologista. Não obstante, a tendência que domina, ainda sendo multiforme, dá a primazia à naturalidade sobre a humanidade, à biologia sobre a sociologia e ao determinismo sobre a liberdade. Esta é a que, em minha opinião, forja as premissas da ecologia profunda nos países anglo-saxônicos protestantes (Estados Unidos, Escandinávia, Alemanha, Austrália), ampliada por uma boa parte do movimento ecologista poderoso nesses mesmos países (sobretudo na Alemanha).

A essas acusações, os defensores da ecologia profunda não costumam ir além de acusar seus opositores de antropocentristas ou de defendê-la como um critério ético, um ponto de partida. A despeito de tais restrições, a ecologia profunda alcançou tamanha repercussão entre os movimentos sociais diversos que chega por vezes a se confundir com o próprio ambientalismo. Curiosamente, as limitações da ecologia profunda têm sido usadas para desqualificar os "ecologismos utópicos" em favor de uma atitude mais "pragmática" – no caso, evidentemente, o desenvolvimento sustentável. Entretanto, tal dicotomia serviria apenas para pôr à sombra outras vertentes que se propõem uma discussão mais séria da dimensão social dos problemas ambientais. Uma dessas vertentes é, sem dúvida, a ecologia social de Murray Bookchin, ligado a uma linha de pensamento anarquista que Castells (1996: 154) remete a Kropotkin.

Em sua obra mais prestigiada, *Toward an ecological society* (BOOKCHIN, 1978), particularmente em artigo homônimo publicado originalmente em 1974, Bookchin põe em discussão o próprio termo ambientalismo, distinguindo-o de ecologia.

> Esta palavra [ambientalismo] reflete, cada vez mais, uma sensibilidade instrumentalista que considera a natureza como um hábitat passivo, um conglomerado de objetos e forças externas cuja melhor adequação ao uso humano devemos buscar, sem nos preocuparmos com qual vai ser esse uso. De fato, o "ambientalismo" se preocupa com os "recursos naturais", os "recursos urbanos" ou até os "recursos humanos" (...). O ambientalismo não põe em questão esta concepção subjacente da sociedade atual segundo a qual o homem deve dominar a natureza; pelo contrário, pretende favorecer esse domínio aperfeiçoando as técnicas que limitem os riscos que tal domínio acarreta.

A ecologia, por sua vez,

> propõe uma concepção mais ampla da natureza e da relação entre a humanidade e o mundo natural; considera o equilíbrio da biosfera e sua integridade como um fim em si (BOOKCHIN, 1978: 121).

Para Bookchin, a ideia de dominação da natureza é derivada da dominação do homem pelo homem, do homem sobre a mulher, do ancião sobre o jovem – o que não ocorre nas sociedades ditas "primitivas", nas quais mesmo os ritos e cerimônias têm um duplo propósito de comunhão com a natureza e social. A quebra dessa união se deu em um longo processo que incluiu a formação de tribos e clãs gerontocráticos; posteriormente, nas famílias patriarcais, até a cristalização das divisões de classe social, a "supremacia da cidade sobre o campo e dos laços territoriais sobre os laços de parentesco; e, finalmente, a constituição do Estado e seu aparato militar, burocrático e político" (BOOKCHIN, 1978: 125).[71] A sociedade burguesa, desta forma, apenas potencializa e desenvolve as tendências hierarquizantes de milênios de patriarcalismo.

O capitalismo é responsabilizado não por haver engendrado o ideal de dominação da natureza, mas de fazer desta a regra da vida em sociedade. É inútil, portanto, enfrentar esse sistema criticando esses valores; tentar atemorizá-lo com as consequências do crescimento "equivale a reprovar-lhe o que constitui seu próprio metabolismo. (...) Apelar a suas preocupações humanas contra suas preocupações econômicas supõe fechar os olhos ao fato de que seu poder está em função de seu ser material" (BOOKCHIN, 1978: 128-9).

A abordagem de Bookchin procura justificar a associação entre ecologia e anarquia, e distanciá-los igualmente do "ambientalismo", que denuncia. A defesa de um projeto anarquista de sociedade ecológica, no entanto, coloca a ecologia social de Bookchin no nível do ambientalismo contracultural de Castells – o mesmo nível da ecologia Profunda e todos seus desdobramentos. E há de fato um elemento que liga os dois discursos: ao insistir no valor crítico da

---

71 Esse processo também é descrito, em detalhe, em sua obra *Limits to the city*, à qual é feita referência adiante.

ecologia (BOOKCHIN, 1978: 99-103) e na possibilidade de esta se configurar em um modelo de sociedade – isto é, na "natureza reconstrutora da ecologia" (BOOKCHIN, 1978: 107-118) –, acaba por reiterar o biologismo que se critica tão comumente na ecologia profunda. Desta forma, compreende-se por que Bookchin não consegue escapar à armadilha de igualar as cidades a cânceres:

> À medida que o câncer das cidades se propaga pelo campo, à medida que os materiais complexos seguem convertendo-se em materiais simples e que a diversidade desaparece no bojo de um meio ambiente sintético feito de vidro, ladrilhos, cimento, metais e máquinas, as cadeias alimentares complexas das quais dependemos para a higiene de nosso solo, para a integridade de nossos oceanos e da nossa atmosfera e para a viabilidade fisiológica de nosso ser, não cessam de simplificar-se (BOOKCHIN, 1978: 130).

A leitura de sua obra *The limits of the city* (BOOKCHIN, 1974), porém, mostra que essa interpretação pode se revelar incompleta. Desenvolvendo mais detalhadamente o processo de hierarquização social traduzida em crescente concentração da população no espaço (brevemente descrita em *Toward an ecological society*), Bookchin traça o caminho que vai da organização tribal (e de propriedade coletiva da terra) até a metrópole burguesa contemporânea. Mais importante do que recontar a história das cidades narrada por Bookchin é compreender o que representa, de fato, o "limite da cidade" que intitula o livro. Importante observar que a noção de limite por ele defendida tem pouco a ver com a noção neomalthusiana de um Clube de Roma, por exemplo.[72] Ao converter o crescimento econômico em único critério de sobrevivência burguesa, a vida urbana é

---

72 Cf. *Os limites do crescimento* (MEADOWS et al., 1972).

sujeita a uma devastação impossível de ignorar, diz Bookchin – e nesse sentido, a devastação da vida urbana é comparável a qualquer devastação que se acuse o capitalismo de promover contra os "recursos naturais" ou a vida selvagem.

Os *limites* podem ser entendidos em diversas dimensões:

> Os mais óbvios limites da cidade burguesa são físicos. As maiores cidades do mundo (...) estão se desintegrando administrativa, institucional e logisticamente; elas são crescentemente incapazes de oferecer os mínimos serviços para a habitação humana e a segurança pessoal e os meios para transportar pessoas e bens para os lugares onde são necessários (BOOKCHIN, 1974: 64-5).

A esse limite Bookchin dedica tanta atenção quanto qualquer ambientalista de outra tendência, inclusive reiterando a analogia que descreve esse crescimento físico como "canceroso" (p. 68 e 92, por exemplo). Outro limite, "interno", é o que Bookchin define como o "gueto", em uma acepção mais ampla do que a usual:

> A radiação para fora da sociedade urbana de seu núcleo cívico se interpreta como um espectro de guetos crescentemente desprovidos ou ostensivamente privilegiados (...). A cidade, um dia o abrigo do estranho do paroquialismo rural, é agora a fonte primária da separação. (...) A cidade burguesa assimila o paroquialismo rural como uma condição urbana permanente e inflamada (BOOKCHIN, 1974: 75-6).

Haveria ainda um limite psicológico, na medida em que a cidade burguesa,[73] para Bookchin, promove o empobrecimento

---

73 Note-se que a adjetivação qualifica a assertiva: Bookchin, ao contrário de muitos ambientalistas menos atentos, não dirige suas críticas à cidade gené-

da psique humana e cria a sensação de insignificância (e, nesse sentido, a transferência de todas as formas de poder e participação para a instância burocrática e institucional contribui decisivamente no processo, segundo o autor). Por fim, Bookchin retoma e reitera os argumentos de Lewis Mumford, afirmando que a "descrição da metrópole como a 'anticidade' é inequívoca; a expansão sem limites é ela própria um limite, um processo autodevorador no qual conteúdo se rende à forma – e realidade à aparência". E conclui: "os limites da cidade burguesa podem ser resumidos no fato de que quanto mais há urbanismo, menos há urbanidade" (BOOKCHIN, 1974: 89).

Mais uma vez, o que se verifica na obra de Bookchin não é uma depreciação das cidades ou do modo de vida urbano em si, mas do modelo social que leva a cidade ao seu "limite funcional" e, ao mesmo tempo, a que esta se constitua no "câncer" que os ecologistas denunciam. E o urbanismo tem nisso a culpa de não questionar esse modelo social em seus próprios termos,[74] fato que não chegou a ser devidamente considerado nem por seus defensores nem por seus críticos.[75]

---

rica e "ontológica", mas ao caso bastante particular e delimitado que é a cidade formada e desenvolvida sob a égide da economia capitalista e da sociedade de consumo.

74 Bookchin dedica uma parte significativa de seu livro a uma crítica ao urbanismo como institucionalização de um planejamento abstrato, particularmente no capítulo final ("Community and city planning", p. 94-139). O planejamento urbano, segundo Bookchin, "encontra sua validação no reconhecimento intuitivo de que uma sociedade de mercado burguesa não merece confiança de que produza espontaneamente cidades habitáveis, sanitárias ou mesmo eficientes, muito menos bonitas" (p. 101). Na medida em que não questiona as relações sociais burguesas enquanto tais, o urbanismo tradicional acaba assimilado por essa mesma ordem social.

75 Bookchin chama atenção para a "irrealidade" da defesa que Jane Jacobs faz das vizinhanças tradicionais: "o mundo da vizinhança está morrendo: as mesmas forças que truncam o habitante da *new town* estão submetendo a

A saída para que o urbanismo e o planejamento urbano não se tornem mera ideologia seria, portanto, que se voltasse à "necessidade de uma crítica radical da sociedade prevalente" e se buscassem seus elementos de projeto de "uma transformação revolucionária das relações sociais existentes" (BOOKCHIN, 1974: 124). Essa nova forma de realizar o desenho de cidades teria sido experimentada pelos movimentos contraculturais do final da década de 1960, através da tentativa de desenvolver "comunidades novas em uma sociedade harmonizada e ecologicamente equilibrada" (BOOKCHIN, 1974: 125). As tentativas de criação dessas "comunidades alternativas" rurais são bastante conhecidas e já amplamente criticadas;[76] Bookchin, porém, chama a atenção para "a extensão à qual a juventude contracultural de mentalidade ecológica começou a submeter o planejamento urbano a uma devastadora revisão" (BOOKCHIN, 1974: 128).

Uma das mais eloquentes manifestações nessa direção é o manifesto *Blueprint for a Communal Environment* (ROZSAK, 1972). O que se propõe em *Blueprint* vai desde uma completa fusão da esfera pública com a privada, o desmantelamento dos jardins particulares em um jardim ou parque no interior das quadras, pontes entre as casas rompendo a divisão entre espaços internos e externos, a abertura de "avenidas íntimas de comunicação entre as pessoas" (BOOKCHIN, 1974: 131), à apropriação coletiva de lotes vagos e a "ruralização das cidades", através do que hoje é denominado de *agricultura urbana*.[77]

---

    pequena loja ao supermercado e o velho complexo de moradias à asséptica superquadra elevada" (BOOKCHIN, 1974: 122).

76 A ponto de, a determinada altura, chegar-se a confundir "ambientalismo" com "ruralismo", aspecto que Avner de-Shalit (1996) procura refutar.

77 Isto é, a produção de hortaliças, frutas e ervas em jardins e terrenos urbanos com fins de subsistência. Algumas iniciativas interessantes vêm sendo desenvolvidas nesse sentido, especialmente em comunidades carentes visando à

Pode-se criticar as propostas de *Blueprint* em termos de exequibilidade e também a vinculação dessas propostas numa ideia de revisão social baseada em princípios ecológicos.[78] Além disso, como o próprio Bookchin é forçado a reconhecer, o movimento da contracultura não logrou a transformação radical que se propunha, especialmente depois que "sua politização tomou a pior forma possível – arrogância e retórica estupidamente violenta" (BOOKCHIN, 1974: 135). De qualquer maneira, o manifesto parece ser uma das mais diretas abordagens do ambientalismo à questão urbana, e a partir de uma crítica dos valores sociais que engendram a cidade burguesa mais do que de uma depreciação da entidade urbana em si. Em última análise, o próprio fato de tal abordagem ser encontrada dentre os autores da chamada ecologia social (mais especificamente, por parte de seu principal autor) representa uma significativa diferença em comparação ao silêncio que os adeptos da ecologia profunda guardam com relação às cidades.

Marxismo, ecologia e cidades

Desde o final da década de 1960, com os trabalhos de pioneiros como Raymond Williams e André Gorz, um grupo de intelectuais marxistas vem empreendendo uma crítica interna do marxismo em sua relação com o "mundo natural",[79] ao mesmo tempo

---

"segurança alimentar". Há numerosas referências sobre o tema disponíveis na internet, mas pode-se citar a *Revista de Agricultura Urbana* (http://www.jbmoura.hpg.ig.com.br/AU/AUrevista.html) e as publicações do Center for Ecoliteracy (www.ecoliteracy.org), que desenvolve na região de Berkeley (EUA) uma série de projetos em agricultura urbana em escolas públicas.

78 "Uma autêntica consciência ecológica que transcenda a visão instrumentalista do engenheiro sanitário e social" (BOOKCHIN, 1974: 138).

79 A presença da questão ambiental/ecológica na obra de Marx tem sido objeto de numerosos estudos, dos quais se podem citar os de Sheasby, Moore, Clark,

que efetua, à luz da teoria marxista, uma avaliação crítica dos movimentos ambientalistas que ganharam espaço e notoriedade à mesma época.

Em seu clássico *O campo e a cidade*, Raymond Williams desfere crítica seminal à teoria marxista ortodoxa, sintetizando não apenas um programa de análises que poderia ser desenvolvido por outros estudiosos da linha ecomarxista, mas também aspectos fundamentais à verificação da abordagem do urbano na literatura ambientalista. Por sua importância e influência, convém citar o longo trecho:

> Volta e meia ouvimos a mesma argumentação categórica, impaciente e – supostamente – realista: o reconhecimento das forças libertadas pela revolução capitalista; a condenação e a idealização simultâneas do capitalismo, em suas formas específicas de desenvolvimento urbano e industrial; a celebração irrefletida do domínio – poder, eficiência, produção, o domínio do homem sobre a natureza – como se a exploração dos recursos naturais pudesse ser separada da concomitante exploração dos homens. (...) A tudo isso se acrescente, como o clímax da confusão, a observação tardia, a ressalva que tudo explica, segundo a qual num certo estágio (...) o capitalismo começa a perder esse caráter progressista e, para que a eficiência da produção aumente ainda mais, para que o controle da natureza seja ainda maior, torna-se necessário que o capitalismo seja substituído, suplantado pelo socialismo (WILLIAMS, 1989: 58-9).

Williams propõe uma reformulação teórica: analisar as diversas oposições representadas na sociedade atual (cidade x campo,

---

Burkett e outros colaboradores da edição de *Capitalism, Nature, Socialism* 12 (3), de setembro de 2001.

indústria x agricultura) como uma "culminação crítica do processo de divisão e especialização do trabalho que, embora não tivesse início com o capitalismo, foi desenvolvido dentro do capitalismo a um grau extraordinário e transformador".[80] A mudança se constituirá na ultrapassagem da divisão social do trabalho e esta deverá ser encarada com rigor na análise, na proposta e na prática, e empreendida a despeito da continuidade dos efeitos negativos: "O último refúgio da divisão do trabalho está dentro de nós, na divisão aparentemente intransponível entre o que queremos e o que nos julgamos capazes de fazer". Para vencer a divisão, somente "nos recusando a ser divididos. Esta é uma decisão pessoal, mas em seguida é uma ação social" (WILLIAMS, 1989: 409).

Em grande medida, essa reformulação não foi ainda devidamente assimilada pelo ambientalismo e, infelizmente, sequer a literatura ecomarxista levou adiante o questionamento de Williams. Se coube ao inglês um papel reconhecidamente precursor, os autores norte-americanos que predominam nessa vertente ecossocialista pouco fizeram por levar adiante esse projeto exposto em *O campo e a cidade*. Evidentemente, ficou a lição de Williams no que se refere à observação das mistificações ideológicas que se inserem sob as aparências de inocente nostalgia, bucolismo ou, em termos gerais, em representações estereotipadas de cidade, de campo, de natureza. E, também, o contundente alerta ao historiador, seja ambiental, urbano ou outro:

> A história dos interesses dominantes durante esses séculos é uma história de progressos e realizações, mas para a maioria dos homens tratava-se da substituição

---

80 Esta divisão se revela, também, na própria "ideia e prática das classes sociais, nas definições convencionais de trabalho e educação; na distribuição física das comunidades; e na organização temporal do dia, da semana, do ano e da existência" (WILLIAMS, 1989: 407).

de uma forma de dominação por outra (...), com o mínimo de continuidade (...) necessário para confundir e controlar (WILLIAMS, 1989: 61-2).

Segundo Lowy (2002), a convergência entre socialismo e ecologia exige de ambos um trabalho crítico (e de autocrítica): marxistas submeteriam à análise sua concepção tradicional de "forças produtivas", enquanto ecologistas "romperiam com a ilusão de uma 'economia de mercado' limpa". Tanto a socialistas quanto a ecologistas seria necessário levar a crítica à sociedade até suas últimas consequências: seria necessário criticar o capitalismo, mas também os valores burgueses e "progressistas" de que este se vale para legitimar a lógica da dominação e a da "eficiência".[81]

A despeito da diversidade de correntes no interior do marxismo, o apoio no referencial dialético e no materialismo histórico são premissas comuns à leitura marxista dos problemas ambientais. Seus defensores em geral partilham também das ideias de ruptura com a ideologia "produtivista" de progresso, a oposição à expansão *ad infinitum* de um modo de produção e de consumo destruidor do meio ambiente, e ainda a sensibilidade aos interesses dos trabalhadores e "os povos do sul" (LOWY, 2002). Ribeiro (2002) considera que "deslocar um olhar marxista para a questão ambiental significaria, em meu entender, buscar as diferenças entre as classes sociais no sistema produtivo que afetam sua relação com o ambiente". Para os ecomarxistas (ou ecossocialistas), a lógica do capitalismo e do lucro é incompatível com a defesa do meio

---

81 Nesse sentido, a crítica dos marxistas à ênfase na "sustentabilidade" se baseia na constatação de que esta avança muito pouco, ou nada, nessa discussão. Outro ponto muito discutido é a proposição comum de que o ambientalismo representaria uma superação (ou síntese) da contraposição capitalismo x socialismo. Para os marxistas, a tentativa de desqualificar a crítica marxista mais favorece o capitalismo do que constitui uma nova alternativa crítica.

ambiente – posição que os aproxima da ecologia social de Murray Bookchin.[82] Para os ecomarxistas, portanto, é impossível haver um "desenvolvimento sustentável" em uma economia capitalista de mercado. Outro consenso é apontado por Harribey: o de que existem condições materiais naturais indispensáveis à atividade humana, independentemente do modo de produção.

No plano da ética, o ecossocialismo é, segundo Lowy, uma ética social, humanista, igualitária, democrática e radical. Social, porque não se baseia em comportamentos individuais, na promoção do ascetismo, mas na busca de modificar as próprias estruturas sociais e econômicas capitalistas e mercantis em prol das necessidades sociais. Humanista, porque reconhece que a crise ecológica ameaça não apenas a fauna e a flora, mas também a própria espécie humana, não sendo por isso necessário se contrapor ao humanismo ou "antropocentrismo" para se adotarem os princípios da conservação ambiental. Igualitária, porque sustenta que é necessária uma redistribuição planetária da riqueza e se funda numa noção de justiça social, igualdade e solidariedade. Democrática, porque ressalta a importância da democratização econômica aliada à democratização política. E radical, no sentido etimológico da palavra, em que considera que "as meias medidas, as semirreformas, as conferências do Rio, os mercados de direito de contaminação são incapazes de aportar uma solução" (LOWY, 2002).

Quando Marx faz distinção entre o processo de trabalho em geral, cuja finalidade é produzir valores de uso para satisfazer

---

82 Harribey (2002) afirma que a conjunção de três acontecimentos criou as condições de aproximação entre as abordagens socialistas e ecológicas: o "desaparecimento dos (anti) modelos 'socialistas' que prejudicavam a utilização da teoria de Marx para fins de crítica radical do capitalismo", "a liberalização completa do capitalismo, sob a batuta dos mercados financeiros tornados globais, que se saldou por uma inversão da relação de forças a favor do capital e em detrimento do trabalho" e, por último, "a convergência das mobilizações populares e das lutas sociais contra os danos da mundialização capitalista".

necessidades humanas, e o processo de trabalho que é específico do modo de produção capitalista, cuja finalidade é produzir mais--valia e valorizar o capital, é possível a não satisfação de necessidades sociais por um modo de produção "polarizado pelo lucro". Para os ecomarxistas, porém, o desenvolvimento do capitalismo engendraria uma outra contradição, além daquela a que Marx consagrou toda a sua vida, e que consiste na exploração dos recursos naturais, dos quais depende a própria produção, até o ponto em que esses estejam exauridos. Convém observar, conforme Harribey (2002), que

> desde logo, a primeira e a segunda contradição são ambas internas ao modo de produção capitalista e não podem, portanto, ser separadas: sem a exploração da natureza, a do trabalho não teria tido suporte material, e sem a exploração do trabalho, a da natureza não teria podido estender-se e generalizar-se; daí decorre que a crise social e a crise ecológica são as duas faces de uma mesma realidade.

O obstáculo que se coloca à constituição desse novo "paradigma" ecomarxista é que seu estabelecimento requer uma ultrapassagem

> completa e definitiva da forma tomada pelo marxismo tradicional enquanto movimento de pensamento e de ação inscrito num período histórico dado, aquele que, esquematicamente, se resumiu e reduziu à coletivização dos meios de produção sem que as relações sociais fossem minimamente modificadas (HARRIBEY, 2002).

Caso se busque identificar a ação preservacionista como uma componente da ação anticapitalista, a ecologia traria ao marxismo uma nova dimensão, a da equidade intergeracional – a justiça social pode ser encarada no presente, em termos das profundas desigualdades de poder, rendimento, condições de vida e de trabalho, educação, cultura; e, ao longo do tempo, entre as diferentes gerações, em termos de acesso aos recursos naturais.

A construção de um marxismo ecológico vingará então, segundo Harribey (2002), "se lograrmos ultrapassar a fetichização das relações do homem com a natureza desligadas das relações sociais". Por outro lado, ambos partilhariam da inclinação à centralização político-administrativa e, ainda, tanto o marxismo como a ecologia são consideravelmente heterogêneos e possuidores de seus respectivos *fundamentalistas*.

Talvez a mais importante publicação dessa vertente ecomarxista atualmente seja, de fato, a revista *Capitalism, Nature, Socialism*. Vários artigos publicados dedicam-se a recuperar a tradição e os estudos de obras de clássicos do pensamento ocidental; em certas ocasiões, os artigos agrupados constituem dossiês sobre temas destacados. O tema das cidades aparece pela primeira vez como tema de artigo, em CNS, em setembro de 1994 (edição 19, vol. 5-3), no título de um pequeno texto de James O'Connor ("Nature's metropolis and its critics"). Em dezembro do mesmo ano (edição 20, vol. 5-4), Joan Martinez Alier apresenta um relato do Fórum Global sobre as Cidades. Na edição seguinte (edição 21, vol. 6-1), Marianne Rodenstein traça uma perspectiva histórica do Planejamento Urbano e a Saúde na Alemanha.

Mas é a partir da edição 25 (março de 1996, vol. 7-1) que o tema se consolida com o início da colaboração de Mike Davis com o periódico. Através da seção "Street Ecology", Davis apresenta uma série de artigos sobre a cidade de Los Angeles, os quais resultarão em seu livro *Ecology of fear*. A repercussão do trabalho de Davis no jornal pode ser medida pelo fato de já a edição seguinte ser inteiramente dedicada à "ecologia urbana"[83] (que, a partir de então, torna-se uma seção recorrente na publicação) e pela realização de um seminário inteiro dedicado à discussão e análise de *Ecology of fear*.[84] Tamanha repercussão parece ser devida ao sucesso de Davis em aplicar aos seus estudos a constatação, a que Ribeiro (2002) chama a atenção, de que "as diferentes escalas sociais sofrem de maneira distinta frente à ocorrência dos azares naturais, bem como aos problemas ambientais decorrentes das atividades humanas". A edição 50 (vol. 11-2, de junho de 2002) reporta um novo simpósio dedicado à questão urbana, tendo como eixo a obra de Henri Lefebvre.[85] Numa avaliação geral, a abordagem marxista da questão ambiental é ainda um campo em construção, embora apresente sem dúvida perspectivas promissoras.

PARA ALÉM DO IMPASSE

Neste capítulo, procurou-se evidenciar o caráter multifacetado do ambientalismo e as diversas formas que a abordagem do espaço urbano toma em cada uma dessas facetas. Como já foi notado por Alonso e Costa (2002), a literatura dedicada à temática ambiental tem se caracterizado pela constituição de especialidades dentro das tradições científicas e acadêmicas já vigentes, ao invés da formação de uma nova ciência "sintética", ainda que haja esforços no sentido de constituir uma "ciência ambiental".

---

83 Além de Davis, participam da edição Franz Hartman, Roger Keil, Stefan Kipfer, Sara Marino, Jennifer Wolch, Ute Angelika Lehrer, Richard Milgrom, Erik Swyngedow, Ludwig Trepl, Thomas Jahn, Joan Martinez Alier e Jouni Häklie Kerstin Zillman.

84 Foram debatedores desse seminário Roger Keil, Ute Lehrer, Robert Beauregard, Ted Steinberg, David Harvey, Jens Sambale e Robert Gotlieb.

85 Colaboram nessa edição Stefan Kipfer, Richard Milgrom, Klaus Ronnenberger, Mustafa Dikeç, Liette Gilbert e Russel Janzen.

No momento em que este trabalho é realizado, tal ciência é um empreendimento inconcluso.

Ao tratar da mútua contribuição entre urbanismo e ambientalismo, aceitou-se a premissa de que há interesse das duas partes em somar esforços e resultados, e de (r)estabelecer um diálogo produtivo e frutífero a ambos. O que se verifica, contudo, é que talvez esse mútuo interesse não aconteça de forma equânime. Do lado das ciências humanas verifica-se o esforço de integrar as contribuições das "ciências da vida" a suas análises, e de promover um "diálogo reconstruído" (GIULIANI, 1998) entre as duas áreas científicas. Do outro lado, encontra-se a figura que o historiador indiano Ramachandra Guha apelida "o biólogo autoritário" e caracteriza uma postura arrogante do "anti-humanismo" (GUHA, 2001). Como resultado, o pensamento ecológico e a "ética ambiental" não se incomodam de manter as questões urbanas como seu "ponto cego" (LIGHT, 2001).

As considerações de Guha (2001) levam em conta os conflitos entre o preservacionismo e as populações tradicionais. Guha mostra que os principais nomes do ambientalismo contemporâneo (a partir da década de 1960) eram biólogos, inclusive a autora do texto considerado fundador desse movimento ambientalista, Rachel Carson. Com um olhar diferenciado de outras ciências, isto é, habituados a enxergar a interdependência entre indivíduos, e numa perspectiva de tempo longo, os biólogos conservacionistas acabaram adotando uma perspectiva totalizante ao tratar da humanidade, deixando de "ver os interesses, legítimos, dos membros menos afortunados de sua própria espécie" (GUHA, 2001: 84).

Alguns biólogos da conservação julgam-se detentores do conhecimento necessário para afirmar a todos os demais habitantes dos territórios o que lhes é mais apropriado. Nesse sentido, acabam adotando posturas imperialistas, conscientes ou não, sobretudo para com as comunidades tradicionais. Utilizam-se de linguagem hiperbólica e alarmista para angariar apoio público e, com isso, afirmar o privilégio de seu conhecimento como ciência capaz de resolver os problemas apontados por eles mesmos. Ao agirem dessa forma, "também desqualificam e desrespeitam outras formas de conhecimento, em particular o conhecimento das comunidades locais" (GUHA, 2001: 89). Para obter a legitimidade pública para seu discurso, muitos ecólogos fazem dos espaços urbanos o bode expiatório das catástrofes por eles apregoadas.

Enfim, apresentando-se como únicos detentores do conhecimento válido para lidar com as questões ambientais, são incapazes de reconhecer especificidades de um ambiente que não estejam enquadradas em suas matrizes teóricas e conceituais. Assim, o tema do meio ambiente urbano só parece adquirir consistência e legitimidade no momento em que se enquadra num modelo biológico consagrado – no caso, o modelo ecossistêmico –, ainda que isto se dê à custa de desconsiderar outras questões igualmente importantes, especificamente humano-sociais. De outro modo, acaba-se tornando desprezível, exceto quando se trata de apontar as cidades como as responsáveis por impactos ao ambiente físico e ao "mundo natural" intocado, foco do interesse maior da biologia.

Guha tem o cuidado de sublinhar que as considerações acima não devem ser tomadas como generalidade aplicável a todos os profissionais da conservação. A atenção de muitos biólogos para a questão das populações tradicionais nas áreas de preservação ambiental tem levado a um crescente interesse por disciplinas humanistas, em particular a Antropologia.[86] Grande parte des-

---

86 Recorre-se aqui aos depoimentos pessoais das biólogas Sílvia Futada e Mayra T. Eichemberg, que apontam essa aparente tendência entre os biólogos ambientalistas à "humanização". A essa tendência corresponde, também, o grande interesse que certos biólogos têm demonstrado pela chamada "etnociência", sobre a qual se tratou no primeiro capítulo.

se interesse é ainda motivado pela gestão das áreas de conservação e a necessidade de integrar a esses programas gerenciais as populações ditas "tradicionais" que já habitavam essas áreas.

Andrew Light procura discutir, em seu artigo "The urban blind spot in environmental ethics", por que o meio ambiente urbano tem sido relegado pela ética ambiental e por que um ambientalismo responsável social e ecologicamente não deveria desconsiderar a importância das questões urbanas. A filosofia ambiental, especialmente na América do Norte, tem se dedicado à discussão do "valor intrínseco" da natureza, independentemente dos interesses humanos. Os que defendem esse valor são conhecidos como "biocêntricos", "ecocêntricos" ou, de forma mais genérica, "não antropocêntricos" – em oposição ao "antropocentrismo" que teria dominado a ética ocidental nos últimos séculos. Uma vez que a maioria dos ambientalistas se filiou ao "não antropocentrismo", Light vê uma consequente rejeição a toda forma de valor tido como antropocêntrico e, por extensão, às paisagens antropicamente criadas. Tal rejeição, mais uma discriminação aceita do que uma posição provada, diz Light, caracterizou o antropocentrismo como despótico, sem demonstrar que essa interpretação capturaria todas as formas de interpretação possíveis da relação entre humanos e não humanos a partir de uma perspectiva humana.[87]

O silêncio dos filósofos ambientais para com as questões urbanas derivaria então da tentativa de escapar dos referenciais "culturais" para o estabelecimento de um valor *intrínseco* à natureza. Por trás dessa oposição aparece, mais ou menos explicitamente, uma visão dualista entre natureza e cultura, como campos fundamentalmente separados. Ao corroborar esse dualismo, a ética

---

[87] Nos diversos casos apontados por Light, o que se verifica é uma vinculação estabelecida entre antropocentrismo e utilitarismo – o uso e interpretação da natureza segundo sua "utilidade" para o homem.

ambiental admite que, além de intrínseco, o valor da natureza tem papel fundacional sobre os valores humanos/culturais. Desta forma, a experiência vivencial urbana é, por definição, incompleta, pois renegaria esse papel fundamental da experiência selvagem.

Um dos principais expoentes do debate ambientalista em filosofia, Holmes Rolton III, considera que um homem "meramente urbano" é um indivíduo incompleto, unidimensional: a completude advém da experiência urbana, rural e selvagem.[88] Embora Rolston admita que o lugar do homem é a *pólis*, a vida nas cidades ainda é tida como incompleta, não natural, desenraizada. O movimento da ética ambiental se desloca, portanto, de uma crítica das formas antropocêntricas de atribuição de valor a um preconceito generalizado das paisagens humanas. Como extensão, as cidades são retiradas da reflexão sobre os problemas ambientais (que são problemas da natureza, e esta não existe nas cidades), e se presume que problemas ambientais não existem nas cidades.

Na mesma linha de pensamento, Edward O. Wilson propõe o conceito de *biofilia* para designar uma tendência residual inata do ser humano à conexão com a natureza. Essa conexão deriva do fato de que o ser humano é originário da vida selvagem, e nela desenvolveu a maior parte de sua história. Não serão "poucas gerações de existência urbana", portanto, que apagarão as marcas da *biofilia* em nossa própria constituição (genética, diria Wilson), a qual explica a inclinação das pessoas à busca do mundo natural, capaz de lhes restituir a "paz interior".

---

88 Porém, salienta Light, o respeito reivindicado aos três meios não significa que eles sejam considerados de valor igual. Na realidade, o ser humano só é completo – plenamente humano – quando se torna ciente e respeitador do valor do selvagem, no qual não vive. Seja um morador do "campo" ou da "cidade" (formas humanizadas da paisagem), o homem só adquire sua plenitude quando experimenta o mundo selvagem, o lar da natureza.

O preconceito antiurbano no campo da reflexão filosófica sobre o meio ambiente se estende também à maior parte dos movimentos ambientalistas, e é apenas recentemente que esse preconceito começou a ser questionado. Light afirma que os ambientalistas tendem a adotar uma atitude fenomenologista, generalizando suas experiências positivas pessoais no contato com a natureza como modelos de mudança de atitude e de "paradigmas". Isso se pode verificar na formulação da ecologia profunda, como foi demonstrado, e em outros tantos exemplos de ambientalistas prestigiados, cuja experiência fundamental derivou desse contato.[89]

Raramente, porém, esses ambientalistas refletem sobre o dilema de tal defesa do contato com o natural: se todos os seres humanos têm necessidade *por natureza* desse contato com o mundo natural selvagem, dificilmente se conseguiria preservar tais ambientes da massiva busca pela plenitude que todos os seres humanos supostamente buscariam. Se a natureza selvagem deve ser preservada, e os homens são fundamentalmente "biofílicos", quem serão os "escolhidos", a quem se outorgará o direito a se tornarem seres plenamente humanos? Quem será condenado a permanecer no estado de "homem unidimensional"?

Contrastando as ideologias que denomina *ruralismo* e *ambientalismo*, Avner de-Shalit (1996) identifica o preconceito antiurbano ao primeiro, ao passo que o verdadeiro ambientalismo também se preocuparia com a melhoria da vida urbana. Light considera que os ambientalistas, no mínimo, não se esforçam em renegar os argumentos ruralistas, os quais são identificados por De-Shalit como elementos integrantes de uma ideologia reacionária que remonta ao século XIX e é permeada de concepções racistas

---

[89] Lester Brown, por exemplo, rancoroso crítico da urbanização contemporânea, era um agricultor. Fritjof Capra viveu sua infância também em áreas rurais do interior da Hungria.

e fascistas, algumas das quais foram tratadas no capítulo anterior. Alguns exemplos recentes de abordagem aos problemas sociais por parte dos ambientalistas dão mostras de suas delicadas implicações: a vinculação de William Rees entre a possível instabilidade política dos entornos rurais das cidades e a insustentabilidade ecológica urbana; a preocupação de grupos ativistas ambientais consagrados para com a questão da imigração,[90] entre outros.

Considerando que a população global deverá, pela primeira vez na história registrada, concentrar-se em sua maioria nas cidades, Light incita aqueles que se preocupam com o meio ambiente como uma questão de justiça social a escapar da já vulgar associação entre os processos urbanizatórios e cancerígenos e expandir o próprio campo da ética ambiental. Isso requer do ambientalismo rejeitar o preconceito antiurbano e a "cegueira ambiental" e voltar-se à preservação da complexidade social e cultural das cidades da mesma maneira que se procura preservar a diversidade biológica das florestas.

Aqui se atinge o ponto mais delicado do tratamento dado pelo ambientalismo às cidades. Em sua recusa de abandonar os instrumentos teóricos e metodológicos da ecologia ecossistêmica, o movimento ambientalista encontra-se absolutamente despreparado para lidar com a complexidade dos problemas urbanos. Neste caso, não se trata de apenas incorporar novas variáveis "sociais" aos modelos sistêmicos e aos instrumentos de manejo ecológico. É necessário rever, e reformular se necessário, as próprias premissas sobre as quais se assentam esses modelos e instrumentos. A crítica de Thompson à abordagem estruturalista da História e ao

---

90   Light destaca o tradicional Sierra Club e a ligação de alguns de seus membros proeminentes com o Federation for American Immigration Reform (FAIR), um grupo que procura tornar palatáveis os sentimentos anti-imigração exatamente através de coalizões com organizações ambientalistas.

paradigma "sistêmico" subjacente permanece aqui válida em sua essência: presencia-se ainda na atualidade o risco de incorrer num perigoso reducionismo mecanicista com essa abordagem.

Abordagens inovadoras e promissoras

Alguns caminhos recentes apontam para novas possibilidades, se não de resgate da "experiência" humana nas pesquisas em torno das temáticas ambiental/urbana, ao menos de humanização e politização dos temas.

O recente campo de pesquisa delimitado como "História ambiental", praticado principalmente nos países anglo-saxônicos, foi apresentado e analisado por José Augusto Drummond (1991). Trata-se de uma tentativa empreendida por pesquisas recentes de romper um tabu dentro das ciências sociais de rejeição das tentativas de incorporar dados da "natureza" na análise da sociedade, em grande parte em função dos complicados precedentes como o "darwinismo social" de Herbert Spencer, os diversos determinismos geográficos e raciais do século XIX, a eugenia.[91] A história ambiental surge então como um projeto "reformista" de alguns historiadores – uma reação à pressão de ajustar os ponteiros dos relógios dos dois tempos, o geológico (ou natural) e o social,[92] ou de "colocar a sociedade na natureza" (termo empregado em WORSTER *et al*, 1990). Tal reação, creem seus defensores, será capaz de evitar a reedição dos velhos determinismos já mencionados. A definição

---

91 Se essas abordagens desfrutaram de grande prestígio intelectual até meados do século XX, um dos legados mais importantes do nazismo foi, justamente, a conversão desses temas em um tabu, assunto virtualmente proibido nas ciências humanas e sociais, à exceção de algumas tendências da antropologia.

92 O tema é desenvolvido por Tiezzi (1988).

de ambientalismo dada por Tuan é exatamente a premissa adotada pelos historiadores ambientais, segundo Drummond:

> combinar a história natural com a história social, colocar a sociedade na natureza, enfim – implica necessariamente atribuir aos componentes naturais "objetivos" a capacidade de condicionar significativamente a sociedade e a cultura humanas. Não há meias palavras quanto a isso. Não se trata de fazer apenas metáforas ambientais, ecológicas ou naturais, como as que predominaram, por exemplo, na famosa escola de "ecologia humana" desenvolvida na Universidade de Chicago a partir dos anos 1920 (ver, por exemplo, o clássico texto de Park, 1936). Trata-se de uma mudança séria de paradigma nas ciências sociais. Significa que o cientista social dá às "forças da natureza" um estatuto de agente condicionador ou modificador da cultura (DRUMMOND, 1991: 180).

Fugindo das meras analogias e abordando simultaneamente a ação humana sobre a natureza e o condicionamento ou influência desta sobre os grupos humanos, os historiadores ambientais esperam fugir do determinismo natural. Um grupo de historiadores e biólogos norte-americanos, associados em torno da American Society for Environmental History (atualmente rebatizada como Environmental History Review) vem publicando desde 1976 o periódico *Environmental Review* e definindo os traços metodológicos e analíticos característicos da história ambiental: (i) foco em uma região com alguma homogeneidade ou identidade natural, isto é, cenários fisicamente circunscritos; (ii) diálogo sistemático com as ciências naturais pertinentes ao entendimento dos quadros físicos e ecológicos das regiões estudadas, incluindo geologia, geomorfologia, climatologia, meteorologia, biologia vegetal e animal e ecologia; (iii) exploração das interações entre o quadro de recursos naturais e os diferentes estilos civilizatórios das sociedades humanas, estudando o papel da cultura nos usos dos recursos com conceitos e enfoques tomados da história das civilizações,[93] de alguns ramos da antropologia cultural e da geografia humana; (iv) grande variedade de fontes, desde as tradicionais da história econômica e social (censos populacionais, econômicos e sanitários, inventários de recursos naturais, imprensa, leis e documentos governamentais, atas legislativas e judiciárias, crônicas) até mitos e lendas, etnografias antropológicas, relatos de exploradores, viajantes e naturalistas; (v) trabalho de campo: viagens aos locais estudados e observações pessoais, entrevistas com moradores antigos, consultas a arquivos e cientistas que trabalham na região, visando sobretudo identificar as marcas deixadas na paisagem pelos diferentes usos humanos, nem sempre constante de documentos escritos.

O historiador ambiental mais importante e mais famoso é Donald Worster, autor de pelo menos duas obras que aqui merecem destaque: *Nature's economy – a history of ecological ideas*, originalmente publicada em 1977, no qual o autor conclui que, na realidade, o movimento ecológico não tem afinidade com a ciência ecológica, já que esta seria ainda herdeira da tradição "imperial", que pretende o domínio da natureza; o livro *Dust bowl – the southern plains in the 1930's* é, para Drummond, responsável pela criação de um padrão e uma agenda de trabalho para a disciplina. Outros estudiosos importantes incluem William Cronon (autor de *Changes in the land – Indians, colonists and the ecology of New England*, outro livro altamente influente no campo da história ambiental), Alfred Crosby (1993) ou ainda Stephen J. Pyne (*Fire in America – a cultural history of wildland and rural fire*). Este último

---

93 Autores dessa linha citados com frequência incluem Arnold Toynbee, Lewis Mumford e Gordon Childe.

livro, em particular, acabou provocando grande controvérsia ao apontar os efeitos de comportamentos ambientalmente "predatórios" de povos tradicionais em vários lugares do mundo, abalando o mito do "bom selvagem ambientalista" sustentado por alguns setores do movimento ambientalista.

Dois outros autores de interesse poderiam também ser incluídos nessa linha: o historiador Warren Dean, que dedicou uma série de estudos aos sistemas de produção agrícola no Brasil e é autor de um livro, também publicado por aqui, em que analisa o processo de ocupação e destruição da Mata Atlântica brasileira (DEAN, 1996). O outro autor é o professor de Urbanismo no Southern California Institut of Architecture, Mike Davis, autor de dois livros bastante influentes na área de estudos urbanos, *Cidade de quarzo* (1993) e *Ecologia do medo* (2001), e ainda um estudo sobre a relação entre fenômenos climáticos e a expansão do imperialismo (DAVIS, 2002).

Cabe destacar, por fim, um interessante resgate efetuado por fruto dessas linhas de pesquisa em história ambiental, de um autor mais conhecido por sua contribuição à história da cidade e do urbanismo e ao planejamento urbano: Lewis Mumford. Tal resgate tem grande interesse para os objetivos desse trabalho, por ao menos uma razão, que é verificar uma importante interface entre o urbanismo e o ambientalismo, comumente colocados em polos opostos.[94]

Um ensaio de Ramachandra Guha (1991) coloca a seguinte questão: à medida que o movimento ambientalista se desenvolveu e estruturou, começou a "construir sua própria genealogia e seu panteão de heróis" – porém, eleger como seus principais patronos

---

[94] Outro aspecto que mereceria consideração é uma comparação entre sua abordagem ambientalista e a da autora que, tendo-se colocado em franca oposição ao pensamento de Mumford, tem sido lembrada mais frequentemente como "referência urbana" dentro do ambientalismo, Jane Jacobs.

as figuras de John Muir e Aldo Leopold acabou significando o obscurecimento da importância de Lewis Mumford.

O que coloca Mumford em um lugar especial na história do ambientalismo americano, para Guha, é a compreensão fundamentalmente ecológica da história humana e a recusa em separar as atitudes individuais para com a natureza de seu contexto social, cultural e histórico. Em suas duas grandes obras históricas, *Technics and civilization* e *The culture of cities*, Mumford realiza o que Guha considera protótipos acabados do que hoje se entende por história ambiental.

Inicialmente, a filosofia ecológica de Mumford era profundamente historicista, com um movimento das forças históricas em direção de um meio ambiente melhor, uma tecnologia mais benigna e uma ordem social mais democrática. A profunda mudança em seus pontos de vista ocorreu com seu testemunho das consequências da Segunda Guerra Mundial, tais como o bombardeio massivo de cidades alemãs, o lançamento de bombas atômicas sobre o Japão, a Guerra Fria. A mudança de posicionamento, que lhe imputou uma reputação de "profeta do desastre", levou-o, entretanto, a assumir uma posição de contundente crítico da utilização da energia nuclear (especialmente para fins bélicos) e dos fins eminentemente capitalistas subjacentes aos desenvolvimentos tecnológicos promovidos (ou incentivados) pela indústria militar norte-americana. Por outro lado, tornou-o um ardoroso defensor da "diversidade cultural e biológica" em oposição à tendência uniformizadora da sociedade industrial "paleotécnica".

Mumford defende que, para o desenvolvimento completo do ser humano, um programa regionalista tem que incorporar a preservação da natureza intocada, a restauração de uma paisagem rural estável e a salvação da "verdadeira cidade".[95] Para isso, Mumford considerava fundamental a mudança de valores. Entretanto, tal mudança não seria, como para outros pensadores, fruto de uma revolução, mas sim a própria revolução; incluía a substituição do "mito da máquina", que por séculos havia seduzido a civilização ocidental, por um novo e mais viável "mito da vida".

Um conjunto de características da abordagem de Mumford para com as questões ambientais contribuiu, portanto, para o relativo ostracismo que lhe impôs o ambientalismo contemporâneo. O historiador indiano aponta algumas causas desse obscurecimento: diferentemente de Muir e Leopold, Mumford valorizou, simultaneamente, a natureza virgem, a diversidade biológica, mas também a diversidade cultural, sem esquecer de pôr em questão as relações de poder dentro da sociedade humana.[96] Mumford era ainda um indiscutível internacionalista, e de fato sempre se colocou politicamente contra o nacionalismo norte-americano e sua expressão extrema, o isolacionismo. Além disso, suas inclinações socialistas parecem ter influído grandemente para seu obscurecimento na história do ambientalismo.

---

95 Para Guha, Mumford é um raro, e possivelmente único entre os filósofos ambientais capazes de sintetizar e transcender posições a favor da natureza selvagem, o campo cultivado ou a cidade. Interessante notar que, para Mumford, a cidade é tanto vítima da sociedade industrial e de consumo quanto o campo ou a natureza selvagem, ao passo que para tantos pensadores ambientalistas, a cidade é nada menos que a vilã do processo de degradação da natureza. Comparar essa posição de Mumford com a de Holmes Rolston, exposta na última seção.

96 Desta forma, Mumford preveniu-se do reducionismo de uma oposição maniqueísta entre biocêntrico/antropocêntrico, como muitos pensadores ambientalistas "ortodoxos". Guha mostra que "em sua obra não há nenhum sinal de buscar um único responsável, seja o capitalismo ou os 'ecologistas superficiais'; a obra de Mumford se dirige à reforma social, reconhecendo que o inimigo somos 'nós mesmos'".

Um último exemplo de abordagem com perspectivas altamente animadoras é proposta por Steinberger (2001). Propõe-se a desconstrução do mito de uma oposição intrínseca entre "meio ambiente" e "urbano", considerando o primeiro apenas como o ambiente natural. Para isso, parte das disciplinas que considera as principais origens da falsa oposição, como também, da própria constituição da área: a Ecologia; a Geografia, com o tema do determinismo ambiental, a abordagem possibilista (STEINBERGER, 2001: 14) e o conceito de região-geográfica ou região-paisagem; a Economia e a definição de *recurso natural*, o debate em torno da taxa de crescimento em relação às políticas ambientais, o neomalthusianismo; o Urbanismo e o movimento modernista com a proposta de novo relacionamento do homem com a natureza.

A desconstrução sugerida por Steinberger passa pela "própria desconstrução da racionalidade instrumental embutida no arcabouço teórico-conceitual de cada uma das disciplinas que tratam a relação homem-natureza como uma apropriação utilitária", e também do planejamento como "maior símbolo dessa racionalidade" (STEINBERGER, 2001: 15). Uma nova racionalidade implicaria inclusive, segundo a autora, quebrar o preconceito hostil que os ecologistas têm sobre os centros urbanos, e na ideia de que só em pequena escala a sustentabilidade é possível.[97] Dessa múltipla desconstrução emerge o tema do *meio ambiente urbano* como um novo campo multi e interdisciplinar de pesquisa, nem isoladamente ambiental, nem urbano.[98]

---

[97] Ideia essa que tem sua plena formulação na obra de E. F. Schumacher, *Small is beautiful* – no Brasil traduzido como *O negócio é ser pequeno* (SCHUMACHER, 1973).

[98] Steinberger (2001: 16-18) destaca algumas discussões acerca dessa constituição de um "novo campo", defendendo a ideia de que não se trata de apenas uma nova roupagem para velhas questões urbanas.

Verificando a produção sobre o tema nos diversos encontros da ANPUR (Associação Nacional de Pós-graduação e Pesquisa em Planejamento Urbano e Regional), Steinberger aponta para as questões centrais e propostas que emergem das diversas contribuições. Três questões centrais emergem do debate, constituindo-se possíveis bases para desconstrução dos mitos sobre o espaço urbano: a qualidade ambiental urbana, os instrumentos de gestão e o conflito de interesses entre os atores.

Em relação à "qualidade ambiental", Steinberger ressalta o fato de que as avaliações têm-se pautado cada vez mais por critérios econômicos de desempenho e pela busca de indicadores e modelos analíticos. Mesmo que a construção de tais indicadores levasse em conta as "percepções e experiências da população envolvida" (STEINBERGER, 2001: 23) como uma forma de lidar com a delicada questão da neutralidade do analista, torna-se evidente que tal abordagem, talvez excessivamente técnica, esbarra em sérias limitações.

A segunda abordagem dirige suas críticas principalmente às distorções ou ineficiência na aplicação dos instrumentos de gestão, porém avançando pouco na discussão de suas premissas e fundamentos conceituais. Critica-se a pouca atenção dos instrumentos urbanísticos às questões ambientais, ou seu viés excessivamente econômico, ou mesmo a manipulação que esses instrumentos de gestão impõem ao trato das questões sociais. Mas ao centrar a crítica – e eventuais propostas de mudanças – apenas nos instrumentos de gestão, parece insistir-se numa solução reformista e até, mesmo que involuntariamente, conservadora.[99]

---

99 Como se a questão central fosse circunscrita ao mero aprimoramento dos instrumentos, sem considerar que a própria formulação do problema já envolve de partida a delimitação dos problemas legítimos, do enquadramento adequado, dos fundamentos teórico-conceituais consagrados, segundo critérios não isentos de manipulação ideológica e preconceitos de classe.

A terceira questão, do conflito de interesses, parece apontar para maior politização do debate. Alinhada aos preceitos do planejamento participativo, trabalhos nessa linha "estão permeados por propostas de conscientizar e organizar os diversos segmentos da sociedade visando a uma participação mais coletiva" (STEINBERGER, 2001: 24). O conflito emerge a partir da politização da questão ambiental, cristalizada após a conferência do Rio, em 1992, e se caracteriza pela pequena vinculação, entre os diversos segmentos da sociedade, dos problemas cotidianos ao meio ambiente urbano, a desqualificação das práticas e representações culturais territorializadas de grupos sociais locais, a redução utilitarista do meio ambiente por certos segmentos.

A crítica ao "paradigma sistêmico"

Na maioria das abordagens apresentadas, o manejo da cidade concebida como ecossistema torna-se uma questão eminentemente técnica: trata-se de *regular* os fluxos de energia (ou de "informação"), os ciclos de matéria, adequando os níveis de produção e consumo *da cidade como um todo* (obscurecendo, desta forma, as desigualdades no acesso a um e outro por diferentes segmentos sociais) aos requisitos ecológicos da "capacidade de suporte" do ecossistema frente às pressões exercidas por um crescimento populacional caracterizado como "descontrolado". A partir desses instrumentos teóricos e conceituais, as cidades são representadas talvez segundo uma reelaboração de pressupostos de análise e intervenção urbanística herdados ainda de métodos do urbanismo do século XIX.[100]

---

[100] As análises do urbano efetuadas por muitos ambientalistas contemporâneos tenderão a reiterar estereótipos oitocentistas: a questão da concentração populacional das cidades ecoa o antigo terror perante a "turba" ou a "multidão";

A ecologia do pós-Segunda Guerra não contribuiu ainda para tal mudança. Com a afirmação da hegemonia norte-americana no plano econômico, político, militar e, logo, ideológico, permitiram que as pesquisas ecológicas realizadas em seu território e visando seus próprios objetivos (incremento da produção agrícola, manejo de áreas protegidas etc.) alcançassem o status de "paradigma científico". Esse paradigma poderia ser descrito pela tentativa de alcançar uma previsibilidade segura das intervenções, a busca por um modelo teórico e metodológico amplo e aplicável a diversos segmentos, um pragmatismo instrumental que declara confiável o que é mensurável numericamente.

Por trás do normatismo da ciência ecológica e de grande parte da arrogância, denunciada por Guha, do "biólogo anti-humanista" das organizações de conservação ambiental subjaz a própria arrogância de uma forma de conhecimento (científico) que se pretende mais verdadeiro que os demais – sejam eles conhecimentos tradicionais e folclóricos, tradições filosóficas ou ramos científicos diversos –, e isso ultrapassa grandemente o âmbito da ecologia para abarcar a maior parte da ciência institucionalizada contemporânea, com sua capacidade de pôr à sombra questões com as quais não tenha condições ou interesse de tratar.

A tendência quase irresistível à tecnocratização e a despolitização têm sido amplamente questionadas pelos urbanistas engajados no movimento pela participação popular no planejamento urbano, e não há razão para crer que a mera adição do prefixo "eco" ao planejamento sistêmico resolva todos seus problemas. Mais provável que o planejamento urbano continue a ser o que é independentemente

---

a abordagem tecnicizada e baseada numa perspectiva do "observador externo" aparelhado pelos códigos (eco)sistêmicos pouco contribui para superar a estreita associação entre degradação ambiental e moral que orientou grande parte do urbanismo a partir de meados do século XIX.

da ênfase ambiental que se lhe dê: uma arena de conflitos. Tentar disfarçar ou ocultar esses conflitos só poderia significar uma atitude redutora (na teoria) ou mistificadora (na prática) das desigualdades fundamentais de nossa sociedade. Mas a crescente politização da questão ambientalistal pode aos poucos apontar novos caminhos. As cidades terão que surgir no horizonte desses movimentos, que serão obrigados definitivamente a escolher, dentre as opções dadas por Castells (1976: 90), entre ser "uma vasta empresa de mistificação ou uma poderosa mola de transformação".

A concepção "ecossistêmica" das cidades é, porém, apenas um aspecto particular da concepção mais geral da cidade como "sistema". Consideradas como dotadas de uma "estrutura" e realizando um determinado "processo", as cidades se enquadram em categorias de análise nitidamente "estruturalistas", categorias que, para E. P. Thompson, são inadequadas para tratar de fenômenos essencialmente históricos e sociais. Convém rever alguns aspectos importantes de sua crítica.[101]

Historicamente, a adoção de modelos estruturalistas (sistêmicos) após a Segunda Guerra Mundial está ligada estreitamente ao contexto da polarização entre "sistemas" econômicos/sociais e, principalmente, políticos, a que se chamou "Guerra Fria".

> Por mais de duas décadas todo impulso no sentido de um movimento de avanço independente, dentro de qualquer uma das estruturas [capitalista ou socialista] (...) foi suprimido com uma brutalidade que confirmou o paradigma da estase estrutural (THOMPSON, 1981: 85-6).

---

101 Ressalvando-se que a crítica ao pensamento de Louis Althusser em *A miséria da teoria*, doravante abordada, não é em si uma crítica à ecologia ou ao ambientalismo. Entretanto, os principais pontos de suas denúncias ao estruturalismo marxista podem ser deslocados sem maiores perdas para o tema aqui discutido.

No bojo de um violento patrulhamento ideológico, o Ocidente se viu às voltas com uma tendência marcadamente conservadora, caracterizada por "um vocabulário *burguês*, uma apologia do *status quo* e uma invectiva contra os hereges 'utópicos' e 'mal-adaptados'". O alinhamento à ideologia burguesa era codificado como "normalidade" e, assim,

> Na década de 1950 os estruturalismos (...) fluíam com a corrente, e se reproduziam por toda parte como ideologia; a psicologia preocupava-se com o "ajustamento" à "normalidade", a sociologia com o "ajustamento" a um sistema social auto-regulador, ou em definir os hereges como "desviantes" em relação ao "sistema de valor" do consenso, a teoria política com os circuitos da psefologia (THOMPSON, 1981: 86).

Para Thompson, portanto, é clara a filiação dos estruturalismos a ideologias contrárias a qualquer mudança (conservadoras), sejam elas burguesas ou (pelo menos autointituladas) socialistas. Sua crítica incide principalmente sobre a "estase conceptual" construída com categorias não históricas, estáticas (p. 43). As principais delas são as categorias matemáticas, apoiadas unicamente numa lógica que é determinada de antemão e acaba constituindo, desta forma, uma abordagem fechada em si mesma e autoconfirmadora – as conclusões já estão previamente garantidas pelas premissas adotadas.[102] Na tentativa de superar as categorias históricas para interpre-

---

102 Assim, por exemplo, a fórmula do "impacto ambiental" da urbanização é previamente assegurada, na medida em que qualquer tentativa de colocar a questão em outros termos parece sugerir uma postura "antropocêntrica" ou uma desconsideração da problemática ambiental. O erro consiste em "confundir as descobertas de certas disciplinas analíticas com a "verdade" sobre o fenômeno total, do qual os procedimentos daquela disciplina selecionaram apenas evidências relevantes (...); essa disciplina define seu próprio campo de investigação e escolhe suas evidências de acordo com tais definições, sen-

tação de uma realidade social, o que os estruturalismos promovem de fato é uma reificação do processo histórico:

> Sistemas e subsistemas, elementos e estruturas, são arrastados para cima e para baixo das páginas, como se fossem pessoas. (...) Há um sistema social auto-regulador (cuja sabedoria parece sempre mais evidente quando estamos no seu topo) "governado" por um sistema de valor (que, novamente, está entronizado nas instituições e atitudes dos governantes do sistema), dirigido a finalidades legitimadas por esse sistema de valor e que, quando qualquer elemento mais importante nele se diferencia estruturalmente, é precipitado no desequilíbrio, resultando em descontentamentos (sempre muito mal compreendidos pelos que estão na base, e que, quando sofrem, exibem "reações emocionais negativas" e "injustificados sintomas de perturbação"), mas mesmo essas manifestações plebeias de irracionalidade podem ser transformadas pelo sistema numa explicação funcional (...). Nesse sistema (...) todos os homens são dotados de vontade igualmente neutra, suas vontades estando submetidas à vontade inexorável do processo social (THOMPSON, 1981: 88).

É evidente que não se pode acusar, nesse debate, apenas à ecologia, mas cabe interrogar em que medida a adoção de um vocabulário sistêmico não constitui um grande incentivo à permanência de uma doutrina de estase – isto é, que não permite a crítica ao *status quo*: "o movimento só pode ocorrer dentro do campo fechado do sistema ou estrutura" (THOMPSON, 1981: 97). Para qualquer conhecimento que se proponha "histórico", categorias estruturalistas apresentam um problema ainda mais difícil, que é a negação

---

do as suas descobertas relevantes nos seus próprios termos (THOMPSON, 1981: 166).

da "agência humana" – assim, abre-se a possibilidade de estudo, mesmo de uma cidade, sob a perspectiva de "fluxos", "redes" ou "cadeias" abstratas, nas quais os homens desempenham apenas o papel de vetores (*Träger*) das estruturas predefinidas. Convém lembrar: a negação da "agência humana" – portanto, do artifício – constitui um traço marcante do naturalismo definido por Rosset (1989). A simetria com a observação de Thompson é nítida:

> O estruturalismo (...) é o produto final da razão auto-alienada – "refletindo" o senso comum da época – na qual todos os projetos, empreendimentos e instituições humanos e até mesmo a própria cultura humana parecem situar-se fora dos homens, situar-se contra os homens, como o "Outro" que, por sua vez, movimenta os homens como coisas. Antigamente, o "Outro" era denominado "Deus", ou Destino. Hoje foi rebatizado de Estrutura (THOMPSON, 1981: 170).

Nas diversas abordagens "sistêmicas" da cidade (e, certamente, não apenas na "ecossistêmica"), o comportamento humano é codificado como uma ação regulada/ordenada, limitada e mesmo determinada, característica de uma tendência dominante de estase da Guerra Fria, de "negação da história" ou, pelo menos, de concepção da história como "um processo sem sujeito". É evidente que, baseada em tal concepção, é inteiramente verossímil que o comportamento humano – seja em nível individual ou coletivo – seja passível de modelagem, previsão, controle – toda contradição, toda ambiguidade e toda "irracionalidade" já foi previamente esvaziada.

> Enquanto a tecnologia (...) já não é mais uma questão de eixos e correias de propulsão e estradas de ferro cada vez mais longas, mas uma questão de circuitos, engrenagens complicadas, programas automatizados; as ciências natu-

> rais falam de complexas estruturas moleculares e o torque
> do ADN; as instituições estão sujeitas à análise sistêmica;
> e dentro de tudo isso chegam, com inevitável pontualida-
> de, a cibernética e o computador, que peneiram, separam
> e organizam imparcialmente todas as linguagens (...) sob
> uma única condição: a de que as categorias que ele ingere
> sejam inambíguas e constantes, de conformidade com
> a constância de seu próprio complexo programa binário
> (THOMPSON, 1981: 123-4).

Se é possível considerar "o estruturalismo" como uma corrente intelectual "ultrapassada", nem por isso o problema pode ser considerado resolvido. Isto porque não estão devidamente superadas as condições que engendraram essa forma de pensamento, e porque certamente a muitos interessa manter uma "ideologia de estase" que dificulte, paralise ou mesmo impossibilite a crítica.

Em relação ao primeiro aspecto, retorna-se a uma questão apontada em diversos momentos nesta pesquisa: o "imperialismo teórico" ou "arrogância" a que se referiu anteriormente é fruto, na verdade, de uma profunda cisão entre a "teoria" e a "prática", que em diversas instâncias – inclusive em parte não desprezível das instituições educacionais – é mais reiterada do que combatida.

> Isolado em bolsões intelectuais, o drama da "prática te-
> órica" pode tornar-se um substituto para engajamentos
> práticos mais difíceis. (...) é esse precisamente o ter-
> reno que pode alimentar um elitismo para o qual os
> intelectuais, por uma infinidade de precedentes, estão
> muito bem preparados. (...) Mais uma vez os intelectu-
> ais – um grupo escolhido entre eles – receberam a ta-
> refa de iluminar o povo[103] (THOMPSON, 1981: 204-5).

---

103 Sem reconhecer que "conhecimentos se formaram, e ainda se formam, fora dos procedimentos acadêmicos. (...) Ajudaram homens e mulheres a traba-

Opinião semelhante é expressa por Williams (1989:57):

> Assim, uma crítica social necessária é desviada para um mundo passado, menos perigoso: um mundo de livros e recordações, no qual o estudioso pode ser profissionalmente humanitário, mas permanece isolado ou indiferente no mundo em que vive.

O termo que falta às abordagens sistêmicas, para Thompson como para Williams, é a dimensão da "experiência humana":[104]

> Ao recusar a investigação empírica, a mente está para sempre confinada aos limites da mente. Não pode caminhar do lado de fora. (...) Mas se voltarmos à "experiência" podemos passar, desse ponto, novamente para uma exploração *aberta* do mundo e de nós mesmos (THOMPSON, 1981: 185).

---

lhar os campos, a construir casas, a manter complicadas organizações sociais, e mesmo, ocasionalmente, a questionar eficazmente as conclusões do pensamento acadêmico" (THOMPSON, 1981: 17).

[104] "Uma categoria que, por mais imperfeita que seja, é indispensável ao historiador, já que compreende a resposta mental e emocional, seja de um indivíduo ou de um grupo social, a muitos acontecimentos inter-relacionados ou a muitas repetições do mesmo acontecimento" (THOMPSON, 1981: 15).

Questões de chegada

> *Que tempos são esses, quando*
> *falar sobre árvores é quase um crime,*
> *pois significa silenciar sobre tanta injustiça?*
> (Bertolt Brecht, "Aos que virão depois de nós")

Este capítulo final, ao colocar em balanço as observações realizadas nos capítulos anteriores, pretende não apresentar uma "conclusão", mas, antes, formular "questões de chegada": questões que emergem das discussões apresentadas anteriormente, mas que possibilitam esboçar caminhos a percorrer. Ao mesmo tempo que representam o final de uma etapa de trabalho, constituem também um "olhar adiante". O percurso indutivo terá chegado ao fim; a investigação do tema, a partir das trilhas abertas, poderá se estender ainda longamente.

Para esta chegada, permitiu-se uma dosagem maior de "testemunho" em complemento à "análise". Espera-se que o rigor acadêmico exigido não seja prejudicado por esta escolha. A intenção é evidenciar perspectivas e pontos de vista, tornando possível diferenciar recortes oriundos de uma delimitação metódica das inclinações e convicções que inevitavelmente condicionam juízos de valor – especialmente em torno de um tema que envolve, desde o início, compromissos e paixões pessoais, que devem ser respeitados. A seguir, as "questões de chegada" que, tendo permeado e norteado os capítulos anteriores, são apresentadas de forma sintética.

O URBANO REDUZIDO, EM NOME DA NECESSIDADE E DA ORDEM

A concepção de um "meio ambiente urbano" parece prender-se muito, ainda, a uma representação de cidade herdada do século XIX, ou seja, da cidade industrial: poluição x salubridade, multidão, mecanização/automação etc. Grande parte da apreciação do urbano como "ambiente" parece estar fundada em uma concepção que confunde urbanização com industrialização – e cidade com indústria[1] –, deixando de esclarecer que o que está verdadeiramente em questão é a cidade produzida (historicamente) pelo modo de produção capitalista, ou a cidade inserida nessa formação social denominada capitalismo, e não a "cidade" como ente abstrato e a-histórico. Poucas são as abordagens ambientalistas da cidade, dentre as analisadas neste trabalho, que consideram essa questão – talvez a de Murray Bookchin seja a mais explícita.

Observou-se um certo pessimismo ou desencanto pelo urbano, manifesto na ideologia da "fuga da cidade" que tem sido a tônica de tantos movimentos ambientalistas, ecológicos e de algumas vertentes do Urbanismo contemporâneo, como o autointitulado "Novo Urbanismo" (*New Urbanism*). Desmascarar e enfrentar esse *antiurbanismo* significa também ir de encontro aos preconceitos de classe, das tentativas de segregação velada que os empreendimentos imobiliários "ecologicamente corretos" promovem e

---

[1] Confusão que, no âmbito da economia, vem sendo sistematicamente criticada por José Eli da Veiga. Williams (1989: 215) também afirma que a confusão entre a ideia de cidade e de indústria é uma imagem enganadora.

advogar uma abordagem mais solidária e humanista das "relações entre homem e natureza" nas áreas urbanas.

Nesse sentido, é lapidar um texto distribuído em livreto de divulgação de certo empreendimento imobiliário em São Paulo, como exemplo desse "antiurbanismo" que, em diversas de suas manifestações, foi constatada e confrontada em todo este trabalho:

> Há um universo particular pulsando em São Paulo... Um universo nascido da fertilidade da nossa terra unida à voluptuosidade do verde Brasil. Num espaço valioso que aguardou intocado durante muito tempo pela hora esperada. Um espaço que suportou o avanço das instituições urbanas, que o cercaram de vida cosmopolita, criando uma ilha verde, viva, natural e exuberante em meio à tecnologia e modernidade. Uma ilha pronta para a chegada dos escolhidos, pronta para quem pretende morar na cidade sem perder o contato com o natural. Se bem que morar é verbo ineficaz para quem faz de cada momento de sua vida uma aproximação à felicidade. Melhor chamar de VIVER a vida com alegria e sem preocupações. Desfrutar apenas do sabor de unir lazer, segurança e conforto numa equação privilegiada.[2]

O que o texto declara, explicitamente e sem nenhum constrangimento, é uma brutal naturalização da desigualdade social. A natureza foi capaz de resistir ao avanço da cidade porque aguardava a chegada dos *escolhidos*. Mas não apenas resistir e esperar: a natureza soube se cercar de cosmopolitismo, tecnologia e modernidade, agregando em sua volta os elementos indispensáveis à constituição de um novo Paraíso, um *universo particular*. Aos escolhidos, e apenas a eles, é reservado o direito de *viver*.

---

2   *Living in Panamby*. Edição especial da revista *Living News*. São Paulo: Supernova Editora, s/d.

A palavra não é escolhida inocentemente: quem não é *escolhido* só pode ser *excluído*. E, aparentemente, não há problema que assim o seja – pelo contrário, é *natural*. O que o empreendimento propõe é uma nova cosmologia: num universo vasto e informe de tecnologia e modernidade que é a cidade, a natureza é a fronteira que separa o *cosmos* civilizado (seguro, confortável e prazeroso) dos escolhidos e o *caos* de violência, amargura e preocupações do território de exclusão.

Mas não há de fato pessoas nessa fórmula de felicidade. O chamado é a cada indivíduo-consumidor, a cada um que se reconheça como "escolhido", para que desfrute da natureza, do conforto, da segurança que seu poder aquisitivo pode garantir. Esse é o único senso de coletividade: a garantia de ter perto de si apenas os que lhe são iguais. Ou simplesmente os que têm tanto dinheiro quanto ele. Cada "escolhido" é o centro de seu próprio universo de consumo e conforto, e a natureza se encarrega de manter os excluídos do lado de fora. Nessa "ilha verde, viva, natural e exuberante" está a realização em pequena escala do sonho de uma cidade eugenizada – enquanto permanecem no seu microcosmo, os escolhidos têm a certeza de que estão a salvo da degeneração.

É a esse elitismo infame que chegaram o "mito da natureza intocada", a apreciação estética (pitoresca ou sublime) da paisagem, o ideal de salubridade, a *ecologia urbana*. A ideologia "fugere urbem" já pode se reproduzir em larga escala e nas manifestações as mais diversas: do condomínio fechado ao *home office*, da chácara de fim de semana à comunicação virtual. Em todas elas, o traço comum de negação do convívio com a alteridade, a recusa de pôr as convicções (ou apenas as ilusões) à prova, a fuga a qualquer possibilidade de contato com o diverso, o imprevisto, o indeterminado/incontrolado – o acaso – que talvez seja o traço mais característico da experiência urbana.

Mas se tal elitismo se restringisse a essa postura de autoisolamento, seria talvez menos grave do que sua contrapartida: a visão que a partir daí se estabelece em relação ao outro, ao excluído (não escolhido). O reverso da moeda é a linguagem com que se trata de um fenômeno que ocorre não muito longe desse paraíso, nas áreas de mananciais da Região Metropolitana de São Paulo: vê-se um discurso de criminalização da miséria, os moradores das favelas e loteamentos irregulares *culpados* pela sua própria exclusão. Ali, por alguma razão, a natureza não pôde se proteger sozinha, não conseguiu se manter intocada para os escolhidos. Como já foi abordado em outro estudo (VIRGÍLIO DA SILVA, 2005), a preservação da natureza adquire valor de troca – valoriza e encarece os empreendimentos de elite –, ao mesmo tempo que justifica a acusação de que as ocupações irregulares causam *impacto ambiental* (uma possível, mas não completa, leitura do fenômeno), convertendo uma questão social e urbana (o direito à moradia e a exclusão espacial) em um caso de polícia.[3]

Entretanto, é fácil apontar o dedo do urbanista aos ambientalistas e não notar os demais dedos da mão voltados para o próprio acusador. Não é apenas aos "defensores da natureza" que se pode denunciar de "antiurbanismo". Essa questão se coloca também, paradoxalmente, ao Planejamento Urbano e Urbanismo. Algumas

---

3   É recorrente a acusação, por parte de entidades ambientalistas, de que a ocupação dos mananciais se dá de forma "desordenada", "descontrolada" e conta com a "conivência" ou "omissão" do poder público (vide a matéria "Braços da Billings estão sumindo" – *O Estado de São Paulo*, 26 de março de 2005, p. C6). Entretanto, ignora-se ou se esconde o fato de que a regularização e o "ordenamento" dessas ocupações vêm sendo objeto de numerosos programas de governo nos últimos anos (desde o Programa Mananciais do governo estadual até o Plano Diretor de 2002), o que contraria a tese da "omissão". Além disso, tais entidades não explicam como esperam "congelar" o crescimento da ocupação (sem tratar da questão da moradia em profundidade) ou como pretendem remover 1,5 milhão de moradores das áreas de mananciais (número dado na mesma matéria) sem recorrer a uma ação autoritária e repressora.

das concepções mais "entranhadas" (recorrendo-se, mais uma vez, ao vocabulário biológico) dessas disciplinas assentam-se sobre ideais que limitam a capacidade do urbanista/planejador de encarar o fenômeno urbano como uma experiência rica, complexa – talvez mesmo caótica e desordenada – e fazer dessa experiência a matéria-prima de sua atuação. Insistindo nessa orientação, o Urbanismo corre o risco de negar o que é o objeto mesmo de seu trabalho mais frequente, a cidade real.

Deve-se atentar para as observações de Rosset ao naturalismo como pontos úteis a uma autocrítica dos urbanistas: a persistência na ideia de "ordenamento", no ideal de regularidade e de "organização", a tentativa de imposição (pela força ou pela doutrinação) de um modo "certo" de conhecer, conceber ou construir a cidade (vinculação entre ordem e moral do naturalismo) – essas e outras formas denotam tentativas de negar o acaso e, talvez, o artifício humano. Mas não é o urbanista que os nega,[4] e sim o Urbanismo praticado por ele (suas premissas e assunções nem sempre declaradas) e o sistema social a que serve.

As "categorias de estase" de que se vale parte do Urbanismo contribuem para conservar a ordem social e garantir o poder a quem já o detém. A concepção de cidade previamente ordena – nos dois sentidos da palavra: dispõe, arranja; e também comanda, impõe – cada indivíduo em seu lugar e em sua *função*: o proprietário, como detentor de direitos; o marginal, como o objeto da ação disciplinadora; o planejador, como o juiz capaz de decidir o que é o melhor *para todos*.[5] Como no universo de Demócrito, aos átomos-

---

4   Com isso, quer-se reafirmar que tal crítica não representa uma diatribe dirigida a "este" ou "aquele" arquiteto/urbanista. Não estão envolvidas considerações de caráter pessoal neste comentário.

5   Essa concepção do planejamento, cientificista e positivista, vem sendo contudo duramente criticada por parcela dos urbanistas engajados em movimentos populares e na defesa de um planejamento participativo.

-indivíduos cabe seguir um curso predeterminado, sem direito ou possibilidade de desvio (*clinamen*) que o epicurismo, na visão de Marx (1972), lhes propicia posteriormente.

A defesa de um Urbanismo como práxis (não apenas teorização), vivência (não ciência)[6] ou experiência (não normatismo) envolveria a adesão a um exercício simultaneamente criativo e experimentalista, que poderia resultar num redimensionamento das práticas usuais da disciplina, ou no desenvolvimento de um novo instrumental de atuação, ou mesmo numa radical redefinição de seus termos. Tentar vislumbrar alguns desses possíveis caminhos novos excederia em muito os objetivos deste trabalho, e correria o risco de se converter em especulação inconsequente. Mas certamente incentiva-se aqui a que tais experiências sejam (ou continuem a ser) tentadas em quaisquer oportunidades.

CRITICAR O QUÊ, EM NOME DE QUÊ?

Ao longo de todo o trabalho, certos questionamentos e críticas, por vezes bastante duros, foram colocados à prática urbanística e aos movimentos ambientalistas (e, claro, às tentativas de diálogos entre ambos). Se em seus termos as críticas pretenderam ser inambíguas, é bem possível que o mesmo não possa ser dito, até este momento, de suas motivações. É preciso explicitá-las neste momento.

Censuras ao(s) ambientalismo(s) têm sido feitas em diversas instâncias, e as que este trabalho ocupou-se de formular não implicam adesão a todas as demais. Não se pode deixar de reconhecer

---

6 O Urbanismo, acredita-se, não precisa recorrer ao cientificismo para constituir um conhecimento válido e específico. Ao se apoiar no *desenho* e na perspectiva do *projeto*, é perfeitamente capaz de dialogar com outras disciplinas e, principalmente, com outras visões e vivências do urbano e do território, que não aquelas resultantes de um conhecimento técnico.

o papel que alguns movimentos de feição ambientalista exerceram (e vêm exercendo presentemente) de resistência e, por vezes, mesmo de confrontação, à ordem econômica e social hegemônica – e, portanto, é possível que muitas das críticas ao ambientalismo carreguem em si um traço *reacionário* que deve ser refutado com tanta ou mais veemência do que o conservadorismo encontrado em certas tendências ambientalistas.

Se as questões ambientais por si mesmas têm-se tornado uma nova e importante arena de conflitos sociais (como aqueles envolvendo populações tradicionais em áreas de preservação, analisadas por Diegues), também se observa que antigos embates vêm sendo trazidos à arena dos conflitos socioambientais como nova expressão de questões sociais anteriores.[7]

Do lado da resistência às propostas ambientalistas encontram-se, por vezes, setores sociais interessados em promover o *laissez-faire* e tirar de cena qualquer tipo de controle social à livre iniciativa capitalista ou a um consumismo elitista desenfreado.[8] Daí as diatribes constantes, por parte de certos empreendedores, contra os supostos "exageros" dos licenciamentos ambientais, para dar apenas um exemplo.[9]

---

7   Lopes (2004: 9) constata, por exemplo, um processo histórico de passagem de conflitos no interior da fábrica por questões trabalhistas para um conflito da "cidade contra a fábrica" por motivos ambientais de poluição industrial, entre os anos 1980 e meados dos anos 1990 – processo denominado pelo autor de "descoberta da poluição" na cidade e uma "ambientalização dos conflitos sociais" em âmbito local.

8   Convém observar, por exemplo, que o governo norte-americano de George Bush se apoiou em argumentos (não todos, mas certamente naqueles mais convenientes) de "ambientalistas céticos" como Bjorn Lomborg para justificar a não adesão a tratados e acordos multilaterais de proteção ambiental, como o Protocolo de Kyoto.

9   Pode haver razão em parte das críticas a uma postura preservacionista por vezes intransigente. Entretanto, nem sempre os críticos são legítimos. É sabido, entre os profissionais que atuam no licenciamento de empreendimentos,

As críticas tecidas às abordagens ambientalistas (ecológica, sistêmica etc.) não têm por objetivo, da mesma forma, a defesa da sociedade à qual esta abordagem em determinados momentos se opôs. São válidas e importantes as propostas de redirecionamento tecnológico à "produção mais limpa" ou à difusão de fontes energéticas renováveis (eólica, fototérmica ou fotovoltaica, biomassa etc.); às formas de produção familiar, agroecologia e iniciativas de desenvolvimento local descentralizado; à reciclagem, redução de desperdício e "consumo consciente", entre outros tantos exemplos.

Na realidade, o que se critica no ecologismo aqui analisado não é o querer demais, mas, ao contrário, o querer de menos. Sustentar as críticas à cidade e à *sociedade industrial, de consumo* ou à *globalização* requer que se dê "nomes aos bois": mais uma vez, o que está em questão, em todas as propostas citadas, é o *capitalismo* – como modo de produção e como formação social. As propostas apontadas são promissoras tomadas conjuntamente, como possibilidades ricas de conformação de "um outro mundo possível", mas isoladamente não poderiam senão representar caminhos de uma limitada reorientação do capitalismo, sem que suas bases sejam questionadas.

Os ambientalismos ganham quando empreendem esse embate, e se empobrecem quando dele abrem mão. E abrem mão, ao que parece, quando resumem o debate ambiental à *sustentabilidade*. Nesse sentido, a ascensão da corrente "sustentabilista" no interior dos debates em torno das questões ambientais teve, em um balanço geral, um efeito ambíguo: de um lado, significou o

---

que em muitos casos a elaboração dos estudos ambientais (EIA/Rima e similares) mais rigorosa é comprometida por prazos exíguos e orçamentos quase impraticáveis. A política de "licenciamento a toque de caixa" e uma visão "cartorial" desses estudos (como se fosse não mais que um "entrave burocrático" a ser superado) compromete a credibilidade dos ataques à morosidade na análise e aprovação dos empreendimentos. O debate a respeito do licenciamento ambiental é intenso e exaltado, e pode ser conferido regularmente na imprensa, mas este autor pode oferecer também um testemunho.

direcionamento das atenções a uma série de ações cotidianas cujo efeito se expressa no "meio ambiente". Essa mudança representa uma importante reorientação do ambientalismo, que deixa de se ocupar apenas com a "preservação da natureza" e com a proteção de áreas do contato humano, passando a considerar aspectos da vida moderna nos quais mesmo a vida urbana (e as cidades) pode ser pensada em termos *ambientais*.[10]

A ambiguidade é que, do outro lado, o novo enfoque representou uma progressiva "institucionalização" da questão ambiental, e assim a incorporação cada vez maior de setores sociais inteiramente desinteressados em promover o questionamento da sociedade capitalista contemporânea na profundidade que os ditos "utopistas" da década de 1960 poderiam indicar. Nesse sentido, a ideia de "desenvolvimento sustentável" parece vítima de seu próprio êxito: inicialmente tributária de um pensamento crítico da sociedade, porém formulada em termos talvez excessivamente vagos,[11] a noção teve que ser "aprimorada" de forma a se tornar mais "operativa". Isso resultou em uma concepção que restringe a sustentabilidade ao *ajuste* institucional, processual (gestão ou comportamentos) e tecnológico da sociedade, como se apenas

---

10 Em arquitetura, por exemplo, torna-se possível o desenvolvimento de pesquisas em torno da "construção sustentável", que abre caminhos importantes de exploração das possibilidades projetivas com a consideração de novas questões, tais como: materiais e técnicas construtivas locais, condições climáticas (e microclimáticas) específicas, e que desautorizam uma solução ótima universal, entre outras.

11 A ideia de um desenvolvimento sustentável como aquele que garante a sobrevivência humana sem comprometer a de gerações futuras não define nenhuma forma como essa garantia se dará, e nem mesmo qualifica a sobrevivência da geração atual. Aparentemente, a intenção era fornecer um objetivo que pudesse ser compartilhado por todos, mas o que se verificou é que o "consenso" não evitou grandes discussões em torno da concepção de "sustentabilidade" de cada segmento social.

esses ajustes fossem capazes de promover uma transformação social ampla e profunda.[12]

Desta forma, portanto, considera-se que a concepção de que o ambientalismo representaria um "caminho do meio" entre capitalismo e socialismo não parece mais do que uma mistificação ideológica: aceita-se a imposição de limites à produção e ao consumo capitalistas, mas também afastam-se do debate as questões levantadas pelo socialismo a respeito da exploração do trabalho e da dominação social. Em suma: critica-se aqui não os movimentos ambientalistas *em si*, mas parcelas desses movimentos que não se colocam claramente em prol de uma transformação social mais profunda.

Acusar toda e qualquer crítica ao ambientalismo de ser presa ainda a "velhos paradigmas" prejudica o debate e a busca de novos caminhos tanto quanto a mera invalidação de reivindicações de que esse movimento contemporâneo é vítima com alguma frequência. Há caminhos instigantes e inovadores, e esses caminhos devem ser seguidos. Porém, considera-se necessário que os velhos estigmas, que são carregados também por esses caminhos, sejam revistos e até superados.

---

12 Nessa visão "pragmática" da sustentabilidade, por exemplo, é inteiramente lícito que uma empresa "ambientalmente responsável" modifique seus processos produtivos de forma a ser agraciada com o certificado ISO 14000, sem ter que rever a discrepância salarial (e de condições de trabalho) persistente entre diretores e os subalternos na base da hierarquia corporativa. Assim, é fácil dizer que a sustentabilidade ambiental está associada à redução da desigualdade, porque a última permanece apenas como responsabilidade das políticas públicas – ainda está por fazer um estudo que compare as desigualdades entre a sociedade como um todo e aquela promovida no interior de empresas ou repartições.

UM PARADIGMA DE DOMINAÇÃO

Um dos estigmas cuja revisão e superação parece mais urgente é o que Boaventura Santos chama de *conhecimento-regulação*. Para o sociólogo português, a racionalidade cognitivo-instrumental da ciência e tecnologia modernas alcançou uma primazia que lhe permitiu redefinir as formas de conhecimento em seus termos – assim, pelo paradigma de conhecimento dominante, a meta é sair do *caos* rumo à *ordem*, o que acabou significando também sair da *solidariedade* para o *colonialismo* (SANTOS, 2001: 79).[13]

De Galton a Bookchin ou Capra, a Biologia tem servido particularmente como fundamento científico para esse conhecimento legitimador da colonização. É possível notar claras diferenças entre as alternativas propostas, diferenças essas que se baseiam em fundamentais divergências de inclinação política e ideológica, mas o fundamento comum torna-as igualmente frágeis, na medida em que parecem desconsiderar exatamente o fato de que basicamente a mesma ciência tem legitimado modelos políticos e sociais diametralmente opostos. Uma ciência que serve a qualquer tendência político-ideológica não está acima das divergências; mais provavelmente, não tem condições de lidar com elas. Em essência, a modelagem da sociedade segundo os princípios da eugenia não difere daquela formulada sob o paradigma da ecologia, pelo fato de que cada uma, a seu tempo, pretendeu corresponder a uma "verdade científica".[14]

---

13 Termos assim definidos: "O colonialismo consiste na ignorância da reciprocidade e na incapacidade de conceber o outro a não ser como objeto. A solidariedade é o conhecimento obtido no processo, sempre inacabado, de nos tornarmos capazes da reciprocidade através da construção e do reconhecimento da intersubjetividade" (SANTOS, 2001: 81).

14 De trinta anos para cá, a "flexibilidade" tornou-se uma palavra-chave do pensamento contemporâneo, tanto do lado da Ecologia quanto das relações de

Nos termos desse *conhecimento-regulação*, a ordem igualada a conhecimento implica na necessidade de estabelecer o contato com a realidade segundo "categorias de estase" (THOMPSON, 1981), mas também numa "celebração" irrefletida do domínio – poder, eficiência, produção, domínio do homem sobre a natureza, como se a exploração dos recursos naturais pudesse ser separada da concomitante exploração dos homens" (WILLIAMS, 1989: 58). Assim, a natureza e os indivíduos estão submetidos, por essa ideologia, ao mesmo "paradigma de dominação", e este se baseia em ao menos uma característica fundamental: uma "incapacidade produtiva" do ente dominado.

Essa "incapacidade produtiva" é atribuída à natureza em partes da herança naturalista analisada por Rosset (1989) – particularmente, como traço do platonismo. Segundo Rosset (1989: 223), para Platão "a natureza não criou nada (...). Tudo o que a natureza sabe fazer é se desfazer: nem sabe transgredir nem criar" – e por isso o olhar de Platão volta-se para o passado e à ideia de retorno a uma autenticidade original. Mas essa concepção de natureza não se resume a uma ideia platônica, sendo encontrada nos Cínicos, em Plínio, o Velho, em Rousseau e também, contemporaneamente, no que Rosset denomina "naturalismo conservador":

> o sabor (ou a natureza) das coisas foi de alguma maneira dado de uma vez por todas, e que ela se perde progressivamente no curso da história. (...) A ideia de modificação aparenta-se à ideia de falsificação:

---

trabalho. Da mesma forma, debate-se atualmente o papel da "cooperação" para o desenvolvimento econômico. Considerando que a maior ênfase foi, por muito tempo, dada apenas à "competição", o que se tem é que o capitalismo passou a olhar mais carinhosamente para o aspecto do darwinismo que havia antes menosprezado. Assim, o liberalismo do século XIX vê-se recuperado pelo neoliberalismo do século XXI em sua legitimação por meio do "paradigma" biológico (ou naturalista) em voga.

falsificação significa, por um lado, que havia uma instância original de verdade que se perverteu, por outro, que as transformações limitam-se a degradações (ROSSET, 1989: 285).

Trata-se de conservadorismo não apenas porque nega a possibilidade de criação permanente à natureza (a despeito da ameaça imposta pela humanidade), mas principalmente porque "nega o caráter estabelecido da ordem, e pretende esquecer seu caráter institucional e costumeiro" (ROSSET, 1989: 286). Assim, a natureza é *natural* na medida em que confirma seu caráter "ordeiro" e reitera a suposição de que a sociedade atual corresponde à realização da *natureza humana*;[15] mas suas criações, quando escapam a essa "ordem", são interpretadas como "reações" ao domínio humano ou como uma espécie de "terrorismo" natural e uma manifestação do "mal" em sua essência (BAUDRILLARD, 2005).

Da mesma forma, um dos pontos principais da crítica de Thompson ao estruturalismo althusseriano diz respeito à "negação da agência humana", isto é, a impossibilidade imposta por essa visão de reconhecer os seres humanos como agentes (e não apenas portadores, *träger*) de sua história. A negação de um papel ativo dos homens e mulheres na construção de sua própria história só poderá servir a quem deseja a estase, sugere Thompson. E só poderá desejar a estase quem deseja a manutenção do *status quo*. Assim, aos humanos dominados e submissos na ordem social vigente é negado qualquer papel ativo em uma História

---

15 Daí o êxito da interpretação darwinista, que simultaneamente "socializa a natureza", ao interpretá-la nos mesmos termos do liberalismo de seu tempo, e "naturaliza a sociedade", fornecendo o modelo interpretativo segundo o qual a ordem capitalista era *natural*, isto é, inevitável e inescapável (cf. SANTOS, 2001: 86).

assim narrada. Resta-lhes, apenas, "resistir" ou "reagir" – "agir" ou "criar" nunca.[16]

Natureza e humanidade, desta forma, estão unidas em sua "incapacidade produtiva" e em sua situação de subordinação ante o "sistema" – este sim – "produtivo". É a esse sistema que o conhecimento científico tem servido na maioria das vezes (mesmo a ecologia deveu muito de seu avanço ao apoio institucional com o qual sempre contou, sobretudo nos Estados Unidos). E a ele é que serve "naturalizar" a sociedade, como forma de imobilizar seus críticos ou deslegitimar de antemão qualquer possibilidade de crítica, mantendo os indivíduos e a sociedade como um todo em permanente estado de torpor, ou de vertigem, e impossibilitar a articulação de qualquer discurso e movimento contrário (SEVCENKO, 2001).

Conduzir os homens a uma nova forma de relacionamento com a natureza, mas também com as cidades – em suma, com seu espaço, seu território, seu lugar – significa, necessariamente, conduzir os homens a uma nova relação consigo mesmos. Separar as duas formas de dominação é mantê-las operantes.

---

16 Assim é a História narrada pelos "vencedores", ou pelos dominadores, mas uma História que leve também os "vencidos" em consideração deve ser contada de outra maneira: "A história dos interesses dominantes durante esses séculos é uma história de progressos e realizações, mas para a maioria dos homens tratava-se da substituição de uma forma de domínio por outra" (WILLIAMS, 1989: 61-2).

Referências bibliográficas

AB'SÁBER, Aziz Nacib. "A sociedade urbano-industrial e o metabolismo urbano". In: *Prospectivas à beira do novo milênio*. São Leopoldo: Unisinos, 1995, p. 9-19.

ACOT, Pascal. *História da ecologia*. Tradução Carlota Gomes. 2ª ed. Rio de Janeiro: Campus, 1990.

ACSELRAD, Henri. *A duração das cidades: sustentabilidade e risco nas políticas urbanas*. Rio de Janeiro: DP&A, 2001.

ALEXANDER, Christopher. A Cidade não é uma árvore. São Paulo: FAU, 1971, p. 20-30. Apostila mimeografada – extraído de *Cuadernos Summa Nueva Vision*, s/l, n. 9, p. 20-30, set. 1968.

ALMEIDA, Marta de. "Combates sanitários e embates científicos: Emílio Ribas e a febre amarela em São Paulo". *História, ciência, saúde – Manguinhos*, Rio de Janeiro, vol. 6, n. 3, p. 577-607, nov. 1999-fev. 2000. Disponível em: <http://www.scielo.br> Acesso em 1 de maio de 2005.

ALONSO, Angela; COSTA, Valeriano. "Ciências sociais e meio ambiente no Brasil: um balanço bibliográfico". *BIB – Revista*

Brasileira de Informação Bibliográfica em Ciências Sociais, São Paulo, n. 53, p. 35-78, 1º sem. 2002.

ANDRADE, Carlos Roberto Monteiro de. *A peste e o plano: o urbanismo sanitarista do engenheiro Saturnino de Brito*. Dissertação (mestrado) – Faculdade de Arquitetura e Urbanismo, Universidade de São Paulo, São Paulo, 1992.

ANDRADE, Francisco de Paula Dias de. "Ecologia". *Engenharia Municipal*, São Paulo, vol. X, n. 28, p. 39-48, jul.-set. 1966.

Antologia de textos (Epicuro); *Da natureza* (Tito Lucrécio Caro); *Da república* (Marco Túlio Cícero); *Consolação; Da tranquilidade da alma; Medeia; Apocoloquintose do Divino Cláudio* (Lúcio Aneu Sêneca). São Paulo: Nova Cultural, 1988 (Os Pensadores).

ANTUNES, J. L. F. *et al* (org.) *Instituto Adolfo Lutz: 100 anos do laboratório de saúde pública*. São Paulo: Letras e Letras, 1992.

ARANTES, Otilia *et al*. *A cidade do pensamento único: desmanchando consensos*. Petrópolis: Vozes, 2000.

AZEVEDO, Fernando de. *Da educação física: o que ela é, o que tem sido e o que deveria ser*. 3ª ed. São Paulo: Melhoramentos, 1960.

_____. *Cidade e o campo na civilização industrial e outros estudos*. São Paulo: Melhoramentos, 1962.

BAUDRILLARD, Jean. "O apocalipse da razão". Caderno Mais! – *Folha de São Paulo*, 27 de fevereiro de 2005.

BERTALANFFY, Ludwig von. *Teoria geral dos sistemas*. Petrópolis: Vozes, 1973.

BERTOLLI FILHO, Cláudio. *A gripe espanhola em São Paulo: epidemia e sociedade*. São Paulo: Paz e Terra, 2003.

BERTUCCI, Liane Maria. *Influenza, a medicina enferma: ciência e práticas de cura na época da gripe espanhola em São Paulo*. Campinas: Editora da Unicamp, 2004.

BETTANINI, Tonino. *Espaço e Ciências Humanas*. Rio de Janeiro: Paz e Terra, 1982.

BLACKMORE, Keith (1997). "Enviromental ethics". *Trumpeter*. Athabasca, Canadá, vol. 14, n. 3. Disponível em <http://trumpeter.athabascau.ca/>. Acesso em 27 de maio de 2004.

BOOKCHIN, Murray. *The limits of the city*. Nova York: Harper & Row, 1974.

_____. *Por una sociedad ecológica*. Barcelona: Gili, 1978.

BRAND, Ulrich; GÖRG, Christoph. "¿'Globalización sostenible'? Desarrollo sostenible como pegamento para el montón de cristales trizados del neoliberalismo." *Ambiente & Sociedade*, Campinas, vol. 5(1), p. 45-71, 2003.

BRASIL. Ministério do Meio Ambiente *et al*. *Cidades sustentáveis: subsídios à elaboração da Agenda 21 brasileira*. Brasília: MMA, 2000.

BRESCIANI, Maria Stella Martins. "Metrópoles: as faces do monstro urbano (as cidades no século XIX)". *Revista Brasileira de História*, São Paulo, n. 8/9, p. 35-67, set. 1984 – abr. 1985.

_____. "Permanência e ruptura no estudo das cidades". In: FERNANDES, Ana; GOMES, Marco Aurélio (orgs.). *Cidade & história*. Salvador: FAU-UFBA, 1992.

BRITTO, Nara. *Oswaldo Cruz: a construção de um mito na ciência brasileira*. Rio de Janeiro: Fiocruz, 1995.

BROWN, Lester R. *Por uma sociedade viável*. Rio de Janeiro: Fundação Getúlio Vargas, 1983.

_____. *A Eco-economia: uma nova economia para a Terra*. Earth Policy Institute/UMA (Universidade Livre da Mata Atlântica). Disponível em: <http://www.wwiuma.org.br/eco_download.htm>. Acesso em 27 de junho de 2004.

BUENO, Laura. *O saneamento na urbanização de São Paulo*. 1994. Dissertação (mestrado) – Faculdade de Arquitetura e Urbanismo, Universidade de São Paulo, São Paulo, 1994.

BUICAN, Denis. *Darwin e o darwinismo*. Rio de Janeiro: Zahar, 1990.

BURGESS, Ernest (ed.). *The urban community: selected papers from the proceedings of the american sociological society*. Chicago: University Press, 1926.

BURKE, Peter. *Cultura popular na Idade Moderna: Europa, 1500-1800*. São Paulo: Companhia das Letras, 2010.

CAMPBELL, Joseph; MOYERS, Bill. *O poder do mito*. São Paulo: Palas Athena, 1999.

CAMPOS, Cristina de. *São Paulo pela lente da higiene: as propostas de Geraldo Horácio de Paula Souza para a cidade (1925-1945)*. São Carlos: RiMa, 2002.

Capitalism, Nature, Socialism. Santa Cruz, CA-USA, 12 (3), set. 2001.

CAPONI, Sandra. "Entre miasmas y microbios: la vivienda popular higienizada". *Cadernos de Saúde Pública*, Rio de Janeiro, vol. 18, n. 6, p. 1665-1674, nov-dez. 2002.

CAPRA, Fritjof. *A teia da vida: uma nova compreensão científica dos sistemas vivos*. São Paulo: Cultrix, 1997.

_____. *As conexões ocultas: ciência para uma vida sustentável*. São Paulo: Cultrix, 2002.

CARDOSO, Adauto Lucio. *O urbanismo moderno e a questão da natureza*. Tese (doutorado) – Faculdade de Arquitetura e Urbanismo, Universidade de São Paulo, São Paulo, 1997.

CARNOY, Martin. *Estado e teoria política*. Campinas: Papirus, 1986.

CARSON, Rachel. *Primavera silenciosa*. São Paulo: Melhoramentos, 1962.

CARVALHO, Francisco Moreno. "As origens da medicina pasteuriana no Brasil: uma história acidentada". *História, Ciência, Saúde – Manguinhos*, Rio de Janeiro, vol. 7, n. 3, nov. 2000/fev. 2001.

CARVALHO, José Murilo de. *Os bestializados: o Rio de Janeiro e a República que não foi*. 3ª ed. São Paulo: Companhia das Letras, 1987.

_____. "O motivo edênico no imaginário social brasileiro". *Revista Brasileira de Ciências Sociais*, São Paulo, vol. 13, n. 38, out. 1998. Disponível em: <http://www.scielo.br>. Acesso em: 1 de maio de 2005.

CASTAÑEDA, Luzia Aurélia. "Apontamentos Historiográficos Sobre a Fundamentação Biológica da Eugenia". *Revista Episteme*. V. 3, nffl 5, p. 23-48. Porto Alegre: Editora da Universidade, 1998.

CASTELLS, Manuel. "Mistificação ideológica e contradições sociais: o movimento de acção ecológica nos EUA". In: *Lutas urbanas e poder político*. Porto: Gráfica Firmeza, 1976, p. 69-92.

_____. *O poder da identidade*. São Paulo: Paz e Terra, 1999 (A era da informação: economia, sociedade e cultura, vol. 2).

CHADWICK, George F. *Una visión sistêmica del planeamiento*. Barcelona: Gustavo Gilli, 1973.

COLLINGWOOD, Robin George. *Idea de la naturaleza*. México: Fondo de Cultura Económica, 1950.

COLLINS, Peter. *Los ideales de la architectura moderna: su evolución (1750-1950)*. Barcelona: Editorial Gustavo Gilli, 1973.

COMMONER, Barry. *The closing circle: nature, man & technology*. Nova York: Bantam Books, 1974.

CORBIN, Alain. *Território do vazio: a praia e o imaginário ocidental (1750-1840)*. São Paulo: Companhia das Letras, 1989.

COSTA, Luiz Augusto Maia. *O ideário urbano paulista na virada do século: o engenheiro Theodoro Sampaio e as questões territoriais e urbanas modernas (1886-1903)*. São Carlos: RiMa, 2003.

COSTA, Nilson Rosário. *Lutas urbanas e controle sanitário: origens das políticas de saúde no Brasil*. Petrópolis: Vozes, 1985.

COUTINHO, Marília. *Reflexões acerca da estrutura do conhecimento ecológico: representações de natureza e representações de sociedade*. Tese (doutorado) – Faculdade de Filosofia, Letras e Ciências Humanas, Universidade de São Paulo, São Paulo, 1994.

COUTO, Rita Cristina Carvalho de Medeiros. *Eugenia, loucura e condição feminina no Brasil: as pacientes do Sanatório Pinel de Pirituba e o discurso dos médicos e dos leigos durante a década de 1930*. Dissertação (mestrado) – Faculdade de Filosofia, Letras e Ciências Humanas, Universidade de São Paulo, São Paulo, 1994.

_____. *Nos corredores do Pinel: eugenia e psiquiatria*. Tese (doutorado) – Faculdade de Filosofia, Letras e Ciências Humanas, Universidade de São Paulo, São Paulo, 1999.

CROSBY, Alfred. *Imperialismo ecológico: a expansão biológica da Europa: 900-1900*. São Paulo: Companhia das Letras, 1993.

D'AGOSTINO, Mário Henrique Simão. "Geometrias simbólicas: espaço, arquitetura e tradição clássica, estudo de história da teoria da arquitetura e do urbanismo". Tese (doutorado). – Faculdade de Arquitetura e Urbanismo, Universidade de São Paulo, São Paulo, 1995.

DAVIS, Mike. *A cidade de quartzo: escavando o futuro em Los Angeles*. São Paulo: Página Aberta, 1993.

_____. *Ecologia do medo*: Los Angeles e a fabricação do desastre. São Paulo: Record, 2001.

_____. *Holocaustos coloniais*. Rio de Janeiro: Record, 2002.

DEAN, Warren. *A ferro e fogo: a história e a devastação da Mata Atlântica brasileira*. São Paulo: Companhia das Letras, 1996.

DELSON, Roberta M.; DICKENSON, John. "Conservation tendencies in Colonial and Imperial Brazil: an alternative perspective on human relations to the land". *Environmental Review,,* s/l, vol. 8, n. 3, p. 271-83, outono / 1984.

DE-SHALIT, Avner. "Ruralism or environmentalism?". *Environmental Values,* Isle of Harris, UK, vol. 5, p. 47-58, 1996.

DIEGUES, Antonio Carlos Sant'Ana. *O mito moderno da natureza intocada.* São Paulo: Hucitec, 1998.

_____ (org.). *Etnoconservação: novos rumos para a proteção da natureza nos trópicos.* São Paulo: Hucitec, NUPAUB, 2000.

DONNE, Marcela Delle. *Teorias sobre a cidade.* São Paulo: Martins Fontes, 1983.

DRENGSON, Alan Rike. "Editorial: Terminology of the Deep Ecology Movement". *Trumpeter,* Athabasca, Canadá, vol. 13, n. 3, 1996. Disponível em: <http://trumpeter.athabascau.ca/> Acesso em 27 de maio de 2004.

DRUMMOND, José Augusto. "A História Ambiental: temas, fontes e linhas de pesquisa". *Estudos Históricos,* Rio de Janeiro, vol. 4, n. 8, p. 177-197, 1991.

_____. "A visão conservacionista (1920 a 1970)". In: SVIRSKY, Enrique; CAPOBIANCO, João Paulo (orgs.). *O Ambientalismo no Brasil: passado, presente e futuro.* São Paulo: Instituto Socioambiental/Secretaria do Meio Ambiente do Estado de São Paulo, 1997, p. 13-18.

DUARTE, Rodrigo A. de Paiva. *Marx e a natureza em "O Capital".* São Paulo: Loyola, 1986.

DURAND, Gilbert. *A imaginação simbólica.* São Paulo: Cultrix, 1993.

ELIADE, Mircea. *O mito do eterno retorno.* São Paulo: Mercuryo, 1992.

_____. *O sagrado e o profano: a essência das religiões.* São Paulo: Martins Fontes, 1995.

EUFRASIO, Mário Antonio. *Estrutura urbana e ecologia humana*: *a escola sociológica de Chicago (1915-1940)*. São Paulo: Editora 34, 1999.

FERREIRA, Luiz Otávio. *O nascimento de uma instituição científica*: *o periódico médico brasileiro da primeira metade do século XIX*. Tese (doutorado em História da Ciência) – Faculdade de Filosofia, Letras e Ciências Humanas, Universidade de São Paulo, São Paulo, 1996.

_____. "Os periódicos médicos e a invenção de uma agenda sanitária para o Brasil (1827-43)". *História, Ciência, Saúde – Manguinhos*, Rio de Janeiro, vol. 6, n. 2, p. 331-51, jul.-out. 1999. Disponível em: <http://www.scielo.br>. Acesso em: 1 de maio de 2005.

FERRI, Mario Guimarães. "História da Ecologia no Brasil". In: FERRI, M. G.; MOTOYAMA, Shozo (orgs.). *História das Ciências no Brasil*. São Paulo: EPU/Edusp, 1979-1980, p. 307-40.

FIGUEIREDO, Betânia Gonçalves. "Barbeiros e cirurgiões: atuação dos práticos ao longo do século XIX". *História, Ciência, Saúde – Manguinhos*, Rio de Janeiro, vol. 6, n. 2, p. 277-91, jul.-out. 1999.

FORRESTER, Jay W. *Urban dynamics*. Portland: Productivity Press, 1969.

_____. "Systems analysis as a tool for urban planning". In: GOLAND, Martin (ed.). *The Engineer and the City*. Washington, D. C.: National Academy of Engineering, 1969, p. 44-53.

_____. "Counterintuitive behavior of social systems". *Technology Review*, Portland, OR-USA, vol. 73, n. 53, 1971.

FOUCAULT, Michel. *O nascimento da clínica*. Rio de Janeiro: Forense-Universitária, 1998.

_____. "O nascimento da medicina social". In: *Microfísica do poder* (Organização e tradução de Roberto Machado). Rio de Janeiro: Graal, 1979, p. 79-98.

FOX, Warwick. "The Meanings of Deep Ecology". *Trumpeter*, Athabasca, Canadá, vol. 7, n. 1, 1990. Disponível em: <http://trumpeter.athabascau.ca/>. Acesso em: 27 de maio de 2004.

FRANCO, Maria Assunção Ribeiro. *Desenho ambiental – uma introdução à arquitetura da paisagem com o paradigma ecológico*. São Paulo: Annablume, 1997.

_____. *Planejamento ambiental para a cidade sustentável*. São Paulo: Annablume/Fapesp, 2000.

FREEDEN, Michael. "Green ideology: concepts and structures". *OCEES Research Paper*, Oxford, UK, n. 4, nov. 1995.

FREITAS, Wagner Cinelli de Paula. *Espaço urbano e criminalidade: lições da Escola de Chicago*. São Paulo: IBCCRIM, 2002.

GALTON, Francis. *Esays on Eugenics*. Londres: The Eugenics Education Society, 1909.

GEDDES, Patrick. *Cidades em evolução*. Campinas: Papirus, 1994.

GIULIANI, Gian Mario. Sociologia e Ecologia: Um Diálogo Reconstruído. Dados, Rio de Janeiro, v. 41, n. 1, 1998. Disponível em: <http://www.scielo.br/scielo.php?script=sci_arttext&pid=S0011-52581998000100005&lng=en&nrm=iso>. Acesso em 17 nov. 2013.

GONÇALVES, Carlos Walter Porto. *Os (des)caminhos do meio ambiente*. São Paulo: Contexto, 2002.

GRUEN, Lori; JAMIESON, Dale (ed.). *Reflecting on nature: readings in environmental philosophy*. Nova York: Oxford University Press, 1994.

GUHA, Ramachandra. "Lewis Mumford – el olvidado ecologista norteamericano: um intento de recuperacion". Tradução do original publicado em *Capitalism, Nature, Socialism*, Santa Cruz, CA-USA, n. 8, 1991. Disponível em: <http://hps.infolink.com.br/peco/main.htm.> Acesso em: 8 maio 2004.

_____. "O biólogo autoritário e a arrogância do anti-Humanismo" In: DIEGUES, Antonio Carlos Sant'Ana (org.). *Etnoconservação: novos rumos para a proteção da natureza nos trópicos*. São Paulo: Hucitec/NUPAUB, 2000/2001, p. 81-100.

GUNN, P. O. M. "Industrialização, ecologia e desenvolvimento no 'ordenamento territorial' do Brasil – as dificuldades de entrosamento de conceitos e enfoques". In: *Consolidação de Metodologia de Zoneamento Ecológico-Econômico*. Brasília: Ministério do Meio Ambiente, 2001. CD-ROM.

_____. Processos do projeto e do planejamento urbano (notas de aula do curso, ministrado na Pós-Graduação da FAU-USP), no primeiro semestre de 2003.

_____. *As démarches de ciência num 'século de biologia' – notas sobre a construção de noções de etnicidade no Brasil do século XIX* (original reprografado). São Paulo, 1997.

_____. "Entre os miasmas e os tanques nos diálogos entre a medicina e a saúde pública sobre a cidade no Brasil". In: *Anais do*

Seminário de História da Cidade e do Urbanismo, 5. Campinas: FAU-PUCCAMP, 1998. CD-ROM.

_____. "Biological influences in the Form-Function debates on Architecture: the origins and basis of the Mumford modern architecture critique". In: *The Society of American City and Regional Planning History & the International Planning History Society Meeting* (Anais). Washington, D.C.: SACRPH e IPHS, 1999.

GUNN, Philip O. M.; CORREA, Telma de B. "O urbanismo, a medicina e a biologia nas palavras e imagens da cidade". *Pós – Revista do Programa de Pós-Graduação em Arquitetura e Urbanismo da FAU-USP,* São Paulo, n. 10, p. 34-61, dez. 2001.

HALL, Charles AS. An assessment of several of the historically most influential theoretical models used in ecology and of the data provided in their support. Ecological Modelling, v. 43, n. 1, p. 5-31, 1988.

HARDING, Stephan. *What is deep ecology through deep experience, deep questioning and deep commitment emerges deep ecology,* s/d. Disponível em: <http://www.schumachercollege.org.uk/articles/college-articles/stephan/whatisdeepecology.html.> Acesso em: 27 de junho de 2004.

HARRIBEY, Jean-Marie. "Marxismo ecológico ou ecologia política marxiana". *Resistir. Info,* dez. 2002. Disponível em: <http://resistir.info/.> Acesso em: 10 de junho de 2004.

HASSAN, Parvez. Environment and sustainable development – a Third World perspective. *Environmental policy and law,* vol. 31, n. 1, 2001.

HAWKEN, Paul *et al. Capitalismo natural: criando a próxima revolução industrial.* São Paulo: Cultrix, 2000.

HAWLEY, Amos H. *Human ecology: a theory of comunity structure.* Nova York: Ronald Press, 1950.

HENRIQUE, João. *Do conceito eujenico do habitat brasileiro.* Rio de Janeiro: Typ. Besnard Frères, 1917.

HOCHMAN, Gilberto. *A era do saneamento: as fases da política de saúde pública no Brasil.* São Paulo: Hucitec, ANPOCS, 1998.

_____. "Regulando os efeitos de interdependência: sobre as relações entre Saúde Pública e construção do Estado (Brasil 1910-1930)". *Estudos Históricos*, Rio de Janeiro, vol. 6, n. 11, p. 40-61, 1993.

HOLLANDA, Sergio Buarque de. *Visão do paraíso: os motivos edênicos no descobrimento e na colonização do Brasil.* São Paulo: Nacional, 1985.

HOUGH, Michael. *City form and natural process.* Nova York: Routledge, 1989.

HOWARD, Ebenezer. *Cidades-jardins de amanhã.* São Paulo: Hucitec, 1996.

ILLICH, Ivan. *Libertar o futuro.* Lisboa: Publicações Dom Quixote, 1973.

JACOBS, Jane. *Morte e vida de grandes cidades.* São Paulo: Martins Fontes, 2000.

_____. *A natureza das economias.* São Paulo: Beca Produções Culturais, 2001.

JUNG, Carl Gustav; WILHELM, Richard. *O segredo da flor de ouro: um livro de vida chinês.* Petrópolis: Vozes, 1992.

KEHL, Renato. *Eugenia e medicina social: problemas da vida*. 2ª ed. Rio de Janeiro: Alves, 1923.

_____. *Por que sou eugenista: 20 anos de campanha eugênica, 1917-1937*. Rio de Janeiro: Livraria Francisco Alves, 1937.

_____. *A interpretação do homem (ensaio de caracterologia)*. São Paulo/Rio de Janeiro: Livraria Francisco Alves, 1951.

KEYES, Jonathan J. "A place of its own – urban environmental history". *Journal of Urban History*, vol. 26, n. 3, p. 380-90, mar. 2000.

KURZ, Robert. "A biologização do social". Caderno Mais, *Folha de São Paulo*, São Paulo, 07 jul. 1996.

LaFRENIÈRE, Gilbert. "Rousseau and the european roots of environmentalism". *Environmental History Review*, vol. 14, n. 4, p. 41-72, inverno 1990.

LEÃO, Mário Lopes. "O crescimento da população de São Paulo". *Engenharia* III, São Paulo, n. 33, p. 355-361, maio 1945(a).

_____. *O metropolitano de São Paulo*. São Paulo, [s.n.], 1945(b).

LEME, Maria Cristina da Silva. *Urbanismo no Brasil (1895-1965)*. São Paulo: FUPAM/Nobel, 1999.

LENOBLE, Robert. *História da ideia de natureza*. Rio de Janeiro: Edições 70, 1990.

LEOPOLD, Aldo; SCHWARTZ, Charles W. *A sand county almanac with essays on conservation from Round River*. Nova York: Ballantine, 1991.

LIGHT, Andrew. "From classical to urban wilderness". *Trumpeter,* Athabasca, Canadá, vol. 9 n. 4, 1992. Disponível em: <http://trumpeter.athabascau.ca/> Acesso em: 27 de maio de 2004.

_____. "The urban blind spot in environmental ethics". *Environmental Politics,* vol. 10, n. 1, p. 7-35, primavera 2001.

LIMA, Ariza Maria Rocha. "A eugenização da raça brasileira pelo corpo feminino: a defesa da educação física para a mulher". *Lecturas Educación Física y Deportes,* Buenos Aires, vol. 7, n. 40, set. 2001. Disponível em: <http://www.efdeportes.com.> Acesso em: 12 de dezembro de 2002.

LIMA, Catharina Pinheiro Cordeiro dos Santos. *A natureza na cidade, a natureza da cidade.* Tese (doutorado) – Faculdade de Arquitetura e Urbanismo, Universidade de São Paulo, São Paulo, 1997.

LIMA, Nísia Trindade; HOCHMAN, Gilberto. "Condenado pela raça, absolvido pela medicina: o Brasil descoberto pelo movimento sanitarista da primeira república". In: MAIO, Marcos Chor; SANTOS, Ricardo Ventura (orgs.). *Raça, ciência e sociedade.* Rio de Janeiro: Fiocruz, Centro Cultural do Banco do Brasil, 1996, p. 23-40.

LIMA, Nísia Trindade; BRITTO, Nara. "Salud y nación: propuesta para el saneamiento rural. Un estudio de la revista Saúde (1918-1919)". In: CUETO, Marcos (ed.). *Salud, cultura y sociedad en América Latina: nuevas perspectivas históricas.* Lima: IEP, Organización Panamericana de la Salud, 1996, p. 135-158 (Estudos Históricos, 20).

LIPIETZ, Alain. "A ecologia política e o futuro do marxismo". *Ambiente & Sociedade,* Campinas, vol. 5, n. 2, ago./dez. 2002.

LOPES, José Sérgio Leite. "Vilas Operárias. Trabalho e moradia". Anais do seminário *A organização do território pelo capital: o caso das vilas e núcleos gerados por empresas*. São Paulo, FAU-USP, 2 a 4 set. 2004. CD-ROM.

LOWY, Michael. "Por una ética ecossocialista". *Cemos Memoria*, México, vol. 166, dez. 2002. Disponível em: <http://www.memoria.com.mx/> Acesso em: 10 de junho de 2004.

LYLE, John Tillman. *Design for human ecosystems*. Nova York: Van Nostrand Heinhold Company, 1985.

MARQUES, Vera Regina Beltrão; CHALHOUB, Sidney; SAMPAIO, Gabriela dos Reis; GALVÃO SOBRINHO, Carlos Roberto (orgs.). *Artes e ofícios de curar no Brasil: capítulos de história social*. Campinas: Editora da Unicamp, 2003.

MARX, Karl. *Diferença entre as filosofias da natureza em Demócrito e Epicuro*. Lisboa: Presença, 1972.

MARX, Leo. *The machine in the garden-technology and the pastoral ideal in America*. Londres: Oxford University Press, 1964.

McHARG, Ian L. *Design with nature*. Nova York: Natural History Press, 1969.

McLOUGHLIN, J. Brian. *Urban and regional planning, a systems approach*. Londres: Faber and Faber, 1970.

MEADOWS, Dennis *et al*. *Os limites do crescimento*. Lisboa: Publicações Dom Quixote, 1972.

_____. *Limites do crescimento: a atualização de 30 anos*. Rio de Janeiro: Qualitymark, 2008.

MELLO, Luiz Inácio de Anhaia. "A cidade, base material de relações sociais. Sociologia urbana, ecologia humana e o plano de Londres". *Engenharia* III, São Paulo, vol. 31, p. 269-277, março de 1945.

MERLEAU-PONTY, Maurice. *A natureza*. São Paulo: Martins Fontes, 2000.

MEYER, Regina M. P. *Metrópole e urbanismo: São Paulo nos anos 50*. Tese (doutorado) – Faculdade de Arquitetura e Urbanismo, Universidade de São Paulo, São Paulo, 1991.

MILL, John Stuart. "On nature". In: GRUEN, Lori; JAMIESON, Dale (ed.) *Reflecting on nature: readings in environmental philosophy*. Nova York: Oxford University Press, 1994.

MOREIRA, Aldemar. "Ecologia e urbanismo". *Engenharia Municipal*, São Paulo, vol. 19, p. 15-18. out.-dez. 1960.

MORIN, Edgard. *O Método*. Porto Alegre: Sulina, 2002 (A natureza da natureza, 1).

MOSCOVICI, Serge. *Sociedade contra natureza*. Petrópolis: Vozes, 1975.

MUMFORD, Lewis. *A Cidade na História: suas origens, transformações e perspectivas*. 4ª ed. São Paulo: Martins Fontes, 1998.

_____. *Art and Technics*. Nova York: Columbia University Press, 1952.

NAESS, Arne. "Deep ecology for the 22nd century". *Trumpeter*, Athabasca, Canadá, vol. 9, n. 2, 1992. Disponível em: <http://trumpeter.athabascau.ca/> Acesso em: 27 de maio de 2004.

NASH, Roderick. *Wilderness and the american mind*. Cambridge: Yale University Press, 1982.

NEIVA, Artur; PENNA, Belisário. *Viagem científica pelo norte da Bahia, sudoeste de Pernambuco, sul do Piauí e de norte a sul de Goiás (edição fac-similar)*. Brasília: Senado Federal, 1999 (Coleção Memória Brasileira).

NEWMAN, Peter W. G. "Sustainability and cities: extending the metabolism model". *Landscape and urban planning*, n. 44, p. 219-226, 1999.

NIEMELÄ, Jari. "Ecology and urban planning". *Biodiversity and conservation*, n. 8, p. 119-131, 1999.

O'MEARA, Molly. *Exploring a new vision for cities. State of the world 1999*. Nova York/Londres: WWI, W. W. Norton & Company, 1999.

ODUM, Eugene P. *Ecologia*. São Paulo: Pioneira, 1969.

ODUM, Howard T. et al. *Environmental systems and public policy*. Gainesville: Ecological Economics Program, University of Florida, 1988. Livro traduzido e adaptado para internet com autorização do autor como *Ecossistemas e Políticas Públicas*. Disponível em: <http://www.unicamp.br/fea/ortega/eco/index.htm#inicio> Acesso em: 16 de maio de 2004.

PÁDUA, José Augusto. "Natureza e projeto nacional: o nascimento do ambientalismo brasileiro". In: SVIRSKY, Enrique; CAPOBIANCO, João Paulo (orgs.). *O ambientalismo no Brasil: passado, presente e futuro*. São Paulo: Instituto Socioambiental/ Secretaria do Meio Ambiente do Estado de São Paulo, 1997, p. 13-18.

_____. *A degradação do berço esplêndido: um estudo sobre a tradição original da ecologia política brasileira*. Tese (doutorado) – Instituto Universitário de Pesquisas do Rio de Janeiro, Rio de Janeiro, 1997a.

_____. Aniquilando as naturais produções: crítica iluminista, crise colonial e as origens do ambientalismo político no Brasil (1786-1810). *Dados*, vol. 42, n. 3, p. 497-538, mês, 1999.

PAGANO, Aúthos. "Novas fórmulas para a estimativa da população e sua aplicação ao Município de São Paulo". *Engenharia Municipal*, São Paulo, vol. 6, n. 21, p. 22-4, abr.-jun. 1961.

PARK, Robert et al. *The city*. Chicago: University Press, 1925.

PEARL, Raymond. *The biology of population growth*. Nova York: Alfred A. Knopf, 1925.

PELLETIER, Philippe. "El problema del ecofascismo". *Tierra y Libertad*, vol. 163, fev. 2002. Disponível em: <http://www.nodo50.org/tierraylibertad/163.html#articulo4>. Acesso em: 26 de junho de 2004.

PENNA, Belisário. *Saneamento do Brasil*. 2ª ed. Rio de Janeiro: Jacintho Ribeiro dos Santos, 1923.

PESSANHA, José Américo Motta. "Marx e os atomistas gregos" (prefácio). In: MARX, Karl. *Diferença entre as filosofias da natureza em Demócrito e Epicuro*. Lisboa: Presença, 1972.

PIERSON, Donald. *Estudos de ecologia humana*. São Paulo: Martins, 1948.

Pré-Socráticos. São Paulo: Nova Cultural, 1996 (Os Pensadores).

PRESTES, Maria Alice Brzezinski. *A investigação da natureza no Brasil colônia*. São Paulo: Annablume, Fapesp, 2000.

RADCLIFFE, Edward B. "Introduction to population ecology" In: RADCLIFFE, E. B.; HUTCHISON, W. D. [eds.]. *Radcliffe's IPM*. University of Minnesota, St. Paul, MN, 2000. Disponível em: <http://ipmworld.umn.edu>. Acesso em: 1 de maio de 2005.

RADL, E. M. *Historia de las teorías biológicas 2 – desde Lamarck y Cuvier*. Madri: Alianza Editorial, 1988.

REES, William E. "The built environment and the ecosphere: a global perspective". *Building Research & Information*, vol. 27, n. 4/5, p. 206-220, 1999.

REGNER, A. C. K. P. "O conceito de natureza em a origem das espécies". *História, Ciências, Saúde – Manguinhos*, Rio de Janeiro, vol. 8, n. 3, p. 689-712, set.-dez. 2001.

REIS FILHO, Nestor Goulart. AUH 237 – Urbanização e Urbanismo no Brasil, Resumos das aulas (anotações de Ricardo Hernán Medrano). São Paulo, FAU-USP, 1997 (apostila reprografada).

REIS, José Roberto Franco. "De pequenino é que se torce o pepino: a infância nos programas eugênicos da Liga Brasileira de Higiene Mental". *História, Ciências, Saúde – Manguinhos*, Rio de Janeiro, vol. 7, n. 1, p. 135-157, mar.-jun. 2000.

RIBEIRO, Berta G. (coord.). "Etnobiologia". In: RIBEIRO, Darcy *et al* (ed.). *Suma etnológica brasileira*. Belém: Editora Universitária UFPA, 1997, vol. 1.

RIBEIRO, Maria Alice Rosa. *História sem fim... Inventário da saúde pública 1880-1930*. São Paulo: Editora Unesp, 1993.

RIBEIRO, Wagner Costa. "Ecologia política: ativismo com rigor acadêmico". *Biblio 3W – Revista Bibliográfica de Geografía y Ciencias Sociales*, Universidad de Barcelona, vol. 7, n. 364, abr. 2002.

RICKLEFS, Robert E. *A economia da natureza: um livro-texto em ecologia básica*. Rio de Janeiro: Guanabara Koogan, 1996.

RICOEUR, Paul. *A metáfora viva*. Trad. Dion Davi Macedo. São Paulo: Loyola, 2000.

RODRIGUES, Nina. *Os africanos no Brasil*. São Paulo: Nacional, 1977.

ROSEN, George. *Uma história da saúde pública*. São Paulo: Hucitec, 1994.

ROSSET, Clément. *A Antinatureza: elementos para uma filosofia trágica*. Rio de Janeiro, Espaço e Tempo, 1989.

ROZSAK, Theodore. *Sources*. Nova York: Harper and Row, 1972.

SALLES, Pedro. *História da Medicina no Brasil*. Belo Horizonte: G. Holman, 1971.

SANDEVILLE JR., Euler. *As sombras da floresta: vegetação, paisagem e cultura no Brasil*. Tese (doutorado). Faculdade de Arquitetura e Urbanismo, Universidade de São Paulo, São Paulo, 1999.

_____."Paisagens enquanto paisagem..." (mimeo). São Paulo, 2004(a).

_____. "Patrimônio paisagístico natural e construído". *I Encontro sobre "Percepção e Conservação Ambiental: a Interdisciplinaridade no Estudo da Paisagem"* (Anais). Rio Claro, 28 a 30 de abril de 2004(b).

SANTOS FILHO, Lycurgo de Castro. *História geral da Medicina brasileira*. São Paulo: Hucitec, 1977, vol. 2.

SANTOS, Boaventura Souza. *A crítica da razão indolente: contra o desperdício da experiência*. São Paulo: Cortez, 2001 (*Para um novo senso comum: a ciência, o direito e a política na transição paradigmática, 1*).

SANTOS, Luiz Antonio de Castro. "O pensamento sanitarista na Primeira República: uma ideologia de construção de nacionalidade". *Dados: Revista de Ciências Sociais*, São Paulo, vol. 28, n. 2, p. 193-210, 1985.

_____. "A Reforma Sanitária pelo alto: o pioneirismo paulista no início do século XX". *Dados: Revista de Ciências Sociais*, São Paulo, vol. 36, n. 3, p. 361-92, 1993.

SCHORSKE, Carl E. "A cidade segundo o pensamento europeu: de Voltaire a Spengler". *Revista Espaço & Debates*, São Paulo, n. 27, p. 47-57, 1989.

SCHULTES, Richard Evans; REIS, Siri von (ed.). *Ethnobotany: evolution of a discipline*. Londres: Chapman & Hall, 1995.

SCHUMACHER, E. F. *O negócio é ser pequeno*. São Paulo: Círculo do Livro, 1973.

SCHWARCZ, Lilia Moritz. *O espetáculo das raças: cientistas, instituições e questão racial no Brasil – 1870-1930*. São Paulo: Companhia das Letras, 2000.

SEABRA, Odette Carvalho de Lima. "A problemática ambiental e o processo de Urbanização no Brasil". *Polis*, São Paulo, n. 3, p. 15-21, 1991.

SENNETT, Richard. *Carne e pedra: o corpo e a cidade na civilização ocidental.* Tradução Marcos Aarão Reis. Rio de Janeiro: Record, 1997.

SEVCENKO, Nicolau. *A corrida para o século XXI: no loop da montanha-russa.* São Paulo: Companhia das Letras, 2001 (Col. Virando Séculos, 7).

SHEASBY, Walt Contreras. "Marx at Karlsbad". *Capitalism, Nature, Socialism,* Santa Cruz, CA-USA, vol. 12, n. 3, p. 91-7, set. 2001.

SHEEHAN, Molly O'Meara. "Unindo cidades divididas". In: BRIGHT, Chris *et al. Estado do mundo, 2003: a impossível revolução ambiental está acontecendo.* Salvador: Uma Ed., 2003.

SHELDRAKE, Rupert. *O Renascimento da Natureza: o reflorescimento da Ciência e de Deus.* São Paulo: Cultrix, 1997.

SHELLEMBERGER, Michael; NORDHAUS, Ted. *The death of environmentalism: global warming and politics in a post-environmental world.* Breakthrough Institute, out. 2004. Disponível em: <http://thebreakthrough.org/images/Death_of_environmentalism.pdf>. Acesso em 1 de maio de 2005.

SILVA, Kleber Pinto. "Hospital, Arquitetura. Uma história". *Sinopses,* São Paulo, vol. 33, p. 41-73, jun. 2000.

SILVA, Vagner Gonçalves da. *Os Orixás na Metrópole.* Petrópolis: Vozes, 1995.

SKIDMORE, Thomas E. *Preto no branco: raça e nacionalidade no pensamento social brasileiro.* Tradução Raul de Sá Barbosa. Rio de Janeiro: Paz e Terra, 1976.

SOARES, Márcio de Sousa. "Médicos e mezinheiros na Corte Imperial: uma herança colonial". *História, Ciência, Saúde – Manguinhos*, Rio de Janeiro, vol. 8, n. 2, p. 407-438, jul.--ago. 2001.

SOPER, Kate. *What is nature? Culture, politics and the non-human*. Oxford: Bedwell, 2000.

SPIRN, Anne Whiston. *O jardim de granito: a natureza no desenho da cidade*. São Paulo: Edusp, 1995.

STEINBERGER, Marília. "A (re)construção de mitos sobre a (in)sustentabilidade do (no) espaço urbano". *Revista Brasileira de Estudos Urbanos e Regionais*, vol. 3, n. 4, maio 2001.

STEPAN, Nancy Leys. *Gênese e evolução da ciência brasileira: Oswaldo Cruz e a política de investigação científica e médica*. Rio de Janeiro: Artenova, 1976.

_____. *The hour of eugenics: race, gender and nation in Latin America*. Ithaca/Londres: Cornell University Press, 1996.

SVIRSKY, Enrique; CAPOBIANCO, João Paulo (orgs.). *O Ambientalismo no Brasil: passado, presente e futuro*. São Paulo: Instituto Socioambiental/Secretaria do Meio Ambiente do Estado de São Paulo, 1997.

SZMRECSANYI, Maria Irene. "Escola sociológica urbana de Chicago: um balanço teórico-metodológico". *Sinopses*, São Paulo, n. 11, p. 65-70, dez. 1988.

TAFURI, Manfredo. *Projeto e Utopia: a Arquitetura na construção do capitalismo*. Lisboa: Editorial Presença, 1985.

TELAROLLI JR., Rodolpho. *Poder e saúde: as epidemias e a formação dos serviços de saúde em São Paulo*. São Paulo: Editora Unesp, 1996.

THOMAS, Keith. *O homem e o mundo natural*. São Paulo: Companhia das Letras, 1988.

THOMPSON, Edward Palmer. *A miséria da teoria ou um planetário de erros*. Rio de Janeiro: Zahar, 1981.

THOREAU, Henry David. *Walden: desobediência civil (Resistência ao governo civil)*. São Paulo: Ediouro, s/d.

TIEZZI, Enzo. *Tempos históricos, tempos biológicos. A terra ou a morte: os problemas da nova ecologia*. São Paulo: Nobel, 1988.

TRIBIÑO, Silvia E. Morales Gorleri de. *La causalidad y el determinismo en la biología*. Buenos Aires: Imprenta y Casa Editora "Coni", 1946.

TUAN, Yi-Fu. *Man and nature*. Washington: Association of American Geographers, Commission on College Geography, 1971.

TURNER, Frederick. *O espírito ocidental contra a natureza*. Rio de Janeiro: Campus, 1990.

VIOLA, Eduardo J. "A problemática ambiental do Brasil (1971-1991): da proteção ambiental ao desenvolvimento sustentável". *Polis*, São Paulo, n. 3, p. 4-14, 1991.

VIRGÍLIO DA SILVA, Marcos. "Feridas e curativos – a questão ambiental urbana em debate". *Arquitextos*, São Paulo, ano 05, n. 057.06, Vitruvius, fev. 2005. Disponível em: <http://www.vitruvius.com.br/revistas/read/arquitextos/05.057/502>. Acesso em 17/Nov/2013.

WARD, Barbara; DUBOS, Denis. *Uma Terra somente: a preservação de um pequeno planeta*. São Paulo: Edgard Blücher/Melhoramentos/Edusp, 1973.

WHITAKER, Plínio Penteado. "O abastecimento de água da cidade de São Paulo". *Engenharia*, São Paulo, vol. 5, n. 50, p. 65-108, out. 1946.

WHITEHEAD, Alfred North. *O Conceito de Natureza*. São Paulo: Martins Fontes, 1994.

WILLIAMS, Raymond. *O campo e a cidade na história e na literatura*. São Paulo: Companhia das Letras, 1989.

WILLIS, A. J. "The ecosystem: an evolving concept viewed historically". *Functional Ecology*, n. 11, p. 268-271, 1997.

WOLMAN, A. "The metabolism of the city". *Scientific American*, vol. 213, n. 179, 1965.

WORSTER, Donald *et al.* "A round table: environmental history". *The Journal of American History*, vol. 76, n. 4, p. 1087-1147, 1990.

AGRADECIMENTOS

Agradeço imensamente o apoio e o incentivo de amigos queridos, colegas de trabalho e de jornada na pós-graduação, pessoas que de alguma forma contribuíram para que eu alcançasse esta realização. Desde a produção da dissertação que resultou neste livro, pude contar com o apoio, incentivo e interlocução de diversos pesquisadores que em muito auxiliaram a amadurecer algumas das questões e argumentos propostos por este trabalho.

Aos professores Mário Henrique D'Agostino e Euler Sandeville Jr., pelas observações precisas e rigorosas ao memorial de qualificação, pelas sugestões que sem dúvida enriqueceram a dissertação que originou este livro e pelas palavras de incentivo. À professora Maria Stella M. Bresciani, cuja arguição e observações escritas na defesa da dissertação contribuíram enormemente para maior precisão de conceitos e formulações aqui propostas. Ao professor Euler, ainda, agradeço a generosidade e atenção com que tratou deste trabalho em seu prefácio. À professora Maria Lucia Gitahy, orientadora de minha iniciação científica e do doutorado, desde sempre uma grande incentivadora e apoiadora, por todo o tempo de convívio e, particularmente, pela ajuda valiosa no processo de publicação deste trabalho. Aos colegas do grupo de estudo em História Social do

Trabalho e Tecnologia como Fundamentos Sociais da Arquitetura e Urbanismo (HSTTFAU), em especial Luis Augusto Maia Costa, Cristina Campos, Fernando Atique, Sidney Piochi Bernardini e André Augusto Alves, companheiros de pesquisas e debates sempre instigantes. Às bibliotecárias da Faculdade de Saúde Pública (FSP-USP), da Faculdade de Direito (FD-USP) e da FAU-USP, da Cidade Universitária e da rua Maranhão.

Agradeço ainda ao apoio "não acadêmico", mas igualmente fundamental, dos amigos, colegas de trabalho e companheiros de artes – felizmente, muito numerosos para que eu pudesse nomear individualmente, e muito queridos para que eu ousasse me arriscar a não citar todos. Cada um de vocês está presente nestas páginas, pelas experiências de vida que me proporcionaram.

Agradeço, finalmente, à Fapesp, cujo auxílio tornou possível a publicação deste livro.

Esta obra foi impressa em São Paulo
no inverno de 2014. No texto foi
utilizada a fonte Scala em corpo
10,5 e entrelinha de 15 pontos.